本丛刊由中国人民大学清史研究所主办
本成果受到中国人民大学"统筹推进
世界一流大学和一流学科建设"
专项经费的支持

新史学

观 古 今 中 西 之 变

本卷主编◎余新忠

第九卷

医疗史的新探索

新史学

中华书局

图书在版编目（CIP）数据

新史学.第9卷,医疗史的新探索/余新忠主编. —北京:中华书局,2017.10
ISBN 978-7-101-12898-7

Ⅰ.新… Ⅱ.余… Ⅲ.①史学–文集②中国医药学–医学史–研究 Ⅳ.K0-53

中国版本图书馆 CIP 数据核字（2017）第 265342 号

书　　名	新史学（第九卷）:医疗史的新探索
本卷主编	余新忠
责任编辑	孙文颖
出版发行	中华书局
	（北京市丰台区太平桥西里 38 号　100073）
	http://www.zhbc.com.cn
	E-mail:zhbc@zhbc.com.cn
印　　刷	北京瑞古冠中印刷厂
版　　次	2017 年 10 月北京第 1 版
	2017 年 10 月北京第 1 次印刷
规　　格	开本/710×1000 毫米　1/16
	印张 15½　插页 2　字数 245 千字
印　　数	1-2000 册
国际书号	ISBN 978-7-101-12898-7
定　　价	68.00 元

目　录

序言:在对生命的关注中彰显历史的意义

余新忠*

14 年前那场肆虐中国、震动世界的"非典"流行,让国人顿然意识到现代医学和公共卫生机制并没有使瘟疫的威胁远离现代社会,成为一种遥远的历史记忆。这一事件开始促使人们更多地去关注疾病和医学的历史,反省现代卫生保健政策。数年后,当今中国医学界的权威人士韩启德教授在重版王吉民和伍连德的《中国医学史》的序言中写道:"虽然从读书到工作,几十年间我都没有离开过医学领域,然而真正关注医学史,却是晚近之事。2003 年'非典'肆虐期间,我开始研究传染病的历史,之后对医学史兴趣日浓。通过研究医学史,……更让我坚定了医学应当回归人文的理念。"①医学本来就是为了救治生命的科学与技艺,何以还会漠视人文,需要回归人文呢? 这听起来似乎有些不可思议,但确确实实普遍存在于当今社会。这让我想起了美国著名史学史家伊格尔斯评论 20 世纪最具影响力的史学流派年鉴学派的一段话:"布罗代尔的历史学大厦,正如列维指出的,仍保留有很大的空间可以容纳大量各种各样的观点和研究路数——可是竟然没有人入住。"②由此看来,人文的缺乏并非只是医学的事,很长一段时间以来,就连自身属于人文学科的历史学也迷失在对"人"也即生命缺乏关注的窠臼之中。

---

* 南开大学历史学院教授。
① 韩启德:《序〈中国医史〉再版》,载王吉民、伍连德:《中国医史》,上海:上海辞书出版社,2009 年,第 1 页。
② 格奥尔格·伊格尔斯:《二十世纪的历史学:从科学的客观性到后现代的挑战》,济南:山东大学出版社,2005 年,第 110 页。

对于这样一种倾向,2016 年 5 月,美国著名医学人类学家、哈佛大学教授凯博文(Arthur Kleiman)在中山大学发表的题为《对社会的热情:我们如何思考社会苦痛》的讲演中,提出了自己的省思,他说:

> 社会科学起源于西方,自英国的亚当斯密和法国自由主义思想家约翰·斯图亚特·密尔肇始。在创立之初,社会科学关注重点是如何改善人们的生活和改良社会,因此将人类苦痛看做是一个社会问题,而不是个人问题,并通过研究试图找到解决人类苦痛的办法,并以此来改善人们的生活。与社会科学不同的是,医学则是关心个体问题,尽管当代医学研究已经认识到许多个体问题受到社会因素的影响。

> 随着时间的变迁,社会科学逐渐演变成一个客观科学,并从学科自身的需要来对社会展开研究。社会科学家们强调,对社会的客观化不仅有助于学科的发展,也能改善社会。然而,运用社会科学知识帮助人们,特别是那些正在经历苦难的人们,这一宗旨却逐步被遗忘。[1]

自 19 世纪以来日渐社会科学化的历史学往往聚焦于事关社会发展和大势的宏大主题,而甚少关注个人乃至社会的苦痛。在努力追求成为“科学”的一分子的过程中,研究者基本的目标往往是通过人类的理性去探寻人类生活的轨迹以及呈现一般性(也就是均质化)的社会及其生活,而无意将关注的重心置于具象个人日常经验与体验的生活世界。在这样的语境中,生命即便没有完全消失,那也至多不过是一个抽象的概念和道具而已。

缺乏生命关怀的历史,必然无以安放具象的人的苦难经验、体验及其应对。虽然人类苦难的来源纷繁复杂,但若立足于个人,由疾痛而引发的诸多苦痛无疑至关重要。如果我们的社会科学不再忘却其宗旨本来就应是社会和个人的全面发展,不再有意无意将社会发展凌驾于个人幸福之上,不再忽视个人和社会的苦痛;如果我们的历史研究不再一味追求宏大叙事,不再一味执着于社会科学化,也不再无视个人角色和具象生命,那么,关注生命,构建关注具象生命的苦痛,回到人间,聚焦健康的“生命史学”体系,自当为目下中国史学发展的题中之义。

---

[1] 凯博文:《对社会的热情:我们如何思考社会苦痛》,“中山博济医学人文微信公众号首发词”,2016 年 7 月 2 日。

虽然生命史学涵盖的内容可能相当丰富,但直接勾连于个人生命的疾痛、聚焦于生命健康的疾病医疗史无疑是其中特别重要的核心内容。那么,若在这样一种理念指引下展开医疗史的探索,又将对我们当下的历史研究产生怎样的影响呢?而在历史研究中关注和思考疾痛和生命,是否可能以及如何在整体的学术研究中彰显史学的价值呢?

一　新世纪中国医疗史①的兴起

若放眼国际学界,主要由历史学者承担,以呈现历史与社会文化变迁为出发点的中国医疗史研究,早在上个世纪七八十年代即已出现,至 1990 年代,在个别地区,比如台湾,还展现了颇为兴盛的景象,但整体而言,特别是考虑到中国史研究的大本营中国大陆的情形,这一研究日渐受到关注和兴起,仍可谓是新世纪以来之事。这一新的研究兴起,无疑应置于世界医疗史不断发展的脉络中来观察和思考,同时,亦应将其放在国际中国史研究演进的背景中来认识与理解。也就是说,它的出现和兴起,必然是国际以及中国学术发展史的一环。关于这一研究学术史,笔者以及其他学者已有不少的论述②,毋庸赘言。于此值得思考的是,中国医疗史这样一个传统上属于科技史范畴的研究的日渐兴盛是如何成为可能的? 究竟是什么力量在不断地推动这一个研究的兴起?

在当今中国的史学界,医疗史自新世纪以来取得了长足的发展,应是不争的事实,只要随便翻翻这十年中的各种专业期刊以及具有一定学术性的报刊,就很

---

① 这里所谓的医疗史不同于一般意义的医学史,主要是指立足于历史演变而非医学发展而展开的有关疾病、医药、卫生和身体等主题的历史研究。

② 余新忠:《关注生命——海峡两岸兴起疾病医疗社会史研究》,《中国社会经济史研究》,2001 年第 3 期;《从社会到生命——中国疾病、医疗社会史探索的过去、现实与可能》,杨念群、黄兴涛、毛丹主编:《新史学——多学科对话的图景》,北京:中国人民大学出版社,2003 年;《新世纪中国医疗社会文化史研究刍议》,余新忠、杜丽红主编:《医疗、社会与历史读本》,北京:北京大学出版社,2013 年;陈秀芬:《医疗史研究在台湾(1990—2010)——兼论其与"新史学"的关系》,《汉学研究通讯》,第 29 卷第 3 期,2010 年 8 月,第 19—28 页;蒋竹山:《新文化史视野下的中国医疗史研究》,载氏著《当代史学研究的趋势、方法与实践:从新文化史到全球史》,台北:五南图书出版股份有限公司,2012 年,第 109—136 页。

容易感受到。但对这一形势,看在不同人的眼里,可能会有相当不同的感受。对很多自己并不从事该研究的学者来说,往往都会有种直观的感觉,这一研究当下颇为热门,不过内心的感受却未必一致,在一部分人认为这是一项具有发展前景的新兴研究,甚或是未来社会史发展的新增长点时,另一部分人则可能会将其视为未必有多少意义的时髦。而对从事该研究的人来说,虽然大多会认同这一研究意义和潜力,却有往往会在现实中遭遇合法性和正当性的困惑①。这些差异,除了一些个人的因素以外,主要应是研究者对医疗史的了解和认同度以及对其未来发展的期望值的不同所致。对该研究缺乏认同甚或不屑一顾的现象,放在任何地方,都必定多有存在,不过相较于欧美以及台湾等学界,中国大陆史学界整体上对医疗史的了解和认同程度较低,似乎也是显而易见的。

造成这种现象的原因,首当其冲也最直接的当是大陆医疗史研究的兴起时间较晚,整体研究还相当薄弱,而若进一步追问更深层的原因,则应与中国历史学受传统的实证史学和马克思主义史学影响较深,尚未比较深入地经受欧美学界自上个世纪六七十年代以来出现的"语言转向"和"文化转向"的洗礼,以及包括医学人类学、医学史在内的医学人学研究的整体学术积淀还颇为薄弱有关。不过,不管怎样,这一研究能在新世纪的史学研究中,呈现异军突起之势,必然自有其缘由,而且就笔者的感受,该研究未来的发展前景应该是乐观可期的。

医疗史能在新世纪的中国兴起,大概不外乎内外两个方面因素,是内动外促内外合力共同作用的结果。就内外而言,我想可以分三个层面来谈。首先就地域而言,是中国社会与学术自身发展需要与国际学术思潮汇合而共同推动所致。自上个世纪八十年代以来,中国社会开启了改革开放的进程,包括史学界在内的中国学界就一直在反省和引进中追求创新与发展。1980 年代中期,伴随着史学界"还历史以血肉"诉求的出现,社会史研究开始在大陆全面兴起,并日渐成为是史学界的显学,而医疗史或医疗社会史的出现,可谓是这一潮流的自然延伸。因为在这一过程中,随着历史研究对象的扩展,研究者一旦涉足社会救济、民众生活、历史人口、地理环境等课题,疾病和医疗问题便不期而至了。同时,在针对

---

① 参阅余新忠:《当今中国医疗史研究的问题与前景》,《历史研究》,2015 年第 2 期,第 22—27 页。

以上论题开展的文献搜集中,亦不可避免地会不时遭遇疾疫之类的资料,这些自然也会促发其中的一部分人去关注这一课题①。故而这一研究的出现,首先是史学界内省的结果,但与此同时,也离不开国际学术界的刺激和促动,而且有时甚至是至关重要的。比如《再造病人:中西医冲突下的空间政治(1832—1985)》这本在国内史学界造成重要影响著作的作者杨念群早期有关医学传教士和西医东传研究,明显与他上个世纪九十年代中期在美国游学的经历有关,而其关于疾病隐喻的论述也直接源于苏珊·桑塔格的影响②。较早从事疾病史研究的曹树基也特别提到其研究与麦克尼尔的《瘟疫与人》等书的关系③。而笔者的最初兴趣,虽然源于在从事灾荒救济史研究时,发现了不少有关嘉道之际瘟疫的资料,但最后颇具理论自觉展开这一研究,则无疑是因为受到了西方和台湾的学界相关研究的启发和指引。或许可以说,在1980年代以来中国史学界对前三十年教条主义史学研究广泛进行反省的基础上,越来越多的研究者期望更新理念和拓展史学研究范围来推动中国史学的向前发展,在这一背景下,一些研究者敏锐地意识到疾病医疗的探究意义,而此时海外相对成熟的相关学术理论和颇为丰富的研究成果,则不仅为那些早期的介入者提供了学术的启发和指引,还更进一步提振了他们继续探究的信心,并让他们比较容易地找到了为自己研究辩护的理由。不仅如此,海外一些从事医疗史的重量级学者,比如台湾中研院院士梁其姿等人,与大陆史学界保持着较为密切的交流互动,利用其崇高的学术地位,通过呼吁倡导和奖掖后进学人等方式,直接参与大陆的医疗史研究的倡导和推动。

其次,就学术层面来说,则为学术界的内在冲动与社会的外在需求的结合。前面谈到,海内外史学思潮的共同作用,激发了中国史学界对于探究疾病医疗史的意愿。虽然中国史学界的医疗史研究出现较晚,基本始于1990年代中后期,但史学界整体上从一开始就表现出了相当的认可甚至鼓励,曹树基1997年发表

---

① 参阅余新忠:《从社会到生命——中国疾病、医疗社会史探索的过去、现实与可能》,杨念群、黄兴涛、毛丹主编:《新史学——多学科对话的图景》,北京:中国人民大学出版社,2003年。

② 杨念群:《再造病人:中西医冲突下的空间政治(1832—1985)》,《导言》,北京:中国人民大学出版社,2006年,第6、11页。

③ 曹树基、李玉尚:《鼠疫:战争与和平——中国的环境与社会变迁(1230—1960年)》,济南:山东画报出版社,第1—3页。

于《历史研究》上的论文《鼠疫流行与华北社会的变迁(1580—1644年)》,在翌年即荣获中国史学会颁发的"中国古代史优秀论文奖"。笔者于2000年完成博士论文《清代江南的瘟疫与社会》后,也颇出意外地获得了广泛好评,并于两年后获得"全国百篇优秀博士论文奖"。四年后,再有李玉偿(尚)的《环境与人:江南传染病史研究(1820—1953)》再次获得这一奖项。与此同时,继曹树基的论文后,疾病医疗史的论文不时出现《中国社会科学》、《历史研究》和《近代史研究》等史学界的顶级刊物中。这些表明,医疗史研究虽然可能尚未成为大陆主流史学的一部分,但主流史学界对这一研究总体上是欢迎和认同的。如果没有学界一些重要人物的认可和接受,这些成绩的取得显然是不可思议的。而在学界之外,这样一种研究在2003年萨斯爆发以前,似乎可以说几无影响,近数十年来,随着现代医学的发展,传染病在现实生活中影响越来越小,社会对其历史的兴趣自然更付阙如。而医学界内部的医学史研究虽然一直在持续,但不愠不火,从业者较少,影响也比较少溢出学界。不过萨斯的爆发,可以说极大地促动了社会对疾病医疗史的关注,当时笔者的博士论文刚刚出版,一本纯学术性的著作,顿时引起各大主流媒体的广泛关注,还在当年年底被《中华读书报》推选为"2003年社科十大年度推荐图书"(2003年12月24日)。此后,随着禽流感、埃博拉病毒等疫病的不时骚扰,社会上对疫病史基本能保持比较持续的关注。不仅如此,正如本文开头所言,萨斯事件也引发了医学界对医学人文的关注,医学史是医学人文的重要组成部分,医学的社会影响力毋庸置疑,而医学人文则是相对容易引发社会关注的内容。不仅如此,虽然社会经济的发展,人们对健康问题的关注度也在不断提高,而当今中国社会这方面存在的问题又相当严重,甚至有愈演愈烈之势,特别是医疗保障问题、医患关系问题,十分突出。加之本来就比较受社会关注的中西医论争问题依然热度不减,这些都使得社会很容易对从历史角度对疾病医疗的探究产生兴趣,从而形成这方面的知识需求。对此,笔者颇多切身体会,近年来,不时会有媒体或社会组织来采访、约稿以及邀请讲演,有些编辑还会采摘笔者文章中的一些内容写成新闻稿来宣传疾病医疗史。这两方面的动力和需求相结合,无疑有助于促进学人特别是青年学者投身于这一研究之中。

最后，就条件和根源而言，则是医疗史本身的价值适切地得到一些拥有较高学养的研究者的发掘利用。毫无疑问，医疗史之所以能够兴起，最根本应是这一研究本身具有其价值和意义，疾病医疗不仅与人们的日常息息相关，而且也承载了丰富的社会文化变迁的信息，通过对历史上疾病医疗的研究，去呈现历史上人类的生存境况、身体经验和社会文化变迁的轨迹以及对生命的感知和认识的历程，不仅可以让我们更系统地了解历史上人们的日常生活，更全面地认识和理解历史，更深入地把握和思考社会文化变迁的脉络，同时还可以让我们更深刻地理解社会文化境遇中的疾病和医疗本身。不过，有意义和价值的研究，若未能在合适的时间得到合适的研究者的关注和投入，可能也不利于这一研究的兴起和发展。相反，其意义若能得到一些重要学者的认同和倡导，则往往会直接推动其迅猛发展。台湾的中国医疗史研究，之所以能够在全球范围内最为亮眼，显然与梁其姿、熊秉真等一大批重要学者的积极倡导和投入是密不可分的。而大陆的情况，虽然没有台湾那么明显，但显然也与上个世纪末以来，有一批颇具实力的研究者投入到这一研究中直接相关。对此，常建华在前些年对国内该研究的总结，非常好地说明了这一点。他指出："融合疾病、环境等多种因素的医疗社会史属于新的学术领域，虽然起步晚研究者少，但研究起点很高，学术成果引人注目。"①

二　在日常生活的语境中关注历史上的生命

关注生命，秉持生命关怀意识，无论对于历史研究还是现实活动来说，原本都是十分自然的题中之义。然而，当我们将对物质进步和整体社会经济发展的追求和重视凌驾于对人自身的发展和个体生命的幸福的关注之上时，当我们将人自身的发展和个体生命的幸福化约为物质进步和整体社会经济的发展时，在高大上着眼整体的宏大叙事面前，个体生命的状况、体验和情感往往就没有了安

①　常建华：《跨世纪的中国社会史研究》，《中国社会历史评论》第八卷，天津：天津古籍出版社，2007年，第389—390页。

放之地,对生命的关怀也就成了追求小资或个性的奢侈品。

20世纪出现的这一研究取向,虽然一定意义上也可以视为人类理性的进步,但无疑也导致了如本文开头所说的后果,历史学家精心构筑的精致的历史学大厦竟然没有人居住。正因如此,上次世纪六七十年代以降,西方史学界在"文化转向"和"语言转向"等学术思潮的带引下,出现了微观史、日常生活史、新文化史和物质文化史等一系列新兴的史学流派或分支,这些研究虽然有各自不尽一致的特点和诉求,但整体上都可以视为是对以往过度社会科学化的历史学研究的一种反动,都希望将具象而非均质化的人重新拉回到历史中来,都倾向从日常生活的逻辑去理解历史上的人与事。如果我们回到日常生活的语境与逻辑,那么对生命的关注就变得自然而不可避免,个体的生命离不开生老病死,缺乏疾病与医疗的历史,不仅会让历史的内容变得残缺不全,也必然会妨碍我们更全面系统地认识和理解历史中的生命状态和行为,乃至历史的进程。李建民借用William E. Connolly的说法,指出:"医学要比已经知道的更多,尤其是更多地揭露了历史中关于'人'的故事。"①显然,如果让我们的史学立足日常生活,更多地注目于"人",关心他们的日常经验和常识,以及由此透视出的时代意识和"地方感",那么我们便没有选择地会更多地关注到疾病、医疗和卫生等议题。实际上,当我们在阅读西方的一些重要的日常生活史研究著作时,也很容易发现它们对这类主题的叙述。而在众多西方医学社会文化史的论著中,则不乏日常经验和感觉的内容②。

有鉴于此,笔者一直主张,医疗史作为一项新兴的研究和"新史学"的一份子,应该尽可能地以新理念、新方法来探讨新问题,应参照和借鉴西方相对成熟的研究方法和理念,将自己的研究置于国际学术发展的脉络中来展开,更多关注并汇通日常生活史、微观史、社会文化史和物质文化史等新兴前沿研究,以使中国的医疗史研究,在引入和践行国际新兴学术理念和方法上,扮演起先行者的角色,更多更好地彰显"新史学"的气象。并藉由将具象的生命引入历史,构筑以

---

① 李建民:《旅行者的史学:中国医学史的旅行》,第535页。

② 参阅余新忠:《回到人间 聚焦健康——新世纪中国医疗史研究刍议》,《历史教学》,2012年第11期下,第3—11页。

人为本,立足生命,聚焦健康,将个人角色、具象生命以及历史多元性和复杂性放入历史学大厦的"生命史学"体系①。要达致这样的目标,路径和方法固然是多种多样的,但都需要我们跳脱以往过于关注直接关乎社会经济发展的宏大主题、热衷宏大叙述的思维,将对历史的认识与理解拉回到日常生活的情境中来展开。一旦如此,便不难看到,尽管任何个人的生活与命运不可能逃脱于时代和社会的大势之外,不可避免会受到时代思潮和文化、国家的政经大事等因素的影响,但个体生命,其存在的意义和价值绝不应只是可以体现时代文化及其变迁或佐证社会发展趋向或规律的道具,生命本身作为一种自在的存在,其价值与意义也自有其相对的自主性和独立性,人性的光辉、生命的尊严、苦难的应对与拯救等等日常生活中的主题,对于社会的宏观大势来说,或许无关宏旨,但却是生命本身的价值与意义之所在。故而,立足日常生活的逻辑,置身日常生活的语境,不仅让我们可以看到不一样的历史面向,可以更深入细致地观察到生命的历程与体验,还可以更具人性地去理解和书写历史。这样,我们就可以在日常生活的语境中关注生命,在对生命的关注中探究人类的疾病、医疗和健康,并进而在对疾病、医疗和健康的探究中呈现生命的历史与意义。

对于上述的认知和理念,很多人也许并不反对,但也很可能会觉得"说说容易落实难",这样的问题固然是存在的,要想很好地实现这一目标,不仅需要研究者比较系统全面地更新学术理念和方法,而且也要有较为深厚的学术功力和较强学术洞察力,要做到做好,诚然不易。但作为一种学术追求和目标,只要真正体认到它的价值和意义,努力进取,也完全是可能实现的。实际上,无论是国际还是国内,都已出现一些比较成功的范例。比如,Joan Jacobs Brumberg通过对发生在女孩身上近代厌食症的探析,呈现了近代英法中产阶级家庭中女孩的生命状态,并进而探析了诸多社会文化权力在女孩身体上交织和博弈,认为文化和青春期女孩身上的压力在疾病的发生上起主导作用,而生理的和生物学的力量

① 参阅余新忠:《当今中国医疗史研究的问题与前景》,《历史研究》,2015 年第 2 期;余新忠:《回到人间 聚焦健康——新世纪中国医疗史研究刍议》,《历史教学》,2012 年第 11 期下;Yu Xinzhong, Wang Yumeng, "Microhistory and Chinese Medical History: a Review", *Korean Journal of Medical History*, Vol. 24, No. 2, Aug. 2015, pp. 355-387;余新忠:《生命史学:医疗史研究的趋向》,《人民日报》,2015 年 6 月 3 日,第 16 版。

则掌控了疾病的经历过程①。Laurel Thatcher Ulrich 以美国缅因州哈洛韦尔的产婆玛莎·巴拉德(不是医生)的日记为主要分析文本,通过充分引用日记的篇章让读者感觉到了日记"详尽而反复的日常性",并努力在日常中彰显了 18、19 世纪美国社区中的普通人的内心世界、医疗行为、医患关系以及性别角色与特征等等直接关乎生命的信息②。Barbara Duden 利用现在留存下来的 1721—1740 年一位德国医生约翰尼斯·斯托奇记载的 1816 份女性病人的陈述,细腻地探究了当时德国普通妇女对自身身体的经验、体验与认知③。吉多·鲁格埃罗,从微观史入手,对意大利威尼斯的一个老妇人 Margarita Marcellini 的离奇死亡为分析案例,细腻而情景化地呈现了 17 世纪初意大利疾病、宗教、大众文化和日常生活之间的复杂关系以及文化对疾病与身体的解读④。在中国医疗史界,虽然还缺乏此类比较成熟的专著,但也不乏颇为成功的论文问世,比如,张哲嘉利用晚清名医力钧的医案《崇陵病案》,细致梳理了光绪三十三年(1907)力钧为光绪皇帝治病的经历,并着力探讨其中所展现的医患关系。该文很好地实践了从例外中发现正常的理念,尽管力钧为龙体把脉是个特殊的个案,但是透过这样的"例外",我们仍得以省思宫廷中医患关系的实态⑤。韩依薇的《病态的身体——林华的医学绘画》利用广东商业画家林华于 1836—1855 年间为医学传教士伯驾的肿瘤患者所作的医学绘画,通过细致分析这些绘画制作的背景、技术和内容,来探讨19 世纪早期有关病态和中国人身份的信息是如何在文字和视觉文化上被传播和变化的⑥。笔者在有关清中叶扬州医生李炳的研究中,也通过对有限资料的细致解读,努力在具体的历史情境和人情网络中来理解李炳的医疗行为和心态,

① Joan Jacobs Brumberg, *Fasting Girls*: *The Emergence of Anorexia Nervosa as a Modern Disease*, Cambridge, Mass., 1988.

② Laurel Thatcher Ulrich, *A Midwife's Tale*: *The Life of Martha Ballard, Based on Her Diary*, 1785-1812, New York, 1990.

③ Barbara Duden, *The Woman Beneath the Skin*: *A Doctor's Patients in Eighteenth Century Germany*, Translated by Thomas Dunlap, Cambridge, Mass.: Harvard University Press, 1991.

④ 吉多·鲁格埃罗(Guido Ruggiero):《离奇之死——前现代医学中的病痛、症状与日常世界》,收入王笛主编:《时间·空间·书写》,杭州:浙江人民出版社,2006 年,第 124—150 页。

⑤ 收入黄东兰:《身体·心性·权力:新社会史(第 2 集)》,杭州:浙江人民出版社,2005 年。

⑥ 韩依薇(Larissa Heinrich)《病态的身体——林华的医学绘画》,载杨念群主编:《新史学(第一卷):感觉·图像·叙事》,北京:中华书局,2007 年,第 185—216 页。

呈现了一位普通医生的生命状态和历程①。如此等等，不一而足。

由此可见，只要能够更新理念和方法，努力挖掘资料，在生命史学理念的指引下，以疾病与医疗等主题为切入点，比较深入细腻地呈现历史上生命的存在状态、体验和表达及其与社会文化的互动，是完全有可能的。尽管与国际史学界相比，中国的医疗史研究在这方面的成绩还甚为薄弱，但国际同仁的成功范例以及目前业已出现的良好开端，让我们有理由对中国医疗史研究在这一方向上取得重要进展充满期待。而要实现这一目标，就笔者的考量，以下两方面的努力应是可行的路径。一是通过广泛搜集、细致解读日记、年谱、笔记、医话和医案等私人性的记录，尽可能系统而细腻地呈现历史上日常生活中人的医疗行为和模式、疾病体验、身体感、性别观和健康观等情况。二是将从各种文献中搜集出来的相关史料，置于具体的历史语境中，从日常生活的逻辑出发，来破解史料背后关乎生命的文化意涵，观察和思考时代社会文化情境中人们的生命状态、体验及其时代特色。

我们借《新史学》一角，编纂医疗史的专辑，并名之曰"医疗史的新探索"，一方面固然是希望藉此向学界展示海内外中国医疗史研究的新进展、新成绩，更好吸引更多的研究者，特别是青年人才加入到这一研究队伍中来。同时，也是希望能够通过展现这一新兴研究的新追求、新取向，阐发其意义和价值，来推动该研究的不断向前发展。这里所收入的 6 篇专题论文和 2 篇学术述评，虽然在内容和方法上未必完全如我们上面所述，可归于比较典型"生命史学"的范畴。但相较于大多比较传统的研究，称其为中国医疗史的新探索，应是名至实归。这些研究基本都具有社会文化史的视角，且颇多日常生活史、物质文化史、身体史和性别史的色彩。不仅如此，它们还大多与我们倡导在日常生活的语境中关注历史上的生命的诉求相关。周启荣的《医治公众：清代士商社会的公共文化与慈善医疗服务》最终的落脚点虽然是期望通过明清慈善医疗的探讨，展现清代社会的士商社会特性，但其文章中诸多具体论述，实为我们更好了解和认识当时社会

---

① 余新忠：《扬州"名医"李炳的医疗生涯及其历史记忆——兼论清代医生医名的获取与流传》，《社会科学》，2011 年第 3 期，第 142—152 页。

的医疗场域、行为和方式提供了可能。边和的《谁主药室：中国古代医药分业历程的再探讨》是一篇在具体的历史情境中探究中古以来，中国传统社会医疗行为中医学和药业关系的力作，不仅颇为清晰地梳理出来医药关系从医者医药合一到医药分业的演变历程，而且还能立足日常生活的逻辑与语境，对这一演变的原因和意义做出颇为深入的阐释。董琳的《"药气蒸为瘴"：大黄隐喻与清代士人的边地观》通过大黄这味常见药物的隐喻的文化史解读，赋予药物以生命的意涵。而张瑞的《疾病的文化意义：晚清日记中的病痛叙事》则更是利用日记等私人化记录，探究了生命应对病痛苦难的体验及其所反应的社会文化意义。皮国立的《从镇静到补养的救赎：民国时期新医药对纵欲致病的医疗史》则以较为丰富的史料和颇为细腻的笔触，书写了民国时期人们在面对诸多所谓纵欲行为的身体经验。沈宇斌和范瑞的《近代中国的疾病、身体与成药消费文化：以五洲大药房"人造自来血"为中心的考察》则以"人造自来血"为例，重点考察了近代药物的消费文化是如何型塑和影响人们的疾病感受和身体体验的。陈昊和杨璐玮的两篇学术述评，则直接面对国际医史学研究中身体、性别、药物交流和知识生产等医疗史、身体史、性别史和全球史研究前沿议题，通过有针对性地评述几本较新重要著作，探究了同样是前沿研究的中国研究和西方研究在立意和旨趣的异同。

三 在对生命的关注中彰显历史的意义

两年前，笔者曾在回顾和展望当今中国医疗史研究的文章中谈到："近年来，史学界的医疗史研究作为新兴的研究，受到不少年轻人的欢迎。而今随着时间的推移，这种'新'所带来的红利正日渐消失，如果我们不能及时地针对其存在的问题，探明可行的发展方向，那么这一研究的未来之路必然会更加困难重重。而要让这一研究不断发展，最重要的不外乎研究者能够持续拿出有分量的学术成果，以真正有新意的研究成果来推动学术的发展，并不断彰显这一研究的价值和意义。只有这样,才能依靠实力坦然地面对来自外部的各种质疑。"①一项研究要想取得持续的发展,无疑有赖不断有高质量的研究论著奉献于学林,而高质量的成果需要的不仅是研究者足够的时间和精力上的投入、扎实而深入的钻研,而且也往往离不开新鲜而有意义的理论和方法的刺激和指引。对于当下中国医疗史研究来说,在作为新兴研究在名词和研究对象等方面的新鲜感日渐消退之时,适时地提出恰当的新的理念、方法和发展方向,凝练出新的概念,无疑是十分必要的。而如前所述,"生命史学"作为新的理念、方法和学术概念,对于当下的医疗史研究来说,不仅具有适切性、可行性,而且对于在总体上推进史学理念的更新,历史研究特别是社会史研究的深入开展,也终将大有助益。

不仅如此,笔者认为,若能较好地在日常生活的语境中关注历史上的生命,践行"生命史学"的理念和方法,贡献出有品质的学术成果,还将有助于更好地彰显历史研究的价值与意义。

首先,更有人性的历史书写有助于提振历史论著在学界和社会上的影响力。如果我们从日常生活的逻辑和语境出发,将有血有肉、有情有理的具象的人拉回到历史中,去关注和呈现时人的疾痛体验、苦难经历、健康观念和生命状态等,必将会让我们的历史书写更具情趣和人性,也必将有更多的可能触动学界乃至社会之人内心世界的情感和认知阀门,引发他们更多的兴趣、共鸣和思考。

其次,有助于从历史的维度促进对疾病和医疗的意涵和当今医学发展趋向的理解。现代科技,特别是生命科学与技术的不断发展,大大提升了现代医疗水平,然而在征服了人类众多疾病的同时,也遭遇了科技发展瓶颈以及诸多难以以科技解决的相关医疗社会问题,这些又推动了现代医学人文的兴起,众多的医学人文学者,尤其是医疗社会学和医学人类学者纷纷开始重新思考疾病与医疗的本质,现代医疗模式与医患关系的困境,疾病对人的生活世界和人生意义的影响等等问题,他们的研究让人们看到,疾病并不只是科学可以测量的生理病变,同时也是病人的体验、科学话语、社会制度和文化观念等共同参与的文化建构,医学更不只是一门科学的技艺,同时也是拯救灵魂与身体的保健服务,以及市场体

---

① 余新忠:《当今中国医疗史研究的问题与前景》,《历史研究》,2015 年第 2 期,第 25—26 页。

系中的公共产品。若只是仅仅关注疾病(disease),而对病痛(illness)视之漠然,那就并不能真正消弭人类的苦痛。无论是疾病还是医疗,都深深地具有文化的意义①。这些研究显然大大推动了人们对当今医疗技术、模式和发展方向等问题的反省,对于人类的健康和全面发展意义重大。但这些研究,若缺乏历史的维度,缺乏历史学的介入,显然就不利于更全面系统而深入认识疾病与医疗,也不利于目前相关研究的进一步推进。而对历史学者来说,对诸多深具文化意涵的疾病和医疗技艺的深入探究,比如上火、肾亏、麻风、肺痨以及温补、辨证论治和道地药材等等,不仅可以藉此从全新的角度来展示社会文化的变迁,而且也可能和社会人类学一道来更好地理解和思考疾病和医疗的社会文化属性。实际上,社会人类学家对此应该是相当关注和欢迎的,梁其姿有关中国麻风病史的英文论著问世后,很快就引发了凯博文(Arthur Kleinman)、许小丽(Elisabeth Hsu)等著名医学人类学家的关注,并发表书评,就是很好的证明②。

最后,有助于从历史学的角度加强整个社会的生命与人文关怀。近代以来,科学和理性似乎一直在蚕食人文的领地,科技的日渐强势,业已成为现代世界一种常态。科技固然给人类带来无尽的嘉惠,但其宰制和利用的本性,不仅将自然化为利用和控制的对象,同时也使占有并操纵科技的少数人把多数人当作利用与控制的对象。故而,一个社会必须思考如何消化科技的危害,以便蒙其力而不受其害。为此,现代社会特别是西方发达国家,往往会通过有意识保护和支持人文学术发扬科学文化来平衡科技的强势和人文的被挤压③。不过在目前中国这样的发展中国家中,虽然国家也有一定相应的举措,但整个社会对于科技的推崇和对人文的轻忽,则明显比发达国家严重。在这样大的情势下,不仅整个社会的人文与生命关怀相对薄弱,而且即使是历史学这样传统的人文学科,也在不断追

---

① 对此,可参阅拜伦·古德:《医学、理性与经验:一个人类学者的视角》,北京:北京大学出版社,2010年;凯博文:《苦痛和疾病的社会根源:现代中国的抑郁、神经衰落和病痛》,上海:三联书店,2008年;凯博文:《疾痛的故事:苦难、治愈与人的境况》,上海:上海译文出版社,2010年。
② 杨璐玮、余新忠:《评梁其姿〈从疠风到麻风:一种疾病的社会文化史〉》,《历史研究》,2012年第4期,第174—175页。
③ 参阅余英时:《科技文化与大众文化——第二次世界大战后的文化变迁》,载沈志佳编:《余英时文集》第八卷《文化评论与中国情怀》(下),第17—20页。

求科学化同时,日渐淡化了其原本的人文属性,让我们的研究和教科书中,甚少有关乎生命和人类精神家园的内容。故而,如果我们能够引入"生命史学"的理念和方法,在日常生活的语境中去关注不同时空中人们的健康与生命,入情入理地去梳理和思考健康文化和生命状态的变迁,一旦这样的成果有了足够的累积,必然会反映到历史教科书中去,而藉由教科书的传播和渗透,引导和熏陶人们更多地拥有生命关怀意识,推动整个社会的生命与人文关怀的培育。

历史变迁中医疗场域与医药模式

医治公众:
清代士商社会的公共文化与慈善医疗服务

周启荣*

一 导言:清代"士商社会"、"公共文化"、慈善事业与"医疗场域"

在当代的大多数社会里,病家是消费者,直接到诊所、医院购买需要的医疗服务,或者通过购买医疗保险或者政府提供的保险,在医疗服务市场里得到专业医护人员的医治。当代的病家面对的是一个医疗服务市场和一群受过专业训练并由政府认可的医护人员。病家与医家的关系,医疗的方式、场所是受到市场经济、专业服务和法律制约的。病家获得的医疗服务的途径、医家取得合法资格与训练的过程,以及提供医治服务的器材与场所都是决定医家、病家之间的关系与互动模式。这些因素构成当代大多数社会的"医疗场域"(medical field)。所谓"医疗场域"是借用 Pierre Bourdieu 的"场域"(field)的分析观念①。疾病与寻找医治是人类社会所共有的现象与行为,但是对于致病的原因的认知、解析与研究,寻求救治的方法,用以治病的药物、程序、工具、场所,以及社会对于医疗资源分配的医疗"习业"(practice)结构的模式对于病人、医家关系的建构都起了决定

* 美国伊利诺伊大学历史系 & 东亚语言文化系教授。

① 参看 Pierre Bourdieu, Part I, *The Field of Cultural Production*, New York: Columbia University Press, 1993。

性的作用①。就是说，病人与医家之间关系的发生并不是取决于病人和医生两个人或者病人的家人之间的决定，而是由当时的"医疗场域"（medical field）来决定的。

没有一项社会"习业"（practice）是割离、独立于其他的社会习业而存在的。疾病的认知，医患关系的发生、建构，医疗资源的生产、分配，医疗活动进行的场所，治疗的方法是受到物质科技环境、政治结构、经济结构、文化生产结构以至社群结构之间的关系所决定的。因此医疗史必须要放在社会文化史的视角下来研究才能看到社会、经济、文化因素变迁对于医患关系塑造的复杂性，以及不同时代的历史差异性。医疗场域随社会变迁而改变它的结构。在当代的大多数社会里，医疗场域里提供的医疗服务与慈善事业和自发的公共组织不一定有密切的关系。然而，在清代的大部分时间里，医疗服务与慈善事业和自发的公共组织的关系却是非常密切的。

研究中国近世史的学者一致承认清代是慈善济贫、育婴、救灾、赠医、施药、施棺等服务最发达的一个时代。社会中各社群大量参与并且捐款是清代慈善事业得以蓬勃发展的主因。梁其姿指出："明清善堂最独特之处，在于民间非宗教力量成为主要的、持久的、有组织的推动力，地方上的绅衿，商人、一般富户、儒生、甚至一般老百姓，成为善堂主要的资助者及管理者，而清政府也承认这个事实。"②这个观察无疑是深刻而且正确的。但是，有需要再进一步去分析这种

---

① "Practice"一般翻译为实践。"实践"含有按着一个计划，一个方案，一个理论去证明可行性或者反复练习一种技能。但是"practice"的一个意义是指已经成为社群接受，并且不一定自觉地视为一个计划或者方案来努力实现的社会惯性行为。例如现在人有多余金钱都会放入银行，或者买股票作为投资增加财富的手段。这些经济行为不必定是个人的习惯，也不是将钱存放在银行就一定是个计划。积蓄是所有人类社会都有的行为，但是存钱入银行没有成为"习业"之前，人们不信任银行，或者人不敷出，不会将钱放入银行。存钱在银行对个人来说，可以是一种习惯，但是从社会的角度来说，它不是一种习惯，也不是一种实践，而是一种被认知的社会或者经济行为。在金融制度、银行设施不发达的地区和社会，这种"习业"便不普及，甚至不存在。没有习业便没有个人的习惯。没有刷牙的习业，我们不会有刷牙的习惯。没有文字、印刷的社会便没有书写、记录的习业，也没有盗版、剽窃的习业。没有到学校接受教育的习业，便没有到学校读书的习惯。"习业"与社会的制度与技术是分不开的。因此本文将"practice"翻译为"习业"而不用一般译者选择的"实践"。"习业"是社群可以认知，已经存在的行为模式，习惯是个人的，从既存的社会"习业"衍生的。一般的人只能选择社会提供的"习业"行为模式。

② 梁其姿：《施善与教化》，北京：北京师范大学出版集团，2013 年，第 234—235 页。

现象之所以能够发展背后更深层的社会阶层结构以及其他与医疗相关的习业（practice）。清代慈善事业的发展与医疗习业结构的转变有着非常密切的关系。

对于老、病需要帮助的情况是所有人类社会都存在的。只是治疗设施的创办形式、资金的来源与筹集、管理方式与服务人员的社会背景等都会随着社会、政治、宗教、经济、科技等变化而改变。就是说，这些慈善疗病机构的组织和运作模式是整个社会的历史产物。因此，医疗场域的结构会随着慈善习业的改变而重构。本文的主要目的是论证清代的慈善事业作为一种"士商公共文化"如何重构医疗场域，而清代的医疗场域是如何改变医患关系的。为了凸显清代慈善医疗事业与"士商公共文化"与"医疗场域"的关系，有必要简单说明唐宋以来的慈善医疗事业一些比较突出的差异。

我们必须分辨慈善活动与慈善活动提供的服务主体。从医疗服务提供的主体来看，主要由政府、民间自发的慈善组织两大类。而民间自发的慈善医疗组织又可分为独立的慈善组织和同业、同乡、同志等附属组织。因此，在清代善堂作为一种自发机构只是众多提供慈善医疗服务的组织之一种。另外一种提供慈善服务的自发组织并非纯粹为了提供慈善服务而成立的。为贫病的下层人口提供慈善服务的机构很多不是纯粹而独立的慈善机构，而是由各种附属于同业、同乡、同志所组成的民间自发组织之下的项目或机构。纯粹只提供各类慈善救济服务的善堂一般是面向全社区的组织，而它们救济的对象，无分籍贯与行业，无分居民还是流寓的客民；相对来说，附属于各类同业、同乡、同志的常规性慈善服务一般只对组织指定的受助对象提供救济服务，而大多数是流动从事工、商、文职服务各业的同乡或同业的客民①。分辨这两大类型的慈善服务事业对于我们了解清代的慈善服务事业发展的复杂性，以及形成这些服务运作模式的特点背后的社会结构与形态可以提供很重要的启示。本文的目的就

---

① 夫马进在研究杭州由本地士绅统办的慈善联合体时，已经注意到在杭州的工、商同乡会馆并没有融入以杭州居民为服务对象的善举联合体中。因为这些由同乡会馆设立的善堂，其服务对象是同乡不是杭州居民。参看夫马进:《中国善会、善堂史研究》，北京:商务印书馆，2005年，第478—479页。

是透过分析清代的慈善医疗的模式、医患发生关系和治疗进行的场所来说明清代已经进入"士商社会"的定型阶段,而在"士商社会"里,慈善服务产生与运作的形态是"士商"蓬勃的"公共文化"的一种形式,而清代的医患关系在慈善服务业中呈现的形态离开了士商的"公共文化"是很难理解与说明的。由于本文的分析架构牵涉两个重要的观念,论文前半部集中在介绍"士商社会"和"公共文化"的理论。后半部才进入医患关系在士商社会中由医疗场域所塑造形态的讨论。

清代慈善事业的发达无疑为许多贫民,甚至普通百姓提供了他们无力或者没有渠道获得有经验和经过师授以及后来专业医者的治疗服务。善堂(专业慈善机构)与各种民间自发组织设立的慈善机构所提供的医疗服务在清代如何改变了固有的医患关系?慈善机构与民间自发组织提供的医疗服务是在什么情况之下重新塑造了新的医患关系?这是本文希望探讨的问题。

首先,清代慈善事业的蓬勃必须要放在更广的社会变动的大环境之下来审视,否则便看不到清代慈善医疗发展的历史脉络。诚如夫马进和梁其姿等学者所揭示的,清代的慈善事业的其中一个特点就是非官方的社会群体自发创立和经营的慈善机构的普遍和救济项目的多样性①。但是,我认为这些民营的善会和善堂、同业和同乡的组织只是更深广的"公共文化"的一种表现而已。没有深广的"士商公共文化"清代的慈善事业便没有广大的社会基础,便不可能有如此蓬勃的发展。

二 明清以前的慈善事业与医疗场域

清代慈善事业所呈现的模式与唐、宋以来的慈善事业模式并不相同。离开了宗教,尤其是佛教,唐、宋大部分的慈善医疗事业便不能理解。从南北朝下至宋末,

---

① 当然,清政府在不同时期也起了鼓励和资助的作用。但是整体来说,慈善组织如清初的育婴堂都是由民间尤其是长江下游经济富庶的城市士商创立的。参看夫马进:《中国善会、善堂史研究》,第143—151、188—193 页。

中国的慈善事业带有强烈的宗教性,这种特征表现在以下几点:1.面向民众的慈善救济的经济来源主要来自寺院。2.寺院提供的慈善救济服务带有宗教目的,救济带有强烈的工具性,因此,提供这些服务多是免费的。3.寺院、僧侣直接参与并提供管理、救荒、治病的服务,也参与研究疾病和医药。4.治疗和提供救济的场所多在寺院或者附设在寺院之下。即使是政府的慈善服务也经常寄寓于寺院而没有自己独立的房舍。这四个特点说明南北朝到宋时期的医疗场域在很大的程度上与宗教场域重叠,就是说有相当大部分的医护人员是僧侣、寺院就是医疗场所、医疗方式也包括宗教的方法。病家获取治疗的途径、场所与对于病因的解析与认识都是在宗教的意义世界里获得的。肉体病疼的治疗兼有道德和精神上的医治和救赎。

从晋到唐末,中国社会的阶层格局属于世族僧侣时代,权力和资源主要集中在世袭的豪门士族和僧侣的手上。首先,政府在中央和地方都有医疗人员的设置。一般民众的慈善救济的经济来源主要是政府和佛、道的寺院①。但政府的救济极为不足。唐代虽然有官办病坊,但是真正能解决民间医疗需要非常有限②。即使是政府的慈善设施与活动也与佛教有密切的关系③。自东晋开始,佛教寺院庄田开始发展④,到了唐代寺院经济雄厚,“所在公私田宅,多为僧有”,“寺观广占田地及水碨磑”⑤。北齐武平六年(575)大水,朝廷令饥民“赴大寺及诸富户济其性命”⑥。政府依赖富户和寺院的财力来从事救济的做法由南北朝一直延续至整个宋代。宋代福建、浙江佛教寺院的田产极多。泉州南部、漳州寺产达民田的十分之七,最低的福州也达 17.2%⑦。南宋陈淳说:“此间僧寺极多,极为富饶,十漳州之产而居其七。”⑧唐、宋寺院除了拥有丰厚的土地资源,也从事质库借贷、出租房店、经营旅馆等具有商业性的活动。宋代由于科举制度的实

---

① 杜正乾:《唐病坊表征》,《敦煌研究》,2001 年第 1 期,第 121—127 页。
② 于赓哲:《唐代疾病、医疗史初探》,北京:中国社会科学出版社,2011 年版,第 31—32 页。
③ 祁晓庆:《唐代病坊研究综述》,《敦煌学辑刊》,2010 年第 2 期,第 95—103 页。
④ 何兹全:《中古大族寺院领户的研究》,《五十年来汉唐佛教寺院经济研究》,北京:北京师范大学出版社,1986 年版,第 66 页。
⑤ 曾义青:《中古寺院经济和佛教慈善事业》,南京:南京师范大学,硕士论文,2006 年,第 18 页。
⑥ 引于曾义青:《中古寺院经济和佛教慈善事业》,第 30 页。
⑦ 黄敏枝:《宋代佛教社会经济史论集》,台北:学生书局,1989 年版,第 121—127 页。
⑧ 陈淳:《上傅寺丞论民间利病六条》,《北溪大全集》卷四七,《四库全书》本。

行,世族慢慢失去垄断政治权力而被新生的士绅阶层所取代。但是寺院的经济
基础仍然强大,只是控制寺院经济的权力慢慢转移到新兴的政治权贵士绅的手
里。宋代功德坟寺的赏赐在宋代进一步削弱了残余世族对于寺院资产的控
制①。这种控制权的转移没有立刻改变寺院在提供慈善救济方面的重要性,寺
院仍然在这方面继续扮演重要的角色。强大的经济力量就是唐、宋时期寺院慈
善事业的基础。

其次,这个时期的慈善救济服务带有强烈的宗教目的。魏晋南北朝时期由
佛寺、僧人提供的慈善服务主要包括施食、施衣、施药、治病等。僧人不少利用医
疗来弘扬佛教。《高僧传》里不少僧徒精通医术只是比较突出的例子而已②。所
以慈善救济、医疗服务是宣教的重要工具。寺院或者政府提供的救济是免费
的③。在治病方面必须指出僧人治病由于相信祈福和念咒的神力,除了施药诊
治之外,他们的治疗方法夹杂了含有宗教信仰的祈福、法术、咒语等手段④。医
疗方法的有效性与宗教的神力和病家的信奉行为被视为相关的。因此,宗教在
医者与患者的关系建构中十分重要⑤。

第三,这时期的僧侣和寺院直接参与提供慈善救济的服务,僧侣甚至研究有
关的学问如疾病和医药等。虽然,在唐代,政府与佛教都有提供慈善医疗的服务
的意愿和实际行动⑥,但是,慈善机构的医疗人员、资源与场所主要来自寺院和

---

① 寺院在提供和管理慈善医疗服务的重要性随着寺院经济的衰落而不再具有如唐宋时期的
主导地位。寺院经济的衰落可以追溯到宋徽宗大观三年降旨常规性的容许宗亲、功勋大臣指射寺院
建立私人的"功德坟寺"。参看黄敏枝:《宋代佛教社会经济史论集》,第254页。参看 Jacques Ger-
net, *Buddhism in Chinese Society: An Economic History from the Fifth to the Tenth Centuries*, New York: Co-
lumbia University Press, 1995, pp. 308—309。
② 张弓:《汉唐佛寺文化史》,北京:中国社会科学出版社,1997年版,第925页;陈海平:《隋唐
佛教慈善公益事业研究》,福州:福建师范大学,硕士论文,2007年,第14—16页。
③ 全汉昇:《中古佛教寺院的慈善事业》,《五十年来汉唐佛教寺院经济研究》,北京:北京师范
大学出版社,1986年版,第60页。
④ 全汉昇:《中古佛教寺院的慈善事业》,《五十年来汉唐佛教寺院经济研究》,第58—62页。
黄敏枝:《宋代佛教社会经济史论集》,第433页。
⑤ 巫、医自古糅杂不分,到了唐代巫医并用仍然普遍。在知识和人员的层面来说,巫、医还没
有明确分离。隋、唐太医下便有咒禁博士,而医书中仍然包括咒术。但是咒禁疗法的范围已经在收
缩。参看于赓哲:《唐代疾病、医疗史初探》,第115—117页。
⑥ 高永健:《中国历代社会救济政策的研究》,《首都经济贸易大学学报》,2000年第4期。

僧尼①。《高僧传》中便有不少僧人以医术精湛而著名②。佛典中就有很多有关医疗、药方的知识。敦煌文献中不少佛典背面写有与医疗有关的医书也说明僧人在南北朝下至唐代都与疗疾与医疗研究有密切的关系③。

最后，慈善救济提供的场所多设在寺院里面或者附属于寺院的房舍。即使是唐、宋政府提供的慈善服务，主要都借用寺院的现成场所，并且由僧徒管理。例如宋代京师的福田院和地方的各种收养所（养济院、安养院、利济院）都是由僧人主管④。佛教寺院与僧徒不但管理病坊、提供医治服务，亦生产药材。唐宋寺院往往辟有药园。如杭州开元寺、苏州重玄寺、镇江甘露寺都有药圃⑤。唐宋寺院经常举行的"汤会"，而提供"汤药"和"汤药丸"中的药都是常用的药材⑥。由于寺院有病坊与通医术的僧侣居住，唐代的贵族在养病或治重病时往往迁入寺院，病逝于寺院的事已经变得非常普遍⑦。这些例子证明唐代除了私家住宅之外，寺院和病坊已经是病患关系发生的重要场所。这些场所虽然都是在僧侣的管理和控制之下，但是也可以算是公共的场所，是宗教机构提供的公共场所。

因此，南北朝以至宋末这个时期的慈善医疗服务，无论在提供服务的场所、机构、人员、药物各方面，寺院和僧侣都占有非常重要的地位。除了政府之外，宗教、寺院是这个时期民间提供慈善医疗援助的最主要力量，地方大族和私人支助

① 历代政府、帝王都会有偶发的，或者是只服务京城人民的疗病设施或者活动，但是，这些设施或活动有没有常规化，有没有在全国展开都需要注意研究。病坊作为佛教的慈善事业模式应该最迟在隋朝便出现。参看郝晓庆：《唐代病坊研究综述》，《敦煌学辑刊》，2010 年第 2 期，第 97—100页。有关病坊在唐代什么时间出现，是贞观或是武则天时期的争论，参看郝晓庆同一篇文章。唐代官设病坊第一次在玄宗时。参看于赓哲：《唐代疾病、医疗史初探》，第 31 页。

② 薛克翘：《佛教与中国文化》，北京：昆仑出版社，2006 年版，第 327—329 页。

③ 李应存、史正刚：《敦煌佛、儒、道相关医书释要》，北京：民族出版社，2006 年版，第 1—33、157—183 页。也有医书写在儒家、道书的背面。参看同书其他章节。

④ 黄敏枝：《宋代佛教社会经济史论集》，第 424 页。

⑤ 于赓哲：《唐代疾病、医疗史初探》，第 83 页。

⑥ 刘淑芬：《"客至则设茶，欲去则设汤"——唐、宋时期社会生活中的茶与汤药》，《燕京学报》新十六期，2004 年。

⑦ 陈海平：《隋唐佛教慈善公益事业研究》，福州：福建师范大学，硕士论文，2007 年，第 17—18 页。

的自发性慈善活动显然是没法比拟的①。但是宗教与寺院直接或者间接提供的慈善服务，尤其是医疗方面，到了清代已经不再是主要的社会力量②。在清代，民间自发的组织与政府成为慈善服务，无论在经费、设施、场地与人员各方面最重要的提供者。这是因为清代已经不再是士族僧侣社会，而是定型的"士商社会"了。

从社会的权力分配和经济资源的控制两方面来观察，清代已经形成定型的"士商社会"。"士商"在清代是政治、经济、文化生产与自发组织等重要领域的主导社群。在清代推动和办理慈善事业的主要社会力量是"士商"和他们筹建的同业、同乡、同志、慈善等自发组织，而不是寺院、僧侣或者政府③。在"士商社会"里，慈善服务主要是依赖各类自发组织如善堂、同业和同乡组织（会馆、公所），透过向士商、官僚和一般民众募捐集资的模式来筹集经费。提供慈善服务的自发组织多拥有集会的场所并且主要由士商自己轮流管理、营运，不再像唐宋时期主要依赖寺院经济和僧徒的管理④。同时提供疾病诊断、医治，对于研究病理、药物等工作大部分已经转移到专业的医者手中。清代的医疗场域已经不再是由世族、僧侣的社会阶层来主导了。

---

① 非政府的慈善救济、对于病者的救助等活动在魏晋下至唐宋时期都有记录。只是，这些大部分来自地方大族，士大夫家族，和个别官员以个人身份捐资提供的。参看梁庚尧：《家族合作、社会声望与地方公益：宋元四明乡曲义田的起源与演变》，《中国近世家族史与社会学术讨论会文集》，1998年，第221页。以个人财力提供医疗救济的例子如文彦博曾在洛阳胜善寺，捐俸建立"药寮"屋13楹，"择僧之知医者为寮主以掌之。"苏轼在杭州创立安乐坊，钱寔（佃）等人创立龙兴育养济院。但是这些病坊的经费都是他们自己捐的，没有经过群众集体捐募。张文：《两宋民间济贫恤穷活动述论》，《宋史研究论丛》第七辑，保定：河北大学出版社，2006年，第112页。

② 参看第7页注②。梁其姿认为在唐代会昌废佛之后"从此以后，在社会救济一事上，宗教团体从第一线退到第二线，主力落在中央政府身上，这个发展，到了宋代达到高峰。宋代政府不是被动地接收慈善组织，而是破天荒建设了一系列的社会救济机构，以满足贫人不同的需要。"参看梁其姿：《施善与教化：明清时期的慈善组织》，第24—25页。

③ 在寺、庙中设立医局或者提供医疗服务还相当普遍，但是随着十九世纪后半叶自发组织的增多，寺、庙只是僧人、地方官员、职业医士提供医疗服务的一类场所，而不是提供主要经费和医疗设施的社会力量。如《湖北荆州韦华寺僧山海天专医院内外两科》（《申报》1877年9月13日），《金山寺镇江世医王汉东》（《申报》1897年8月24日）。《两邑尊各延医士在城内普照寺、城外妙严寺设立施医药局以救贫人》（《申报》1887年7月29日）这个例子的经费来自地方官。

④ 当然，委托或者雇佣僧、道来看守房舍、墓地还是有的。

三 清代"士商社会"

首先要简单解释两个概念:"士商社会"和"公共文化"。上世纪八十年代开始,有些学者如张海鹏和唐力行开始讨论明清时期徽州商人好儒学的现象①。稍后余英时先生更从思想史和社会史的角度提出科举限额对于士人出仕构成严重的障碍,引致大量的士人"弃儒就贾",并提出了"士商互动"和"士商合流"的说法。对于士、商阶层自十六世纪以来紧密互动的现象,余先生有很扼要的说明:"'弃儒就贾'为儒学向社会提供了一条重要渠道,其关键即在士和商的界限从此变得模糊了。一方面是儒生大批地参加了商人的行列,另一方面则是商人通过财富也可以跑进儒生的阵营。"②

余先生虽然提出了士、商之间界限变为模糊,可是,他还是把"士"与"商"当做两个社会集团来理解。他说:"士商通婚是这两个社会集团之间的重要桥梁",又提到"士与商的两个世界"③。余先生这种表述在目前很有代表性。后来不少学者也跟着搜索更多有关"士商互动"或者"士商参透"的资料而大做文章。然而,他们都仍然把士和商当做两个社会集团,活在"两个世界"里。但是,既然士、商之间的界限已经模糊,为什么士和商还是两个社会集团而不是融为一个社会集团,生活在同一个世界里呢?最少,理论上如果有两个世界,这两个世界有极大的重叠部分因为这两个世界的许多界限已经不存在,或者模糊了。认识这一点非常重要,我们需要先分析"士商互动"、"士商参透"的历史意义始能凸显"士商社会"这个概念的新意涵。

"士"在明清时期可以指具体由官方颁发的客观认可的身份如生员、监生、举人和进士。但亦可以指一种身份的主观认同意识而不必实际上拥有朝廷颁发

---

① 张海鹏、唐力行:《论徽商"贾而好儒"的特色》,《中国史研究》,1984 年第 4 期。

② 余英时:《儒家伦理与商人精神》,《余英时先生文集》第三卷,广西师范大学出版社,2004 年版,第 166 页。

③ 余英时:《儒家伦理与商人精神》,《余英时先生文集》第三卷,第 170 页。

的身份。"士"作为一个客观的身份是以任官为终极目标。然而明清具有士身份的而能终于获取进士的士人极其少数。绝大部分只能考取生员,以诸生终老。这些诸生和根本连生员资格都没有拿到的士只能从事其他的文职工作如塾师、幕友、吏胥、医生、出版、写作、掌柜或讼师等服务行业。这些行业都需要识字和一定的文化教育程度。这些职业不是官职,而是面向社会的服务行业。明代许多的"士"隐于"市",隐于"医",就是主观自认是士而实际上从事与政府没有关系的服务或者工商业生产和贸易的工作。"士商"中隐于的"商"包涵从事贸易的行商坐贾,从事生产、制作、买卖工艺产品的商人,同时也包括从事与科举、当官没有直接关系的经济活动如商业出版商、书商、作家、医者、占卜等职业①。因此,"商"包括从事一切商业、贸易、与生产和流通相关的职业,以及一切需要使用文字的服务职业。明代中叶以后,科举迫使许多士人放弃考试,转而从事其他职业,医士就是一种服务业,不再与从政接轨②。

明清时代,从一个人一生的工作经历来说,"士"、"商"并不代表两类不可混合的职业和身份。自从十六世纪开始,越来越多的人同时或者在不同的时段中从事"士"的科举准备和进行贸易、工业或者与当官没有关系的经济活动。即使就那些幸运最终能考到进士的极少数人来说,他们在中进士获得任官之前,平均也有二三十年的时间需要从事"商"的活动。绝大部分商人开始接受的教育与"士"是一样的,也从事科举活动,后来部分或者全部放弃继续参加科举考试才转而从事工商类的职业。因此士、商的教育、文化,以致价值观一开始就是同源的。然而许多商人即使日后放弃继续努力考取更高的功名,他们很多仍然用拥有生员的地位或者透过捐纳获得功名,甚至低层的官职。

"士商"融为一个社群可以从四个层面来分析:个人、三代家族、姻亲、同祖宗族③。第一,从个人的工作生涯来说,已经不能强分一个人之所属阶层究竟是

---

① 参看 Kai-wing Chow, *Publishing*, *Power*, *and Culture in Early Modern China*, Stanford University Press, 2004。

② 有关明代弃儒从医的讨论,可以参看邱仲麟:《医生与病人:明代的医病关系与医疗风习》,余新忠、杜丽红编:《医疗、社会与文化读本》,北京:北京大学出版社,2013 年版,第 318—319 页。

③ 由于明末以来,联姓通谱的情况越来越普遍,同姓的宗族不一定出自真正的宗族。所以,这里只限于地方上同祖的宗族。这个观点现在几乎是研究宗族的学者的共识,不多征引。

"士"抑或"商"。大多数"士商"是先士后商,继而弃儒从商,或者亦士亦商。对那些已经拥有生员、监生、举人的人来说,士是一个终生拥有的身份,不是一个职业。所以拥有"士"身份的人如果没有举人或者进士不能当官,便需要从事其他的工作借以谋生。一身而兼士的身份和从事商的职业。第二,如果从三代家族的角度来审视,士商更不能视为两个社会集团。一个家族三代中有当官的,有从事商业和各种文职服务业的。在同辈中,兄弟、异辈中父子、叔侄、甥舅中有获取生员、监生、举人、进士,也有从事工商各行业的成员。一家而兼有从事士、官、商各种职业的亲人。第三,再加个人三代的姻亲,这个血缘社群便更大。即使同时段群里具有功名或官职的人,同时或异时从事工商生产、服务行业的工作会更多。第四,若扩大至三代以上同祖宗族的层面,士商更不能视为两个社会集团和世界。因此,明中叶以后,在个人、家族、姻亲、宗族的四个层面上,士、商已经融为一个阶层,一个社会集团;他们的价值观、教育、文化以致生活方式都互相模仿①。他们的文化、常规性流动的生活经验属于一个世界②。各地的大家族往往采取双轨的策略,家族中的子弟鼓励在士、商两类职业中选择。徽州家族和宗族只是较为突出的例子,其他各地区如江南、山西、山东、两湖以及东南沿海的福建、广东地方上成功的家族都是采取相同的社会策略,投资在教育、培养科举与工、商业人才。

现在从语言的变化上论证士商已经融合为一个社群或者同一个阶层。明清时期士、商由于在地方管治和工商业中都是最活跃和有资源、影响力的社群,所以在文献上经常相提并论。这种情况自晚明已经在语言上有所反映,特别为士

---

① 晚明以来士、商结合已经成为一个社会阶层,不再各自分别为士、商阶层,这个阶层就是"士商"而这个社会阶级的变动产生了"士商文化"。"士商文化"既有士的文化,又涵有商人的文化。"士商文化"具体的体现在士商一生的职业轨迹上。虽然绝大部分的"士商"在身份认同上是自我认同为"士"而继续参加科举考试,但在实际的经济生活中,他们都同时或者在不同时段里从事工、商业活动或者参与政府的低层工作。大量的士人从事出版、八股选文、编写小说、戏曲,以及各类文体的批评和选文。他们又是"士"又是"商";在认同或自我表达时,都自以为"士",而实际却是以经商、从事与科举没有直接关系的经济活动。有关这方面的论证,参看 Kai-wing Chow(周启荣),*Publishing*,*Power*,*and Culture in Early Modern China*,Stanford University Press,2004;Kai-wing Chow,"The Merging of *Shi* and *Shang* in Travel:Production of Knowledge in Late Ming Books",*Frontiers of History in China*,Vol. 6,No. 2,2011,pp. 163-182。

② 例如一类特别为"士商"特殊需要而编印的书籍如《士商类要》、《士商必要》、《士商要览》。

商编写出版的商业地理知识用书。由于士商的职业有非常多的共同经验与相近的知识需求，如水陆路程指南、水陆关卡、各地物产、地方衙门组织、官员职称等都是客商和士人、官员需要的知识。因此出版商有鉴于士商需要熟悉地理、交通、各地商品流通的情况，以及游览各地历史名胜，自晚明开始已经有出版商业用书来满足这些实际的需要。这些书有些直接冠以"士商"来吸引读者。例如憺漪子的《士商要览》（1626）和程宇春的《士商类要》（1626）都是为士、商两类读者而编写的①。方便士人、官员、客商旅行时阅读的书籍直接以"士商"为书题，省去四民的农、工。在知识生产与书籍出版的发展中，士、商已经成为同一个读者群②。

这种"士商"连字的情况到了清代变得更加普遍。在清代各类的文献中如碑记、方志、官方告示、清后期的杂志、报刊往往士、商相提并论，"士"、"商"经常同时出现，且成为与其他社群区别的一个词语。"士商"或"仕商"在清代俨然成为一个如"国家"、"士绅"、"聪明"原来不同意义而因为关系密切而变成一个双字词。"士商"有与其他社群词组如"军民"、"庶民"并举的情况。"士商"单独出现的例子大量出现，不胜枚举，下面只从不同的文体中举几个例子：

1760　《乾隆顺德府志》"自令以下皆量捐，士商暨齐民之有力者皆输"③

1762　《陕西会馆碑记》"同乡诸士商继之……士商之游处四方者"④

1784　《潮州会馆碑记》"五方士商辐辏，于是有会馆之役"⑤

1823　道光《浮梁县志》"景德镇……侨寓各士商佽义举者其各视其力赴公局书写并告四乡绅耆及景德镇士商愿各分其力以相助"⑥

1822　《广东通志》真武庙在佛山名灵应祠……国朝康熙二十四年士商共

---

① 陈学文：《明清时期商业书与商人书之研究》，台北：洪业文化，第 99 页。

② 程春宇的《士商类要》和其他同类书中往往以士、商为假想的读者。如"士商十要"、"士商规略"。参看 Kai-wing Chow，"The Merging of Shi and Shang in Travel：The Production of Knowledge for Travel in Late Ming Book"，*Frontiers of History in China*，Vol. 6，No. 2，2011，pp. 163–182。

③ 《乾隆顺德府志》卷十五，乾隆十五年版。

④ 《明清苏州工商业碑刻集》，江苏人民出版社，1981 年，第 332 页。

⑤ 《明清苏州工商业碑刻集》，第 340 页。

⑥ 《浮梁县志》卷之四，清道光三年刻，道光十二年补刻本。

捐重修①

1831　《栗恭勤公年谱》"乃捐千金,劝喻士商、军民一体捐输"②。

1885　《示禁奢华》"特用府在任候补直隶州江苏松江府上海县正堂莫为出示禁约事……合行出示禁约为此事仰阖邑士商、军民人等知悉"③。

晚清政府大量的卖官政策更使得愿意捐钱的商人可以获得正式的官员名衔。"士商"一词在晚清的使用更加普遍。丁丙(1832—1899)是晚清非常活跃的慈善家,他募捐的对象也是"士商"。他说:"浙之士商好义者,请于官,度地庀才,共成是举。……余既嘉士商之见义必为,以善承德意。"④在《申报》士、商相连地出现二万多次⑤。绝大部分是在广告中出现。这里只举《申报》自己刊登的广告为例。《申报》锁定的读者群就是士商。"本馆申报今已大销,每日所印四千五百张之数。上海各士商无不按日买阅。"⑥这说明"士商"已经成为商家销售的同一个消费社群,申报主要的读者群。

上面只举了一些例子用以说明"士商"在清代不仅仅在事实上融合成为一个社群或者阶层,在意识上也明确表现在语言的使用上。在上列的例子有自发组织的碑文、方志、官方文献、报刊上的广告、文章多种不同的文献,不同的作者和阅读对象。虽然不同的作者在文章的用词方面,用以与"士商"对称的可以是"军民"、"庶民"或者"人等",但是"士商"却已经成为一个非常固定的一个双字词。

从个人的工作经历、教育、价值观和文化习业(practice),从家族中看当官与从商的成员来观察,都可以看到"士"、"商"两个阶层已经混合成"士商"阶层。他们共同的生活方式与职业经验塑造了一个经验世界——"士商社会"。在士商主导的社会里,由于士商职业的需要:赴考、任官、长程贸易和服务等跨地域的

---

①　道光《广东通志》,清道光二年刻本,卷一百四十五。

②　《栗恭勤公年谱》卷上,清光绪刻本。

③　《申报》1885年5月20日。

④　丁丙:《北隅续录》卷下(光绪丁氏家刻版)。

⑤　"士商"在其他报刊也普遍出现,因为"士商"的使用不是《申报》的独特语言。例如《绎西字日报》转载于《申报》1872年5月20日,《事务通考》卷十七。

⑥　《申报》1872年6月22日。

流动,透过集体行动和组织来提供保护和促进自身利益愈显得重要,因此士商社会的自发公共文化非常发达。

四 "公共"习业(practice)与清代公共文化的发达

这里所谓"公共文化"(public culture)是指公众参与的组织与活动的一切相关习业,与目前英语学界的用法有别①。公共文化可以包括政府主导生产的组织和活动,例如明清时期的乡约集会,清代的宣讲圣谕;也有非政府主导的公共文化,例如民间的各种宗教节日、自发组织举办的各种活动②。士商社会里的公共文化的主体是自发组织的公共文化,是由社会中的群体自发建立的互助组织,集体举办和参与一些活动如商业、娱乐、政治、诉讼、慈善等。自发组织利用集体的力量和资源来解决大家共同面对的问题和困难。士商社会里最重要的公共文化不是由政府主导的公共活动。士商"公共文化"主要是指非政府主导,由自发组织和集体活动所产生的公共财产、管理制度和指涉这些事物的"公共"语言等社会"习业"(practice)。清代中、后期大量出现了集体、集资、自管、自发组织——工商业行会(或称会馆,或称公所,或称宫)、同乡会(也称会馆或公所)、环绕科举制度而创设的试馆、"兴宾馆"③、各类的善会、慈善机构如善堂、育婴堂、清节堂、"医局"等。许多其他以"会馆"、"公所"、"堂"或"局"为名的自发组织由士商共同建立④。自发组织也包括由移民建立的种种祠

①　英语学术界"public culture"多用来指公众艺术如电影、文学、各种艺术及各种现代媒体。最有代表性的是1989年创刊的Public Culture期刊。

②　自发组织自古已有,但是在不同的社会结构,它们的规模、建构、管理、参与的人群并不相同。可参看陈宝良:《中国的社与会》,台北:南天书局,1998年版。

③　兴宾馆是为了资助地方士子长途赴考的自发组织。参看宋永忠:《清代科举宾兴组织与地方社会研究》,厦门:厦门大学,博士论文,2012年。

④　例如乾隆三十年的"山西平阳府太平县阖邑士商创建并增修会馆碑记"直接明示士人、商贾共同创建的事实。又雍正癸丑年创建的北京晋翼布业公所,"翼距京师□二千里,历来服官者,贸易者,往来奔走者,不知凡几,而会馆之设,顾督缺焉。……购的房院一所……以为邑人会馆。……"东元宁缎行会馆更设立东西二馆,"会馆东西,原设有两所。西馆为公车住宿之所,东馆为缎行筹神议事之所。"《明清以来北京工商会馆碑刻选编》,北京:文物出版社,1980年,第29、85、90页。

庙、公所等①。所有这些自发的公共组织的创办人、管理人、集资人主要是"士商"。尤其是以慈善救济为宗旨的组织和活动，它们产生的原因，服务的对象都与士人和商人的集体活动所引起的特殊需要分不开的。

　　社会的变迁往往会在语言中得到反映。自晚明大量出现指涉集体性的公共"习业"（practice）。明末以来，随着士商文化的发展，公共文化的语言大量出现。这些主要环绕"公"字而新建构的词语在各种不同的文体涌现，显示参与公共组织活动的经验的普及和公共文化习业的出现。指公众共同使用的场地有"公所"、"公馆"、"公局"；指共同拥有的产业有"公产"②、"公业"、"公地"③；形容与公众利益的词语如"公益"④；指称集体行动的有"公同"、"公举"⑤、"公立"、"公罚"⑥和"公议"等⑦。这些"公"的语意指涉都是有关组织共同活动、财产和管理规则，与政府全不相干。例如1817年《重建药行公馆碑记》一文中大量出现带有"公"字的双字词组："公议众规……着看馆人取作公费，费用之外，余钱存公。……新开铺子，家伙字号银每百两银一两，以存公用。看馆人，公请公辞。"⑧文中的"公"指所有关于药行公馆成员的活动，尤其是有关管理公馆和公馆的经费和物业。"公"指一切跟药行公馆有关的事项，相对于公馆个别成员的"私人"来说。自晚明以来，大量的公共文化语言的出现充分说明了中国社会在

---

　　① 移民建带有同乡性质的公共组织不一定称公所或者会馆的名称，有的用神祠作为聚会议事场地。如江西商人在云南建立"萧公祠"。参看王日根：《中国会馆史》，昆山：东方出版中心，2007年，第205页。其实公共组织也包括宗族。这个问题比较复杂，不能在这里讨论。可参看 Teemu Ruskola, "Telling Stories about Corporations and Kinship", *Legal Orientalism：China, The United States, and Modern Law*, Cambridge, Mass.：Harvard University Press, 2013.

　　② 《明清苏州工商业碑刻集》，第147—148页。

　　③ 苏州《翁氏石梅家庙祭田记》1751，"既归先祠，即为公地"；"公同阖族"。王国平、唐力行编辑：《明清以来苏州社会史碑刻集》，苏州：苏州大学出版社，1998年，第281页。

　　④ 道光十一年湖州广仁局倡导人发起募捐置买田产支助买棺掩埋之用，"以备本甲施棺瘗冢公益之用"。《太湖县志》卷四，民国十一年版。

　　⑤ 《济阳义庄规条》1841，"公产"、"秉公办理……不得徇私"；"公举"、"公同协办"。王国平、唐力行编辑：《明清以来苏州社会史碑刻集》，第258—262页。

　　⑥ 巴县《永生帮顾绣老板师友公议规条》1842，"违者查出凭众公罚"、"凡我同人必须恪守帮规……永生帮顾绣师友同众公立"。《清代乾嘉道巴县档案选编》上册，四川大学出版社，1989年版。

　　⑦ 《金华会馆条例、捐例》："郡番公议，载之详矣！惟馆内所有房屋院落，在今公众往来居住者，一周历便知自毋庸登载。"《金华会馆条例、捐例》，上海图书馆藏。

　　⑧ 《明清以来北京工商会馆碑刻选编》，第29、85、90、93页。

明清时期的结构性转变的表征。士商社会在清代的定型,公共文化的继续发展对于医疗资源——包括医者、医学知识、医书、药物、医疗场所、设备——的生产与分配都起了极其重要的作用。

五 清代"医疗场域"与"士商公共文化"的慈善事业

清代士商公共文化的蓬勃发展直接改变医疗场域的构造。病家获得治疗服务的渠道与代价等都是由医疗场域中各种关系所决定。清代中期以后越来越多的病家,尤其是居住或者流寓在城、镇的客商、工人都会透过慈善机构或者自己所属会馆、公所得到医疗服务。自发组织成为社会上提供医疗服务所需资金的重要来源。自发组织为自己的同行、同乡、居民、客民提供免费或低收费的医疗服务。自发组织的资金主要是募捐而来的工、商业财富。在提供医疗服务方面,自发组织由于大部分都有自己独立的集会场所,附设的慈善、医疗服务在空间上脱离了寺庙的宗教场地①。在运作上由自愿轮流或专业的士商进行管理。僧侣在提供医护服务的角色,相对于唐宋时期,已经被边缘化了。就如现代社会一样,宗教已经不是建构医疗场域的重要力量。

清代医疗场域有几个突出的现象。第一,宗教在提供医疗服务的重要性比唐宋时期有明显的减退和转变。宗教场域与医疗场域的重叠越来越少。大部分的医者不是僧道而是"专业"或兼职的医者,以医术精湛出名的僧人如凤毛麟角。第二,民间非宗教性的私家医疗人员与资源的发达。宋元以来,政府的中央与地方的医疗制度、训练医者以及对于药物的管理和贸易方面多废弛不振②。但是民间从事医者的人数自南宋以来却显著增多③。在明代,地方上设有医学,但只有府医学的医学正科是九品官,州的医学典科与县的医学训科并不入流④。

---

① 当然,慈善活动,甚至机构设在寺庙中也是有的。
② 梁其姿:《宋元明的地方医疗资源初探》,《社会历史评论》第 3 卷,商务印书馆,2001 年版。
③ 张如安:《南宋宁波文化史》下册,杭州:浙江大学出版社,2013 年版,第 626—628 页。
④ 王尊旺、李颖:《医疗、慈善与明清福建社会》,天津:天津古籍出版社,2010 年,第 6 页。

明代官方在医疗人员的培养与训练上都不如宋代,明代政府提供医疗服务非常有限,民间的专业世医和儒医更显重要①。

明清的名医大都是专业、医学世家的医者②。这种趋势得以发展的原因主要有三个:科举制度竞争日趋激烈,明代户籍制度的废弛,和印刷术对于传播医疗知识所产生的作用。明代的户籍制度规定,习医的子孙相继为医生③。嘉靖户籍制度废弛后,医者已经成为一个可以选择的职业。世袭的职业制度破坏以后,随着明后期士人成功取得举人和进士的机会率下降,愈来愈多的士人不得已选择其他的行业,科举的激烈竞争迫使许多贫穷子弟转而学医。"今贫而失学者,辄学医矣。"④明代进入"医疗场域"的门槛很低,没有制度规范。医者的人数自然随之而增加。医疗场域的这个情况延续到清代,学医行医的人有增无减。

南宋以来医者增加的一个重要原因是医疗知识的普及和流通。自宋以来印刷术的广泛应用对于医疗知识的产生与传播增加了获取医学技术和知识的渠道。唐代已经有印刷的医书⑤。宋代官方印刷医书药方开始显示印刷术在医学知识的传播上的重要作用。淳化三年(992)刻印的《太平圣惠方》与嘉佑二年(1057)设置的校正医书局所印的医籍不但颁发到各州的医博士,还注意推广流传,另刻小字本以降低成本,向民间出卖⑥。私人或官员出资印刷的医书、药方对于医药知识、医治经验的推广、传播起了积极的作用⑦。明初,"依方以治病

---

① 参看邱仲麟:《明代世医与府州县医学》,《汉学研究》,第 22 卷第 2 期,2004 年;《绵绵瓜瓞——关于明代江苏世医的初步考察》,《中国史学》,第 13 卷。

② 明清时期苏州、徽州名医辈出。参看冯丽梅、王景霞:《明清苏州医学世家成因及影响》,《医学史研究》,第 30 卷第 1 期,2009 年;唐力行、苏卫平:《明清以来徽州的疾疫与宗族医疗保障功能——兼论新安医学兴起的原因》,《史林》,2009 年第 3 期。宁波的名医都是医学世家,专业医师。张如安:《南宋宁波文化史》下册,第 643—646 页。

③ 王尊旺、李颖:《医疗、慈善与明清福建社会》,第 7 页。

④ 胡夏客:《谷水集》卷五,《四库存目丛书》集部,第 234 册,第 681 页,引于余新忠:《清代江南的瘟疫与社会:一项医疗社会史的研究》,北京:北京师范大学出版社,2014 年,修订版,第 272 页。

⑤ 虽然唐代已经有印刷的医书,但流通量仍然有限。敦煌一本手抄本医书的原本是刻本。妹尾达彦:"唐代长安东市的印刷业",《中国古都研究》,山西人民出版社,1998 年版,第 226—234 页。引自于于赓哲:《唐代疾病、医疗史初探》,第 64—65 页。

⑥ 于赓哲:《唐代疾病、医疗史初探》,第 64—67 页。

⑦ 张如安:《南宋宁波文化史》下册,第 621—625 页。

者,十常八九;读书以为医者,十常四五;能得于心者,十无一焉"①。商业印刷在十六世纪的蓬勃发展更加扩大了医疗、药物知识的流通与传播。商业印刷扩大了明清医疗场域里医者产生的方式,阅读坊间医书、医案、药方成为获取医疗知识的一个重要方法。在医疗资源相对缺乏的情况下,印刷药方、医书被用作厘补医者的不足。余新忠指出在清代,"刊刻医书已成为官府和社会开展疫病救疗的重要举措之一,一些医家或善人往往将简便有效的医方刊刻分送,以补乡间偏远之处医疗资源的不足"②。印刷不但可以传播医学知识和医疗药方,更可造就为有志行医而没有经过正式学徒训练的文人"儒医"。因此,明清两代科举制度培养大批剩余文人,其中有为谋生而选择学医的。其中有只凭阅读医书、医案、收集药方而当上医者的。这些自学的医者在明清时期大量增加。

清代医疗场域第三个特点是医疗场域一方面没有形成专业并制定训练、考核、管理资格制度。但另一方面却继续明代以来的分科趋势的深化。直至辛亥革命,在训练和核定医疗人员资格方面,在生产、流通与使用药物方面没有透过法律来明确规定,因此没有形成西方近代由业界和政府共同制定的训练和执业的专业系统。就是说,明、清代的"医疗场域"没有受到现代的所谓专业化过程的定型。因此,医疗人员身份与资格的定义与确认、生产和使用医疗知识的程序和认证,医疗活动进行的场所、医患两者之间的关系等"习业"具有极大的不确定性和弹性。

在清代的"医疗场域"里,由于医疗服务人员的资格并没有制度化,政府又没有透过法律来管理医疗技术和资源的生产和分配。只要有人能使病家的情况由于得到一些"医治"的方法或者服用一些物料,甚至施了一些法术、仪式而得到好转或者治愈,便可以成为"医者"。进入医疗场域的途径是多元的,而医者的素质可以有非常巨大的差距。有经过家传、或者学徒训练的而学成医生,有透过阅读医书、药典的低层自学成医的士人,有巫医、"神医"如和尚、道士之类。

---

① 引于邱仲麟:《医生与病人——明代的医病关系与医疗风习》,余新忠、杜丽红主编:《医疗、社会与文化读本》,第333页。

② 余新忠:《清代江南的瘟疫与社会:一项医疗社会史的研究》,北京:北京师范大学出版社,2014年版,第270页。

他们都可以在"医疗场域"里提供服务。例如李光葆官至户部郎中,但对医道有钻研,"精岐黄,全活无算。年逾古稀,有求诊者,无不慨往,手到病除,概不受谢"①。自宋以来有越来越多如李光葆的士人通过阅读医书自学"成医"的医者。李光葆是官,对医学知识有兴趣,但是他成医的过程却是清代医疗场域的一个问题。医者医术水准相差极大。

清初苏州地区名医喻嘉言(1585—1664)提到"迩来习医者众,医学愈荒"②。乾隆时苏州名医徐大椿"今之学医者,皆无聊之甚,习此亦为衣食计矣"③。下面几个例子充分显示这种"士人"从事医者的经济活动。

"张国槐,廪生,通医药,犹精伤寒。悬壶永泰街,颜其居曰杏雨斋。活人无算,名驰塞北。"④

"郭桂,字天香,诸生。性严介,有才名,通晓医、卜,尤精大六壬。每有占断,无不应验。医术以眼科著。其以单方活人亦甚伙。"⑤

"邑庠生张笃庆字锡甫,幼孤苦,出嗣后,兼奉本生母生养死葬,人称其孝。精岐黄,人皆称为儒医,延之者,无论贫富,无不急为诊视,所全活者甚众。"⑥

"岁贡生范逢源,字取庵,教庆云、海阳三邑……于教读之暇,致力医术,上稽《黄帝》、下及《四子》奇书,若辩证、录脉、论药性、赋内、外两科,膏丹丸散等书,莫不反复研究,深有心得,所著有《是乃仁术》三卷,藏于家。邻近村庄,无论贫富、老幼,有求必应,手到病除。蒙再造者,不可胜数。当时号为名医。"⑦

"于兰字仙洲,幼颖悟,博览经史,不以功名为意,久研医术,各科皆有心得。每施一方,不泥古亦不背古,着手成春,好善忘劳,有求必到。"⑧

---

① 《庆云县志》,民国二十年石印本,第57—58页。

② 喻嘉言:《寓意草》,引于王涛锴:《何以成医:明清时代苏松太地区的医生训练和社会》,第49页。

③ 徐大椿:《徐大椿医话三种》,上海:上海浦江教育出版社,2011年,第87页。

④ 《大同县志》,卷十七,道光十一年本。

⑤ 《大同县志》,卷十七,道光十一年本。

⑥ 《庆云县志》民国二十年,石印本。1905年清廷取消科举制度,不少士人直接转成从医。例如"邑庠生李广泽字如春,性号学,枕经葄史,成名者多出其门,嗣因科举停止,弃儒就医,疑难大症诊治多效,四乡咸嘉赖之"。

⑦ 《庆云县志》民国二十年,石印本。

⑧ 《庆云县志》民国二十年,石印本。

22

"张云翼阳高举人。父组以岁贡有医名,云翼克精父业,名溢三云,病危而赖其全活者甚多。长子次明、姪智皆以名医称,可谓三世儒医矣。"①

张国槐、郭桂、张笃应、范逢源与于兰等都不是从师学医,而是看医书,自学成医的。他们都是"士商",他们的教育和考试训练让他们比较容易兼学医术。只有张云翼是三代家传的医者世家。但是喻嘉言提到的"迩来习医者众,医学愈荒"旨在批评那些没有受过有经验的医师教授而仅凭自己看医书而行医的人。上面在方志里记载的医家可能算是比较突出的例子,但是一知半解,没有师传的庸医充斥在清代的医疗市场。

嘉、道时期批评当时的医疗行业缺乏规范,提供"医疗"服务的"医者"根本没有经过学习诊病、医药的训练,以致"贩夫、村妪、流民、野僧,无不为人治病"②。同时,各种相信疾病与神、鬼、邪灵致病的民间信仰仍然非常流行,就是士绅之家也不能免。医学与其他的"知识"并没有完全区分,习医的也有兼言卜筮。例如张守春"后习医,妇科尤长。卜筮、堪舆并皆佳妙"③。上面引的诸生郭桂也是医、卜兼习的,大部分的医者都是"专业"以医谋生的人。虽然,清代的医者医术水平参差,良莠不齐,但从事医护服务的人无疑是众多的,同时他们的服务的报酬也由市场供求来决定。

清代医疗场域中,行医的队伍虽然庞杂,入行门槛低,但是在正式受过训练,尤其是家传医术富有丰富临床经验的医者的队伍里,专业分科的趋势却又继续深化。在支持清帝国知识体系的科举制度没有废除之前,"医疗场域"是众多社会习业(practice)"场域"中的一个,而这个场域基本上受到政治场域以及文化生产场域的诱导主制。清代社会的权力中心——朝廷——透过科举选官的制度规范了文化生产场域的发展,营造了以儒学文化为基调的文化系统。在儒学知识体系之内,医学知识和医者的价值是处于当官与其所需的经世知识之下的。医治少数的病者比之追求全面性管治人民的志业自然显得不够重要。对大部分的

---

① 《大同县志》,道光十年本,卷十七,第39页。
② 祝补斋:《卫生鸿宝》,第21b页,道光丙午秋刻本,引于余新忠:《清代江南的瘟疫与社会:一项医疗社会史的研究》,第272页。
③ 《庆云县志》,民国二十年石印本,第59页。

士人来说,医者作为一种职业不是首选而医学知识只能算是"小道"①。然而随着医者人数的增加,医者在明代已经出现更加细密的身体与功能上的分工,专攻一科,各自名家。明代的顾起元(1565—1628)对南京医家的综述最能证明这一点:"南都正嘉间,医多名家,乃各技各专一门,无相夺者。如杨守吉之为伤寒科;李氏、姚氏之为产科;周氏之为妇人医;曾氏之为杂证医;白骡李氏、刁氏、范氏之为疡医;孟氏之为小儿医;樊氏之为接骨医;钟氏之为口齿医;袁氏之为眼医,自名其家。"②其他地区如徽州也有相似的情况③。医者的分工,虽然没有法律上和制度上的要求和划一的标准,但从习业(practice)来观察,专业的医者在提供临床疗疾服务和医疗论述上已经出现有类于现代的专业分科。到了清代更加有专业的医者开始主张把医学视为专门,需要训练,实习,跟随专业医者学习的重要。最迟乾隆中苏州的名医徐大椿已经开始为医者的志业建立独立的价值论述,提出"医非人人可学论"。这个说法是要把医学作为一种职业与学问提升为一种专业,需要经过长期的学习经验,反对阅读医书便可以当医者的思想。

清代医疗场域的第四个特征就是医疗资源的地理和城乡之间分配的差距。在任何一个社会,医疗资源的分配在社会阶层和地理上都有不均的现象。在清代不单是贫民无力延请诊症的医者,就是乡下富贵之家,由于路远,往往待病重才延请医生。这样便助长了贫民对巫医、僧、道的继续依赖④。这种情况随着城市的公共组织在清代中、后期的大量出现,得到改变。但是除了宗族组织外,由于公共组织多设在城镇,医疗资源的分配极可能因为自发公共组织的慈善医疗服务的增加而对照之下,乡间城镇的医疗资源分配相差更大。

清代医疗场域的第五个特征,相比于唐宋时期的情况来说,提供慈善医疗服

---

① 参看徐大椿:《徐大椿医话三种》,上海:上海浦江教育出版社,2011年,第87页。
② 顾起元:《客座赘语》,北京:中华书局,1987年,第227页。引于涂丰恩:《择医与择病——明清医病间的权力、责任与信任》,《中国社会历史评论》第十一卷,2010年。
③ 汪道昆(1525—1593)指出万历年间徽州"众医棋布,各用所长"。引于涂丰恩:《择医与择病——明清医病间的权力、责任与信任》,《中国社会历史评论》第十一卷,2010年。
④ "名医者,声价甚高,敦请不易。即使有力可延,又恐往而不遇。即或可遇,其居比非近地,不能旦夕可至。故病家凡属轻小之疾,不即延治,必病危笃,近医束手,举家以为危,然后求之。"(徐大椿:《徐大椿医话三种》,第87页。)上面说医、巫在唐宋时期仍然没有分离,只是巫术的应用范围或者在医疗的程序上往后退。这种现象到了清代仍然存在。

务的资源不再来自经济丰厚的寺院，一般大众主要的医疗场所除了私家房舍之外，已经不在寺院开设、资助和管理的病坊。虽然，寺庙被用作医治、施药的场所仍然普遍。医、患关系发生的场所在清代的"医疗场域"中也是缺乏制度和法律的规范。延请医者到家是士绅和富有商人的普遍做法①。政府提供的治疗在清中叶之前大抵限于防疫和以致疫病的"施药"，而不牵涉没有传染危险的私疾。所以施药的场所经常都是借用已经存在的宗教公共场所如寺庙等。清初政府和救济机构多附设于现存的寺庙中，没有独立的运营建筑。民间施"药局"或者"医局"多数是寄居在寺、庙、祠、庵等现成的场所。例如顺治十年朝廷议准"五城建造栖流所，交司坊官管理，俾穷民得所"②。又在京师五城先后设立栖流所六处。漏泽园、饭厂则设于清顺治七年（1650），如位于广宁门大街的增寿寺饭厂，位于宣武门外青厂的永光寺饭厂③。北京的育婴堂初设在夕照寺。通州的育婴堂，设在天妃宫。苏州的育婴堂始建于康熙十五年，也是设在玄妙观内的雷尊殿之西④。这种寄寓式的救济机构说明了政府的救济政策没有产生独立的专门为救济活动而建立的场所，这种情况有点像唐宋时期政府依赖寺院，但相同的是只是场所，而提供医者、施药的资金已经不再依靠寺院自己的资源，而是来自政府和民众的募捐集资。清中后期，政府主要依赖的是士商自发建立的善堂和同业、同乡组织附设的慈善机构，尤其是士商的财富。余新忠研究清代疫病时，注意到清代"社会力量"在防止与医治疫症的重要性⑤。社会力量指的就是自发组织提供的慈善医疗救助。他指出"嘉道以后，同业或同乡的会馆公所的规条中，逐渐增加了救疗疾疫的内容"⑥并认为"同治以后大量专门救疗疾病的医药局的出现，其实与传统善堂的存在与发展有着非常深刻的渊源关系，它与善堂的

---

① 涂丰恩：《择医与择病——明清医病间的权力、责任与信任》，《中国社会历史评论》第十一卷，2010年。

② 光绪《大清会典事例》269卷，《户部·蠲恤》，转自岑大利：《清代慈善机构述论》，第79页。

③ 参见《光绪顺天府志》卷十二《京师志·厂局》，第318页。

④ 夫马进：《中国善会、善堂史的研究》，第200页；梁其姿：《施善与教化——明清的慈善组织》，第121页。

⑤ 余新忠：《清代江南的瘟疫与社会：一项医疗社会史的研究》，第221—239页。

⑥ 余新忠：《清代江南的瘟疫与社会：一项医疗社会史的研究》，第229页。

迅猛增加和善堂救疗功能扩展一道，共同促进了晚清社会疫病救疗事业的发展"①。他的观察是正确的。随着公共组织如本地的慈善机构、工商业、同乡组织在清代中后期的增加，许多医疗活动的场所渐渐脱离宗教的建筑，建立纯粹为了提供服务性的慈善"公所"，即非借用宗教寺庙的纯粹无宗教主导的公共场地②。这些就是普济堂、育婴堂、医局和工商业行会（会馆或公所）③。慈善、医疗服务在空间上脱离了宗教场所如寺庙。在经济上依赖商业财富，在管理上由自愿轮流或专业的士商进行管理。

清代的官员与士商创办、经营的慈善机构如育婴堂、普济院、普济堂等虽然不是专门收容患病者，但是往往需要为生病的婴儿和老、病提供医药的帮助。长洲普济堂康熙四十九年，"顾如龙等募建，收养病民"④。如平湖普济堂规定（1818）："设养老房四十间，每间可住三四人。如有偶患小恙，延医服药。倘患疫疠疮疡，易致传染诸症，即移居养病房，延请专科医治。凡丸散膏药，司事督令工人依方制药调理，俟病痊日移归原处⑤。"值得注意的是平湖的普济堂在四十间养老房之外特别设有养病房用以调理生病的住客。可见清代的医疗场域中慈善机构和同业、同乡、同志的自发组织都是医疗服务的重要提供者。

六　士商的慈善：士的价值取向与商的工商财富

1. 儒士的慈善观与工商财富

不同的信仰系统引发不同的慈善事业，也是"医疗场域"中的重要要素。从公共的慈善机构的价值观念与从受益对象来区分，可以分为由儒家思想熏陶的

---

① 余新忠：《清代江南的瘟疫与社会：一项医疗社会史的研究》，第235页。
② 不是说，近代的公共组织所在的场所便没有宗教。各地的行业、同乡公所往往祭祀共同的神祇，甚至用神祇的名字命名。有名的像江西人的禹王宫、福建人的天后宫。
③ 这个过程是非同步而漫长的。清代后期有许多慈善会或者堂仍然借用或附设在寺庙中。
④ 同治《苏州府志》卷24《公署四》578页，引于余新忠：《清代江南的瘟疫与社会：一项医疗社会史的研究》，第230页。
⑤ 余新忠：《清代江南的瘟疫与社会：一项医疗社会史的研究》，第198页。

士人或者儒生。清代士人接受的儒家教育灌输了"爱民""教民"的慈善观。作为预备或者取得资格去管理百姓的士人与现任的官绅来说,百姓生活上遇到的问题,从衣食、居住到医疗,为生民立命的士人自然需要从各方面来考虑百姓的需要。所以"士"的慈善覆盖的范围是非常广的,从粮食(义仓)、赠医施药(惠民药局、施药局)、死亡(义冢)、保存生命(育婴)等都包括。士人慈善的理念与官方的经世视角下的救济理念大体一致。在士商社会里,政府慈善救济的理想来自士的经世价值,而不是宗教的慈悲关怀,这是从价值观念来说的。但是理念如何表达和实现往往受到现实的社会环境及实际利益因素所决定。因此汉代、唐代、宋代与明清的儒士的救济思想虽然在理念上有共通的地方,然而,在不同的社会环境中所发展出来的救济活动的模式会有很重要的区别。

清代的士商社会阶层结构影响到慈善救济价值的体现形式。首先,士商的财富或透过个人的捐赠,或透过众人的集资的方式,成为慈善事业的主要资源。具有士身份的人群分化为当官并富有的,和贫穷的士绅。士商同时变成资助与接受慈善救济的对象。晚明已经出现同善会专门以贫穷士绅为救济对象,推广士绅所标榜的价值的慈善组织①。清代同类的组织更多,例如惜字会、②宾兴会、清节堂、恤嫠会、育婴堂、保婴会等③。清政府的慈善救济项目往往因为财政困难,许多应该做的却因为经费不足而没有施行。雍正二年发布的谕旨鼓励地方建立普济堂、育婴堂。可是,一如其他的中央政策,地方官往往敷衍,将现有一些善堂改名,或者根本没有落实谕旨的命令。雍正七年,山西巡抚宋筠报告该省的情况是"育婴、普济堂未奉行者甚多"④。苏州育婴堂是有一群地方士绅倡议

---

① Joanna Handlin Smith, Chapter 2, *The Art of Doing Good: Charity in Late Ming China*, University of California Press, 2009;夫马进:《同善会的诞生》,《中国善会、善堂史研究》,北京:商务印书馆,2005年。

② 梁其姿:《施善与教化:明清时期的慈善组织》,第140—148页。

③ 梁其姿指出嘉道前后保护幼婴思想由以救养婴儿为目的转成防止贫穷家庭抛弃婴儿。保婴会的目的是保存家庭,而前期的育婴堂理念是集中在救活、养育婴儿,不顾及乳妇需要离开自己家庭的工作环境。梁其姿:《施善与教化:明清时期的慈善组织》,第165、148—153页。

④ 夫马进:《中国善会、善堂史研究》,第422—423页。

并向士绅募捐而建立的①。虽然清后期一些善堂出现官方的直接管理和加入官产作为增加运作资金。但正如夫马进的研究所指出,有反复回归完全民办的情况。一些学者赞成夫马进的论点,认为清代的慈善事业的主要模式是"官民合作"②。必须指出,所谓官方介入,直接管理不是源于中央政府的全国性的政策,而是大部分来自地方官的自发行动。这方面还需要更有系统和深入的研究。虽然地方官有时会强逼地方富商、绅士出资或者担任管理,整体上来看,民间的力量在人员、资金与管理方面都是慈善事业的主体③。方福祥研究杭嘉湖地区的慈善事业指出清代的一个特点是"社会力量组织化程度急剧提高",而杭嘉湖地区的慈善事业资金来自民间的占了 82.7%④。

清代士商社会里,士的慈善救济关怀与理想需要工商财富来实现,而不依赖宗教。自发组织提供的慈善服务的资源主要来自士商的工商财富。清代地方士绅倡议和捐助的慈善事业许多是出于真正的怜悯和经世的责任感,但是地方富民资助慈善事业的一个实际动机是希望得到朝廷的奖励。例如嘉庆二十一年崇仁县富商捐银 2000 两资助育婴堂的建立。为此朝廷授予巡检加三级的勋衔。秀水罗坤化好捐款资助地方公益,朝廷钦加五品同知衔,诰授奉直大夫⑤。清代富商以个人身份捐资支持慈善服务借以获得朝廷的勋衔也是常见的,但是,士商集资资助慈善事业的情况更普遍。

---

① 王卫平、黄鸿山:《清代慈善组织中的国家与社会:以苏州育婴堂、普济堂、广仁堂和丰备义仓为中心》,《社会学研究》,2007 年第 7 期,第 60 页。自康熙十五年(1676)到道光十六年(1836)的 70 年里,苏州育婴堂都是地方士绅管理、募捐维持的。虽然士绅和地方高官以私人支持,苏州育婴堂是没有政府干预的。因此不能只以后来的一些善堂的情况来概括整个清代慈善事业中官方与民间的关系。

② 王卫平、黄鸿山:《清代慈善组织中的国家与社会:以苏州育婴堂、普济堂、广仁堂和丰备义仓为中心》,《社会学研究》,2007 年第 7 期,第 52—53 页。

③ 尤其是所有由同业、同乡兴办的慈善项目,都是由自发组织透过集资的方式来提供的。

④ 方福祥:《明清杭嘉湖慈善组织的特征分析——兼论公共领域与市民社会》,《浙江社会科学》,2007 年第 6 期,第 158 页。当然这个比例会随地区而改变。其他工商业发达、城乡化深广的地区应该不会相差太远。在湖北的慈善事业也是依赖民间力量。黄永昌研究湖北育婴堂认为"从发展阶段看,育婴事业中的社会参与成分逐步增加,官方也越来越依赖地方力量,很多育婴堂有官营化向民营化转变。"参看氏著:《传统慈善事业中的官民参与及角色:以清代湖北育婴堂事业为中心》,吴琦主编:《明清地方力量与地方社会》,中国社会科学出版社,2009 年版,第 67—71 页。

⑤ 肖倩、杨泽娟:《清代江西民间育婴事业经费研究》,《江西社会科学》,2003 年第 3 期,第 134 页。

2. 商人的慈善观：同业、同乡互助

商人的教育背景与士一样，参与资助慈善活动，在价值认同方面来说，与士并无太大的差异。但是如果分析商人的同业组织，便会发现他们的慈善的施予是限于同业的"伙友"。所有同业会馆或公所提到赠医、施药，受惠的只是同行的人，同乡的人。互助，而不是施与，才是商人同业组织的慈善原则。商人一方面会参与士绅倡导的一般慈善活动。但是他们自己的同业组织的慈善事业相对来说是针对同行的伙友，并不包括任何有需要的人。以下举几个例子说明同业公所在救济对象方面相对狭窄的范围。

例如 1845 年《长洲县示谕保护水炉公所碑》："缘异乡投苏帮伙甚多，适有疾病身故，以及患病无力医调者，亦复不少。……前经同业吴培基等公议捐资设立公所，以备棺殓之费，并设义冢，俾可葬埋，得免尸骸暴露……"①

1847 年《七襄公所碑记》："吴中绸缎同业者，咸量力亦各垫多金，购营公所，名曰七襄，以为同业议事公局。……爰筹工费，立规条，如同业中有老病废疾不能谋生者，有鳏寡孤独无所依藉者，有异乡远客贫困不能归里者，由各肆报之公局，令司月者核实，于公费中量为资助。其费则各肆酌捐五厘，按月汇交公局，籍而记之，以待诸用。既请郡守靖安舒公达于两大府臬方伯廉访，立案勒石，复移知浙江嘉、湖二郡晓谕绸绫各肆，一体遵守。"②

1849 年《吴县为吕松年捐置房屋永为性善公产给示杜扰碑》："设立公局，名曰性善局，以备同业贫苦孤独、病残无依者生养死葬等事。"③

1869 年《布业建立尚始公所办理善举碑》："自此同业之孤寡，均赖以生养死葬，不致饿殍暴露……所有该商民等在吴境中街路置买房屋，作为尚始公所，公议捐资，办理同业善举，务各妥为经理，以垂永久。"④

清代自发的同业组织建立自己的会议、办公场所显示两个意义：第一，这些组织的会员、服务对象并非没有身份、背景界限的所有人，而是同业、同乡，所以，

---

① 《明清以来苏州社会史碑刻集》，第 306 页。
② 《明清苏州工商业碑刻集》，第 28—29 页。
③ 《明清苏州工商业碑刻集》，第 147—148 页。
④ 《明清苏州工商业碑刻集》，第 82 页。

它的"公共"范围涵盖较少。相对于政府和士绅倡议的慈善活动来说,同业或同乡的公共组织面对的救济是同业的伙伴,同乡,或者是来自同一个地方行政单位如省、府、县等。因此,同业的自发组织提供医疗服务的"公众"大抵不重叠。

3. 士商共同习业:流动、同乡

清代士商倡议并参与管理与资助慈善事业与他们的社会习业有非常密切的关系。无论是考科举、当官的士绅,或是从事贸易、生产制造的商人,都需要经常流动。他们是明清流动人口最主要的一部分。他们有着共同的社会习业,经常要在异乡停留、居住,甚至选择定居下来。明清的士商绝大部分的自发组织都是由旅居、经常流动的士商人口与当地的士商合作建立和经营的,而建立的地点绝大多数是在商业和交通发达,人口聚集的城镇。士、商在工作履历的合流产生的一个结果就是互相借用各自经验发展的社会技术。由士绅职业生活所产生的技术与商人职业生活产生技术由士绅创办的考试会馆的组织模式很快变为同业、同乡的商人组织、互助组织的模式和集资的习业①。士绅在筹办互助组织或者常规性的地方公益事业需要商人在资金上的支持而商人在本土和异乡需要地方官和士绅的保护。士、商,除了具有相似与相同的经验外,同时在实际上维护自身的利益上,是互相依赖,互相补充的。虽然就个人在某一个时间内,士和商的身份和活动是可以明显区分的。但是从个人的一生的工作履历来考虑,士和商的经验是集于一身的,而在清代这种现象绝大部分是受教育的地方势要(elites)所共有的经验。

七 自发公共组织与慈善服务的经费来源及集资模式

清代士商公共文化的发展与士与商互相借用组织经验和手段是分不开的。慈善机构的创建与维持最重要的条件是充足的经费。清代公共组织的创建与维持最普遍筹集资金的方式基本包括募捐、置买田房出租、放款发商生息等。这些

---

① 互助活动或组织不一定是源于士绅。杨东明创办同善会时指出下层一些互助的例子。

筹办资金的方法的混合和普遍使用是清代中后期慈善机构大量出现和综合善堂出现的重要条件。在这几个不同的筹集资金的方法中,置买田、房出租与放款发商生息是提供慈善机构营运的经费极其重要的基础。

清代中期以后的综合慈善机构的兴盛与发展离不开士商运用工商业赚取的商业财富的支持。研究清代慈善事业史的学者都注意到商人在提供经费方面的重要性。夫马进在指出清初育婴堂的建立,虽然有官方的政策和地方高级官员的提倡,但是许多育婴堂是在镇而不是在城先建立起来,说明育婴堂事业的发展依赖的是"都市的经济力量"而不是官方的行政力量①。以杭州为例,自嘉庆朝开始,盐商便大力资助各种慈善项目。在太平天国之前,杭城的普济堂、恤嫠集、育婴堂、清节堂的经费来自盐商、米商和典当商②。

自发的公共组织,尤其是同业的组织经常使用向同业铺号摊派月捐的习业。1843年《苏州府为绸缎业设局捐济同业给示立案碑》:"查职监胡寿康等慕义设局,捐济同业,事属善举。其各店消货捐厘,仍由浙庄按数扣交公局,亦属至公。现奉各宪批准,除移嘉兴、湖州二府,并扎吴县、吴江、震泽三县,一体示谕外,合就给示勒石遵守。……作为公局,捐厘助济绸业中失业贫苦、身后无备、以及异籍不能回乡,捐资助棺,酌给盘费,置地设冢等善事,自当永远遵恪。"③

1850年《水木匠兴修公所办理善举碑》:"水木匠业,香山帮为最,向在长邑玄妙观□□□□中,供奉老班先师,为办公之所。嗣因经费不敷,年久失修,一切公举,渐次废弛。现有旧董汤斌,有志兴修,率由旧制,要(顾)鹤等襄理。除在香山购得□□□□为同业丧葬义地,并议各作先为捐凑钱一千串修葺,添设医药棺木。议的三邑同行公捐……不捐,照章议罚。设立司年司月轮管……禀求立案示禁。"④苏州的水木公所所采用的集资办法包括结合士绅经世,就是治民的手段,摊派各个商户。另外又借助地方官的权力作为执行摊派方法的保证,采取"立案示禁"的方式加强公所组织章程的强制性。这是"士商"公共文化的一个

---

① 夫马进:《中国善会、善堂史研究》,第192—193页。
② 夫马进:《中国善会、善堂史研究》,第482—487页。
③ 《明清苏州工商业碑刻集》,第26页。
④ 《明清苏州工商业碑刻集》,第122页。

范例性的表现。

慈善机构与工商业组织在清代越来越多使用的一个集资方法借以维持常规性运作的经费是"发商生息"或称"存典生息"。这个方法的使用是以两个习业为前提的:第一,借贷市场的存在与活跃,商人在经营业务上必须依赖的流动资金。第二,当时对于贷款回收利息的法律保障和信任。收在各个碑刻集里的例子俯拾皆是,不再一一列举。

善堂、公所延请医生、购买药材、膏、散、丸等都需要经费。保证足够的医疗经费是一切慈善机构所必须而又经常无法有效控制的问题。士商的公共文化习业提供了置买田房出租、放款发商生息、捐厘等常规手段,为清代慈善事业提供了根本的经费筹集方法,奠定了公共文化得以在清代蓬勃发展的经济和技术基础。

八 自发的公共组织与慈善机构对于医、患关系的改变

在清代士商公共文化发展的大背景之下,医患关系究竟发生了怎样的变化?大型综合性善堂的出现和自发工商业组织参与提供各类型的慈善服务对于医疗资源的分配产生了什么样的结果?

随着大型综合善堂和工、商同业组织纷纷提供医疗的帮助和设立医局赠医、施药,在城、镇里的士商、制造业工人等越来越多接受治疗的管道是由善堂和士商的自发组织所来提供。善堂、医局、公所、会馆等公共场地在寺、庙、祠等宗教渠道之外,提供医治的场所变得越来越重要。面对所有居民的综合善堂与只针对同业者、同乡的需要救济的人的公所、会馆自然在救济对象方面有所不同。但是医患关系发生在固定的医局、公所、善堂里对城镇的居民,尤其是流动的士商、劳工来说,变得十分普遍。下面的例子可以说明这一点。首先来自会馆公所的例子:

1874《苏州府示谕保护麻油业聚善堂善举碑》:"前董张殿荣等于道光二十五年公议条规,捐资吴邑朱家庄设立公所,并在元邑二十三都乡一图置地作冢,

以备埋葬,禀蒙府县一体给示……凡帮伙老病,送入公所医药。设遇病故,给棺埋葬,待属领归,量给路费,事属义举。"①

又如苏州府长洲、吴县和元和三县成立的梳妆公所"议:如有伙友疾病延医,到公所诊治,并给汤药"②。

善堂既然收养孤贫,有病需要医治。个人特别帮助贫病者,为他们提供延请医生与送药经常以善堂为场所。例如一些地方热心公益的士商汇捐助,延请"名医"到普济堂为病者治病③。高邮州一个监生李智"尝司事普、育二堂。智日坐卧育婴堂中,稽其肥瘠生死,严立赏罚。儿多存活。又于普济堂延名医选良药,躬亲炮制,蓄丸丹数十种,列置楼中"④。在北京叶圻"为清节堂筹恤嫠费寒冬则散给贫民衣裈如是者五稔……以母病祈福施药饵凡京师之悦生堂、恤嫠所皆赖君赞襄其"⑤。

大量在城、镇流寓和工作的患者在异乡如何寻找、得到医疗资源已经是自发公共团体视为必须负起的责任。有病的同业者或同乡多送到所属的行业组织去寻找医疗。保障医生的医治水平已经是士商自发组织的领袖所必须考虑的问题。公共组织的介入医疗的过程,使得患者对于选择医者所需的知识、拥有的人脉以致医疗的费用,已经不是患者个人的选择可以决定,而是整个组织的领导士商所必须考虑的问题。

综合性的慈善机构开设的常规性的医疗场所,"医馆"、"医院"或"医局"在清代后期更加改变了居住在城市里士民如何求医、接受治疗的场所和影响到治疗资源的分配。但是维持慈善机构的费用,尤其是医疗费用是非常庞大的。士商公共文化在太平天国之后继续发展,还呈现出善堂与同乡会合并的趋势。比较突出的例子是广东人在上海共同建立的广肇会馆。该会馆同治十一年成立,

---

① 《明清以来苏州社会史碑刻》,第294页。
② 光绪十九年七月二十一日刊示的一块碑,《长元吴三县梳妆公所议定章程碑》。
③ 自从雍正二年赞赏北京民办的普济堂和育婴堂之后,地方官往往误解以之为皇帝要提倡,纷纷致力成立或者把已经存在的善堂改名。参看夫马进:《中国善会、善堂史的研究》,第200页;但整体也起了一定的鼓励设立普济堂的作用。
④ 嘉庆《高邮州志》卷十,《笃行》,道光二十五年本。
⑤ 方濬颐《二知轩文存》卷三十二,清光绪四年刻本。

附设广肇医院和广肇痘科分医院①。

慈善组织所依赖的集资与经营充分显示士商公共文化的特点，对于捐款和费用的明细必须公开②。1878年12月28号上海虹口同仁医馆在《申报》上刊登了捐款清单"虹口同仁医馆帐略摘要"。从1878年1月到12月，同仁医馆一共诊治19,970名男女病人，接种牛痘男女601人，门诊内外科，加上眼科，男病人12,394，女病人9,819名。住在医局男女92人，病故14人。医治所有这些病人的费用不菲，余下的经费还有1,167洋元。这则同仁医馆的捐款清单清楚显示慈善机构就诊的病人数量是非常庞大的。这个清单刊登之后，第二年（1879）1月1号，《申报》有一篇题为"阅医馆帐略书后"。作者读了虹口医馆的捐款清单后，深感慈善医疗经费的巨大。作者旨在批评当时在上海的名医收取高昂的费用，没有像同仁堂的以慈善机构提供医疗服务予贫民。作者批评当时上海的情况："独怪近时之医初不以济人为心，惟知利己。此风虽行之已远，处处皆然，然而沪上为尤甚。无谕名噪一时，肱经三折之士，即或稍读方书，粗知药性，无不自高声价，号金则数十矣，与金则数百矣！"作者提出要求"窃以为医家独少一考，意欲拟一章程，将医生之欲行道者，先考验其本领之优拙。其优者，准其挂牌。拙者立予驱逐。"作者目的是要淘汰庸医，并且倡议由"官设医局，聘请有名医士居之，官给以修。"由官府制定所应收取的费用。由于医疗费用高，因此稍有能力的病人亦要负担一些，"以资补贴"，但遇到贫民便"施赠"。由于"药赀甚钜"，同仁医馆请求有心人士继续捐助。综合善堂设置的常规门诊由于需要医治的人过多，开始收取一些费用。1885年仁济善堂在申报宣布"常年奉请内外科并眼科□医士，按期轮流施诊……门诊每号一百文，出诊每号四百文"③。由此可见，到了晚清慈善机构与自发同业、同乡组织无疑成为医疗场域中为城镇一般居民提供医疗服务最重要的主体。

---

① 民国《上海县续志》、《建置》下。
② 一些研究慈善史的学者已经注意到清代慈善组织重视公开性的现象。例如夫马进：《中国善会、善堂史研究》，第503—506页。
③ 《上海六马路仁济善堂施少钦恭请良医施诊》，《申报》1885年6月12日。

九 结论

清代兴盛的慈善医疗事业是士商公共文化高度发展的一个表现。清代的慈善医疗事业的特性是各类型的社群随着个别的特殊需要而自由创发的一种医疗习业,有别于官方管控的医疗服务。士商公共文化是建构清代医疗场域的一个决定要素。医家、病家发生关系的模式与医疗进行的场所深受当时的公共文化习业的影响。因此,清代的慈善医疗文化带有强烈的士商公共文化的特征:自发自愿性(volunteerism)、集体性(collectivity)、参与性(participation)、公开性(publicity)、依赖集资(fun-raising)、依赖工商行业商人商业财富(commercial wealth)、运用商业工具如置产收租和贷款生息,以及跨地域性(translocalism)。这些特征充分显示中国在清代已经进入一个工商业高度繁荣,社会流动和地域流动都非常频繁的士商社会。这些士商公共文化习业的特征可以视为中国社会的现代性表现之一。

沈维镛(1778—1849)写信给王鎏(1786—1843)说当他病重的时候,"入城与徐星伯及湖州人所素厚者,次日搬在全浙老会馆,先请薛银槎医治,开方服一剂"①。清代的士商自发组织无疑提供了一个新的场所,医患的关系在城、镇中已经受到士商公共文化里慈善事业蓬勃发展的影响而有了重大的改变。自发的公共组织提供了在家以外的诊治场所,而慈善机构和同业、同乡组织对于延请医师的选择大抵会是经过董事的商议然后聘请。这种习业对于提高当时的医疗水平起了一定的积极作用。这样会减少庸医对于同业、同乡病人的伤害。善堂与自发组织提供的慈善医疗服务无疑使原来因为贫穷而无法延请医者诊治的下层劳动大众也可以得到医治的机会。

另外一点有关医疗资源的分配的问题。士商的公共组织在很重要的方面改变了"医疗场域"的结构,显示经济因素对于医疗场域的冲击,注入了大量的工

---

① 沈尧《落帆楼文集》"沈小湖先生维镛致王亮生鎏书"目录前。

商业财富，对于社会财富再分配起了一定的作用。自发的公共组织透过合作和集资的模式将医疗资源分配到没有足够能力自己独立延请有经验医生的社会底层。贫民与在异乡工作的流动人口、小商人与贫士由于同业、同乡公所透过集体捐赠、派捐种种士商社会中管用的集资方法，在免费或资助的情况下得到了医疗服务。这些公共慈善组织无疑在重新分配地方社会财富方面起了很重要的作用。

近来研究中国慈善史渐渐成为热门的研究题目。学者尤其是利用对于慈善研究来讨论所谓中国的"现代性"、国家与社会的关系等问题，尤其是清代的慈善机构能不能被视为中国也有"公共领域"的证据①。夫马进对于清代的善堂历史有深入的分析。他其中一个结论是驳斥套用哈巴马斯的公共领域（public sphere）理论的研究。例如支持地方慈善组织的资金虽然来自商人，但事实上属于官方征收的徭役，这便模糊了国家与社会的边界，因此不能套用欧洲"公共领域"的概念②。他认为清代的善堂经营"国家与社会不仅互相交错，而且这种互相交错、互相影响是很深刻的"。他指出"社会上新生的善堂现象随即对国家产生了影响。另一方面，国家作为一个生命体，具有极大的灵活性，对新生事物吸收得很快。对前近代中国的国家的灵活性，亦即随时吸收新生事物、增加自身活力以维持长治久安的灵活性是不能低估的"③。

"公共领域"作为一个社会分析概念自然源于欧洲的历史经验④。欧洲社会的发展轨迹不可能与中国相同。因此硬性的套用西方的理论而一套全搬，

---

① 参看梁其姿：《施善与教化》；夫马进：《中国善会、善堂史研究》。梁氏另有一篇特别讨论中国医疗史与"现代性"的问题，参看《医疗史与中国"现代性"问题》，《中国社会历史评论》，第8卷，天津古籍出版社，2007年。

② 夫马进：《中国善会、善堂史研究》，第517—518页。根据夫马进的论据来主张"公共领域"不适合用于中国慈善组织的研究者包括王卫平、黄鸿山。他们从"公产"与"官产"的分别"实际上非常细微"来支持夫马进的论点。参看氏著：《清代慈善组织中的国家与社会——以苏州育婴堂、普济堂、广仁堂和丰备义仓为中心》，《社会学研究》，2007年第4期。

③ 夫马进：《中国善会、善堂史研究》，第446页。

④ 即使在西方学术界，哈巴马斯的理论也受到各方面的批评和修正。最早的一些论点，可以参看 Craig Calhoun, *Habermas and the Public Sphere*, MIT Press, 1993; Miriam Hansen, "Unstable Mixtures, Dilated Spheres: Negt and Kluge's *The Public Sphere and Experience*, Twenty Years Later", *Public Culture*, Vol. 5, No. 2, 1993, pp. 179—212.

把"公民社会"、"自治"、社会对抗国家等相关概念都牵扯进来,自然引起不必要的语义的争论,无法帮助解析和了解中国的情况。强调国家与社会对抗的"公共领域"理论与清代的社会习业格格不入,就像以前套用资本主义社会、资产阶级等概念遇到的问题一样。我们只有放弃整套引进西方观念,按照中国社会发展的特点来提出分析的观点和理论,才能了解中国近世发展的脉络。

学者注意到清代慈善事业官方与民间都共同出力,而民间自发组织无论在资金和人员管理方面都是主要力量。这一点正好说明士商社会里士商是政府和社会最有权力和资源的阶层。清代工商业的高度发展带来的一个最突出的社会问题:跨地域工商业的运作需要士商合作和协商借以保护自身的利益,以对抗工人、官吏的剥削和地方同业的竞争。此外,流动士商和同乡劳动者在异乡遇到困难、疾病,需要帮助。士商与国家在政治与社会的价值意识大抵是一致的。士商家族成员在政府中任职的情况非常普遍。就个人、家族各层面来说,士绅、官、商的利益都是互相依赖的。政府与地方,国家与社会同时具有互相依赖和冲突的两方面。商人在跨地域活动中依赖地方官府的保护,同时地方官员在管理、税收、维持治安、解决社会问题各方面,都必须得到地方士商的合作。士商作为地方势要却又要对抗地方官的压榨与吏胥的需索。在清代的士商社会里,士商与地方官员在具体的事务上同时有合作和冲突的情况。体现在慈善医疗事业上便是官方的鼓励、资助,甚至直接管理和变相的强加商捐借以资助地方上的慈善服务。但是由士商自发建立的同业、同乡的公共组织无疑是清代慈善事业的主要力量。这种自发的慈善组织和活动是清代公共文化在士商主导的社会里蓬勃发展的一种现象。

夫马进虽然反对套用哈巴马斯的理论,却注意到"近代中国的国家的灵活性。"可是他没有进一步探索:为什么清代国家与社会之间会有这种国家与社会"互相交错"的关系,使到政府能够灵活的吸收新事物? 我认为是因为清代的社群结构正在经历士、商两类职业的混合过程的高峰,而中国已经进入"士商社会"的定型时期。在士商社会的权力财富分配结构的规范下,提供公共服务资源的主要社群只能是士商,而不是寺院僧侣或政府;而在提供、管理慈善医疗服务方面,政府所依赖的社会力量也只能是拥有社会资源最多的士商阶层。要了解清代慈善事业为什么如此蓬勃,我们必须探讨清代士商文化中的公共文化发展的轨迹。

谁主药室:中国古代医药分业历程的再探讨

边 和*

引 言

西历 1637 年,耶稣会士曾德昭(Alvaro Semedo,1585—1658)暂时结束在中国的传教活动,从澳门返回欧洲。次年,他根据自己在中国二十二年的经历见闻,完成了《大中国志》,此书后来在欧洲广为流传,并被翻译为多种语言。曾德昭详细地描述了明朝统治下的中国,除了国家制度、法律、宗教等方面,还包括对民众日常生活的细微观察。在关于医学的一段文字当中,他特别留意到,中国人治病"没有糖浆、药剂、药丸",而是只用干燥的"草、根、果和种子",这些货物跨省运送,并已形成专供药材的市场。至于看病的医师,他们都有各种草药,从不写处方(Receipt),只把药物给他们的病人用,在看病的时候一并发给,所以医师身边总携带 1 个童子和有 5 个抽屉的药箱,每只抽屉分为 40 多个小格,里面备有各种药物①。

在曾德昭神父眼中,中国医者的药匣无疑是个神奇的物件:便于携带,广收博纳,且分隔细密。在一次医疗过程中,医者展示他的主要治疗手段——药物,并强调他同时作为制药者的技艺和权威。

---

* 美国普林斯顿大学历史系助理教授。

① 曾德昭:《大中国志》第 11 章,何高济译,李申校,上海:上海古籍出版社,1998 年,第 68—69 页。

《大中国志》出版后不久，明朝在内忧外患中灭亡，最终取而代之的是由关外入主中原的清朝。曾德昭所拥护的南明政权不久被消灭，而他对中国社会的诸多观察也将在此后的一百年中被改写，就连"医者行医自带药物"这样一个看似微不足道的细节，都发生了显著的变化。1799年，驻守长崎的日本官员中川忠英根据与前来贸易的中国商人之间的交谈，出版了《清俗纪闻》一书。在关于中国人家居生活的一卷里，这样描述中国人看病用药的习惯：

> 一般而言，药物从来不会由医生亲自给发。无论病情多么危急，医生都不会携带自己的药物。除非病人住在非常偏远的乡下，医生才会在访问时带上药匣。这是因为乡间缺少药店，离市集也太远，因此才需要医生自带药物前去看病。①

曾德昭与中川忠英的记述，虽然是基于全然不同的材料来源和背景，却都多少是为满足本国读者对中国社会的好奇心而作，也因此而保留了一些中文资料中往往视为当然、从而略过不提的细节。这两段文字，描绘了看似截然不同的两幅图景：十七世纪初，虽然药物市场已经很发达，但医者仍以自家制作的药物给予病人为惯例；到了十八世纪末，中川忠英则从中国商人口中得知，城乡差异决定了一个人的看病经历，病家与"市集"和城市的距离成了医生决定是否需要自带药匣的限制性因素。考虑到中川忠英所可能遇到的在日华商大多来自中国东南沿海，其地域与曾德昭的传教活动几乎重合，我们需要仔细地考虑这两段记载所提示的历史变化。医者与药物的关系究竟如何随时代而变迁？我们如何理解这样一种社会规范的转变，以及在具体社会语境下开展的医疗实践？

首先，我们需要承认医者与药物的关系随时势而转移，也因此可以成为历史研究考察的对象。其次，仅就以上征引的两则文献入手，我们就可以看到医药关系的复杂性：医者是否备药这一问题，不仅取决于医道内部演变的需要，也同样受制于医者在整个社会经济体系中所占据的位置，反映了社会如何通过不同的组织形式满足其成员多样态的医疗需求。以往探讨医药分业的历史文献，多将"医家"和"药家"的发展史分开对待，而对于"分业"作为一个动态、长期而复杂的历史过程，

---

① 中川忠英：《清俗纪闻》卷2，孙伯醇、村松一弥编，东京：平凡社，1966年，第109—111页。

尚缺乏足够深入的讨论。大量医药文献已在尚志钧、文树德、郑金生等学者倡导下得到整理与重新发现，而近年来祝平一、邱仲麟、蒋竹山等学者的研究也已将药物纳入到古代社会文化史视野①。台湾学者李春兴在《中药炮制发展史》中，提到明清二朝是制药技术发展的高峰，却没有深入论证其原因何在②。但已有的论述，多缺乏对"医"与"药"的分野之深入讨论，而是假定近代以来中医界医药分离的现状自古已然。医者是否参与制造、给发药物，在此过程中与所谓的"药家"是否有足够的区分度，是需要考察每一个特定时期的具体文献来作答的。

换句话说，药物的生产、运用与流通在中国医疗史当中，不应该被仅仅看作医道余事，或医学文献中以本草、方书为代表的若干分支。我们或许可以将药物放置在视野中心，在人类学意义上试图理解，医病双方如何通过药物与酬劳的交换来完成一次成功的诊疗过程，其中反映了病人对医疗提供者抱有什么样的期待③。在本文中，我试图以制药活动为中心，去重新审视"医家"、"药家"的身份界定是如何在一次次医疗实践当中被塑造和挑战的：不预先假定医者或药家的身份，而是以制药活动为中心，看它发生在社会生活中什么样的场域，再追问主导制药活动的人物如何表述自己的专业身份和生活状态。

医者身份一直是中外学者相当感兴趣的一个重要话题。最早的一批文献，是从制度入手，来测量医者专业地位在中国古代的兴衰。梁其姿对宋元明时期地方医学及药局的研究，从制度史的角度描绘了国家对医疗执业者干涉程度的强化与最终的淡出④。世袭"医户"制度为医者提供了晋升入太医院的门径，也

---

① 参见郑金生：《药林外史》，桂林：广西师范大学出版社，2007 年。祝平一：《药医不死病，佛度有缘人——明清的医疗市场、医学知识与医病关系》，《中研院近代史研究所集刊》第 68 卷，2010 年，第 1—50 页。邱仲麟：《医资与药钱：明代的看诊文化与民众的医疗负担》，生命医疗史研究室主编：《中国史新论：医疗史分册》，台北：联经出版社，2015 年，第 337—386 页。蒋竹山：《人参帝国：清代人参的生产、消费与医疗》，杭州：浙江大学出版社，2015 年。

② 李春兴：《中药炮制发展史》，台北："国立"中国医药研究所，2000 年。另见唐廷猷：《中国药业史》，中国医药科技出版社，2007 年。

③ Charles E. Rosenberg, "The Therapeutic Revolution: Medicine, Meaning, and Social Change in Nineteenth-Century America", *Perspectives in Biology and Medicine*, Vol. 20, 1977, pp. 485-506.

④ Angela Ki Che Leung, "Organized Medicine in Ming-Qing China: State and Private Medical Institutions in the Lower Yangzi Region", *Late Imperial China* Vol. 8, no. 1, 1987, pp. 134-166. 另见邱仲麟：《明代世医与府州县医学》，《汉学研究》（台北）第 22 卷第 2 期，2004 年，第 327—359 页。

因此给历史学家提供了追溯社会生活中专业性身份界定的记录。席文（Nathan Sivin）在一篇近作中提到，既然在中国古代大部分时间内，都不存在能够对医疗执业者给发执照和实行监督的行会式组织，那么当我们将汲取于中世纪及早期近代欧洲的专业化范畴用于描述中国的历史经验时，应该格外小心①。与此同时，我们也应该注意到，在专业行会之外，一定存在另外一些对"专业性"（expertise）进行定义与区分的机制，以资人们在医疗活动中作出合理的选择。因此，与其一味追问"专业行会为何缺失"，不如在中国实有的历史语境中去寻找另外一些表达与界定专业性的范畴。

"儒"与"医"之间的关系，就是能够反映医者专家身份在历史情境下是如何被区分和定义的一个重要例子。费侠莉（Charlotte Furth）、韩明士（Robert Hymes）、陈元朋等学者的工作对"儒医"形象在宋元之际的出现进行了详尽的梳理，从不同角度描述了宋元之际儒生业医、尚医的风气②。通过与儒学的勾连，作为方技之一"医者"身份是否因此而得以提升？亦或是"儒医"成为中上层业医者用以自我区分的标识，从而将女性医者与不识字的下层医者进一步边缘化？最后，顺着"儒医"的思路延伸开来，一些学者已经注意到医学文本的出版及书籍中作者身份的自我塑造，是明清以来非常重要的一条线索，如 Judith Zeitlin 对明代医家孙一奎医案书写的研究③。总体而言，我们已经了解到医学专家性的建构与维持并不具有某种单一的权威渠道，而是多变与复杂的。在大多数情形

---

① Nathan Sivin, "Therapy and Antiquity in Late Imperial China", in Peter N. Miller and François Louis, *Antiquarianism and Intellectual Life in Europe and China*, 1500-1800, Ann Arbor: University of Michigan Press, 2012, pp. 222-233.

② Robert P. Hymes, "Not Quite Gentleman? Doctors in Sung and Yuan", *Chinese Science*, Vol. 8, 1987, pp. 9-76. Charlotte Furth, "The Physician as Philosopher of the Way: Zhu Zhenheng（1282-1358）", *Harvard Journal of Asiatic Studies*, Vol. 66, No. 2, Dec. 2006, pp. 423-459. 陈元朋：《两宋的"尚医士人"与"儒医"——兼论其在金元的流变》，台北："国立"台湾大学出版委员会，1997 年。刘小朦：《医与文，仕与隐——明初吴中医者之形象与社会网络》，《新史学》（台北）第 9 卷第 1 期，2015 年 3 月，第 1—57 页。

③ Charlotte Furth, Judith T. Zeitlin, and Ping-chen Hsiung eds., *Thinking with Cases: Specialist Knowledge in Chinese Cultural History*, Honolulu: University of Hawai'i Press, 2007. 另见 Florence Bretelle-Establet, "The Construction of the Medical Writer's Authority and Legitimacy in Late Imperial China through Authorial and Allographic Prefaces", *Journal of the History of Science, Technology and Medicine*, Vol. 19, No. 4, 2011, pp. 249-390。

下,医家并不拥有病人生死相托的尊重,相反却时刻需要应付咄咄逼人的病家,以及同行间的无情倾轧①。

本文将在前述学者贡献的基础上,试图将药业发展的社会经济史与医者专业身份建构的文化史命题勾连起来。我们必须追问:是什么样的人群在主导药物在不同环节的流通,而这一社会分工,又对医疗专业性的判断发生了什么样的影响? 在同一历史时期,存在多少不同的给发药物的社会组织形式,而其中哪些是由医者主导的? 如果说对"儒医"的考察,侧重于医者社会地位的向上流动性,那么回归到药物的制造与发售,则提醒我们医之为业,从来都具有市井工匠化的性质。事实上,我们将会看到,儒医合流与医药分业,可以称得上是同一历史过程的两面。

我们需要考察的对象既包括有文献可据的制药、售药实践,亦包括以抄本、石刻或印刷书籍形式存在的关于药物和合、炮制的理论性话语。在对后者的考察中,我则关注其语言风格与读者指向,并以此来推断编纂者的意图。在什么样的情形下,作者选择将制药技术表述为文字,并通过手稿或印行书籍的形式流传? 在对前者的考察中,我则关注历史人物如何运用具有丰富意涵的语言来界定(define),甚至再现(represent)制药活动发生的社会空间,并将重点放在一个尚未被仔细考察的核心概念"药室"上面②。从字面意义上看,药室无非是制备药物所用的房间;但我们即将看到,由唐宋到明清时期,支配"药室"的主人是何等人物,"药室"能够引起当时人什么样的文化想象,甚至"药室"当中是否需要真的贮藏药物,都发生了相当显著的转变。通过勾勒出这些转变的大致轮廓,我希望能够将已成定论的"医药分业"之事实还原到更加具体的历史场景中,并由此揭示出由中世到近世,智性生活与社会经济面貌之间复杂互动的一例。

最后,需要说明的是,本文引用文献的时间跨度由六朝直到晚清,诚属为提供"长时段"视野参照而不得不为之,但讨论的重点在于南宋到晚明(十三至十

---

① 邱仲麟:《医生与病人——明朝的医病关系与医疗风习》,余新忠、杜丽红编:《医疗、社会与文化读本》,第314—349页;另见涂丰恩:《救命:明清中国的医生与病人》,台北:三民书局,2012年。

② 参见 Steven Shapin, "The house of experiment in seventeenth-century England", *Isis*, Vol. 79, No. 3, 1988, pp. 373-404。

七世纪）"药室"的多样化面貌及其变迁。最后两节中关于清代医界面貌的剧变，是未来研究的主要方向，在此限于篇幅，只能提纲挈领地谈一部分初步的推想，不拟下定论。同样，引用文献的地域局限性是显而易见的：大多数文献所谈及的现象，都集中在经济较为发达的江南沿海及人口密集的都市。在此，我无意对明代或清代中国给出普遍性的描述，而是将地域特殊性看作是医药关系演变的重要变量。希望本文中的讨论，能对未来学者利用医药文献时，多注意其具体时代、地域背景提供一些有益的参考。

中古医学之合药分剂："顺方者福，逆之者殃"

制"生"材为"熟"药的加工过程，是每一个医药文化所必须解决的问题，古代中国也不例外。先民收集草根树皮和矿物，捕猎动物，而后将入药部分清洗、切削与贮藏，以备施用。在单味药材的基础上，逐渐发展出配伍使用的复合药方：医疗技术的很大一部分，也包括如何称量、混合与炮制成药，制成性质稳定、便于保存的"丸散药"、"汤酒"、"膏药"等剂型。早期文献中对制药技术的描述，几乎都保留在医方的字里行间。用药物治疗，与针灸、推拿、食疗与导引等并列，属于五花八门的医术当中一类。可以认为，在汉代及以前，对药物的操纵，离不开"方术"二字，《汉书·艺文志》当中记载的十一家经方，"本草石之寒温，量疾病之浅深，假药味之滋，因气感之宜，辩五苦六辛，致水火之齐"，也证实了制药技术与经方传承的密切关系①。

汉代以后，用药治疗随着炼金术与服食风气的兴起而发扬光大，与药物相关的著作也日益纷繁。其中《神农本草》被确立为用药治疗者的最高经典，是在五世纪末南朝陶弘景的《本草经集注》②。花费了大量心血整理、删定《神农本草经》与《名医别录》上中下品七百余种药物的陶弘景，对于医者用药的现状及其限制，有着非常清醒的认识，也在《本草经集注》中留下了详细的制药规则说明。

---

① 《汉书》卷30，北京：中华书局，1975年，第1777页。
② 范家伟：《六朝隋唐医学之传承与整合》，香港：中文大学出版社，2004年。

我们从中亦可以推想到当时南朝社会中医药分工的部分情形。首先,陶弘景严格区分"采治"与"合药",指出医人事实上无力染指前者,只能对后者有所规范:

> 今诸药采治之法,既并用见成,非能自掘,不复具论其事,唯合药须解节度,列之如左。①

但在讨论合药之前,陶弘景还是忍不住对生药"采治"堪忧的现状发了一通议论:

> 又市人不解药性,唯尚形饰。上党人参,殆不复售。华阴细辛,弃之如芥。且各随世相竞,顺方切须,不能多备诸族,故往往遗漏。今之所存,二百许种耳。众医睹不识药,唯听市人,市人又不辨究,皆委采送之家。采送之家,传习治拙,真伪好恶莫测,所以有钟乳酢煮令白,细辛水渍使直,黄耆蜜蒸为甜,当归酒洒取润,螵蛸胶着桑枝,吴公朱足令赤。诸有此等,皆非事实,世用既久,转以成法,非复可改,末如之何。

"众医"不识药,只好交托"市人",市人只知逐利,也无动力去详查"采送之家"的真伪。单靠本草的著述,是无力改变"世用既久"的"成法"的。再加上分药之时,轻重不一,以及奴仆偷窃好药转卖,都造成药物治病不能取效。陶弘景将这些归于"药家之盈虚",告诫读者"不得咎医人之浅拙也"。医者能够做到的,是在"合药分剂"时,遵从药方的指示,不敷衍塞责。

可以认为,陶弘景的这番议论,代表了当时相当典型的一种对于医药分业的论述:"众医"由于各种原因不能自己收采药物,而依赖"市人"的供应,而"市人"和"采送之家"合在一起被称为"药家",其盈虚真伪,不应该怪罪到医家头上。然而,医家仍然需要兢兢业业地做好"合药分剂"的工作,可见最后成药的配给,还是通过医家之手完成的。

唐初孙思邈在《备急千金药方》卷首"诸论"中,把"合和"之道放在"处方"与"用药"之后,对医者处理药材应具备的知识给出了更详细的说明:

> 问曰:凡合和汤药,治诸草石虫兽,用水升数消杀之法则云何?
>
> 答曰:凡草有根、茎、枝、叶、皮、骨、花、实,诸虫有毛、翅、皮、甲、头、足、

---

① 陶弘景:《本草经集注》卷1,尚志钧、尚元胜辑校,北京:人民卫生出版社,1994年。

尾、骨之属,有须烧炼炮炙,生熟有定,一如后法。顺方者福,逆之者殃。或须皮去肉,或去皮须肉,或须根茎,或须花实。依方炼治,极令净洁,然后升合称两,勿令参差。①

医者需要识别用药部位,选择适当的"烧炼炮炙"之法,精确称量之后入药。特别值得注意的是孙思邈的告诫:"顺方者福,逆之者殃。"医疗作为方术,不仅体现在对宇宙与人身的理解,更在于对纷繁的物类有透彻认识和上手操作的经验。前人的经验以"方"的形式传承,医者的责任在于谨守成方,"勿令参差"。如若不然,后果不堪设想:

> 药有相生相杀,气力有强有弱,君臣相理,佐使相持,若不广通诸经,则不知有好有恶。或医自以意加减,不依方分,使诸草石强弱相欺,入人腹中不能治病,更加斗争,草石相反,使人迷乱,力甚刀剑。

我们将会看到,孙思邈对"医自以意加减,不依方分"的警告,在一定程度上与"医者意也"的观念颇相龃龉,也预示着后世关于用药医疗究竟是应该"以意为之"还是谨守成方的辩论②。实际上在唐初,孙思邈已经注意到,严谨的"经方"已经受到五花八门的"今方"挑战。"诸经用药,所有熬炼节度,皆脚注之。今方则不然,于此篇具条之,更不烦方下别注也。"③可以想象,在医方的传播过程中,想要对药物和合的实践进行规范,无疑是非常困难的。但至少,从陶弘景到孙思邈时代的医者,都认可合药分剂是医人的职责所在,即使对生药的收采和市场供应无能为力,也至少应该尽量遵从本方的指示而行。如果"今方"当中没有注明修合的要求,则按照医书中提供的一般性原则来制成药。

在百工杂居的唐代城市,医人的手艺——无论是针灸、推拿或是和合药物——是其执业求存的必备技能。唐代柳宗元《宋清传》描写了一位"长安西部药市人"宋清,为"长安医工"提供药材,而后者"得清药辅其方,辄易雠"④。这证实了陶弘景、孙思邈所描述的药商与医工分业并相辅相成的关系,在唐代中期

---

① 孙思邈:《备急千金要方》卷1,中国医学大成续编第四册,长沙:岳麓书社,1992年,第15—16页。

② 廖育群:《医者意也:认识中国传统医学》,台北:东大图书,2003年。

③ 孙思邈:《备急千金要方》卷1,页16。

④ 柳宗元:《柳河东集》卷17,上海:上海古籍出版社,2009年,第304—305页。

仍是主流。与此同时,宋清也同时卖药给"疾病庀疡者",甚至无偿贷售给贫穷的求药者,其中很多人后来成为达官显宦,遂以丰厚的礼物回报。柳文意在描述一种超脱于市井牟利逻辑的道德规范,而我们却可以从中看到,优良可靠的生药来源,不仅是医人营业的重要支柱,也是一般病人所直接寻求的商品。医者通过对医方的控制,对药物进行独到的处理,以求售自己的附加服务,却不能阻止病人自行到市场上寻求药物治病。从病人的视角来看,一般医者的身份与药铺老板并没有很大差别:与柳宗元同时代的张籍,在《赠任道人》一诗中,就抱怨"长安多病无生计,药铺医人乱索钱"①。医者与药物在治疗市场中形成的密切关系,经历了唐宋转型,将随着国家力量的介入和印刷书籍的传播而发生缓慢的变化。

"药室"的市井化:宋代医药行业的主要类型

北宋国家在医事制度上采取异乎往常的积极介入态度,对此中外学者已多有论著②。编订医经、本草,建立太医院考试制度,都直接影响了后世对于何为医学正统的理解。印行大型方书如《太平圣惠方》、《圣济总录》,并在都城与各地设立惠民药局,是北宋政府推行教化的重要手段。鉴于药局收集的配方芜杂,召集医官编定《太平惠民和剂局方》,以致于反过来对民间医者的实践施加影响。

日益普遍的医官头衔与国家对药事制度的积极介入,却似乎并没有影响人们头脑中"业医者经营药铺"的观念。北宋张择端《清明上河图》中,位于画面最左端的诊所"赵太丞家",显然是在利用国家颁给医者的官名职衔(太丞)作为营销手段。与此同时,门外还树立条幅贩卖"治酒所伤真方集香丸",说明赵太丞

① 张籍:《张司业集》卷7,四库全书本,第5页。
② 近著如范家伟:《北宋校正医书局新探——以国家与医学为中心》,香港:中华书局,2014年;Asaf Goldschmidt, *The Evolution of Chinese Medicine: Song Dynasty, 960-1200*, London: Routledge, 2008。

的医术虽有官衔支撑，最终仍然落实在根据"真方"和合而成的药物上①。医官卖药的记载，又见孟元老《东京梦华录》中提到的"仇防御药铺"②、"两行金紫医官药铺，如杜金钩家、曹家、独胜元、山水李家"③。显而易见，"药铺"指称医人开业店铺，所售成药根据医人专科，可分为"口齿咽喉药"、"医小儿"、"产科"、"洗面药"等类别。唯一的例外是官办惠民药局，出售各种"熟药"，而没有特定的医者主持；而"宋家生药铺"，大抵是如唐代宋清这样经营生药的店铺。大部分情形下，病家恐怕还是会到医者药铺就医买药，或者到官办药局直接购买成药，直接向生药铺购买药材的情况还属相对少见。

到了南宋，吴自牧《梦粱录》中记载的临安药铺保持了生熟药分开的特点，并凸显了更强烈的商标意识，不少药铺会用"双葫芦"、"泥面具"、"金马杓"等鲜明的标识招徕顾客④。主持药铺的医人本身仍会间或以"太丞"等官名和姓氏出现，但较之北宋似有弱化之趋势。周密《武林旧事》中提到"熟药圆散，生药饮片"的记载，常被作为"前店后厂"式药铺最早出现于南宋之证据。但需要注意的是，此则笔记的原意是介绍一种新兴的商业模式——"作坊"：

> 都民骄惰，凡买卖之物，多与作坊行贩已成之物，转求十一之利。或有贫而愿者，凡货物盘架之类，一切取办于作坊，至晚始以所直偿之。虽无分文之储，亦可糊口。⑤

这样的"作坊"生产什么货物呢？除了"熟药圆散，生药饮片"，还有种种食物与日常消费品："麸面、团子、馒头、爊炕鹅鸭、熬炕猪羊、糖蜜枣儿、诸般糖、金桔团、灌肺、散子、其豆、印马、坟烟。"因此，不能假设"熟药圆散，生药饮片"一定出自同一店铺，而只能得出结论这些商品日常消费数量巨大，以至于"作坊行"每天大量进货，批发给小摊贩，再转售到街巷居民。值得注意的是，医者从始至终，并不会涉足于这一流通过程当中，整套商业运作都由市井之人完成。虽然

---

① 张择端：《清明上河图》（原大精印珍藏本），香港：商务印书馆，2005年。
② 孟元老：《东京梦华录笺注》卷2，伊永文笺注，北京：中华书局，2006年，第164页。
③ 孟元老：《东京梦华录笺注》卷3，伊永文笺注，北京：中华书局，2006年，第268页。
④ 吴自牧：《梦粱录》卷13，铺席，杭州：浙江人民出版社，1980年，第116—117页。
⑤ 周密：《武林旧事》卷6，作坊，知不足斋丛书本，第6页。

"作坊"的运作多半出于私人资本,与官办惠民药局所扮演的角色却有类似之处:它们实际上将"合药分剂"的活计从医者手中分去了很大一部分。

在宋代商业化浪潮的影响下,一部分医者开始寻求以别样的方式将自己的技艺与他人区分开来。也是在南宋末年,"药室"的名目第一次出现在市井当中。陶宗泽《辍耕录》中,记载了另一则与周密相关的逸事:

> 赵魏公刻私印曰"水晶宫道人"。钱塘周草先生密以"玛瑙寺行者"属比之,魏公遂不用此印。后见先生同郡崔进之药肆悬一牌曰"养生主药室",乃以"敢死军医人"对之,进之亦不复设此牌。魏公语人曰:"吾今日方为水晶宫吐气矣。"①

崔进之的药肆门口悬挂"养生主药室"的名色,却被赵孟頫的游戏之对奚落而撤下。虽然赵是为了还击周密此前的玩笑,但也多少反映了"药室"的说法在时人眼中,不过是装点药肆的雅称。与"养生主"一致,"药室"在宋人心目中的形象,是受到强烈道家养生文化浸染的。中唐诗人杨衡的《题元和师药室》是这样描述一位得道高人的修炼场所的:

> 山边萧寂室,石掩浮云扃。
>
> 绕室微有路,松烟深冥冥。
>
> 入松汲寒水,对鹤问仙经。
>
> 石几香未尽,水花风欲零。
>
> 何年去华表,几度穷沧溟。
>
> 却顾宦游子,眇如霜中萤。②

晚唐笔记《剧谈录》中,也收载有穆宗时严士则于终南山采药迷路,遇到隐者,给予秘药为食的记载:

> 隐者自起于梁间,脱纸囊启其中,有百余颗如扁豆之形,俾于药室取铛拾薪汲水,以一粒煮之,良久微有香气,视之已如掌大,曰:可食矣。渴则取铛中余水饮之。③

---

① 陶宗仪:《南村辍耕录》卷 10,先辈谐谑,北京:文化艺术出版社,1998 年,第 136 页。
② 《御定渊鉴类函》卷 346,室五,四库全书本,第 35 页。
③ 康骈:《剧谈录》卷下,严使君遇终南山隐者,丛书集成初编(未出部分)本,第 115 页。

虽然医家和合药物的技巧与炼金术的渊源由来已久，长安与终南山，市井药肆与隐者药室，毕竟是相互隔绝的两个世界。南宋城市中的医者崔进之以"养生主药室"来标额自己的店铺，无疑是暗示自己制药技术超脱凡俗，不同寻常。

另外一层"药室"进入市井医者职业生活的背景，是宋代医学正统的确立和"儒医"理念的出现，促使一部分医者将自己的技艺用官僚士人阶层所熟悉的话语重新包装起来。现有文献多侧重于探究士人群体是否开始接受行医作为一种体面的职业，或士人对医学正统化、书卷化的贡献，而忽略了市井职业医人在此风气影响下，向士人品味自觉地靠拢。因此，"养生主药室"会招来士人赵孟頫的注意和文字酬答，也可以称得上是一种文字策略上的成功。我们接下来将会看到，药室很快成为诸多元代医者与士人互动的重要空间。

医者药室与元代士人群体的互动

有元一代，国家对地方医事制度的经营深入到地方，使得一大批医者获得了医学训科、正科的官衔①。与此相称，开业的店铺也就随之而需要更换更为体面的堂号，"药室"成为常用的称呼，并留下了一大批士人为医者药室所作的序文。医者为士人治病获痊，也往往会期待序文或题字作为回报。元初医家窦汉卿，"以药与艾见重于士大夫"，并借助与大官僚的交情，得到"宪司官医助教"的职位，其行医的药室也因此得名"活济堂"②。与此类似，宋元之际抚州大儒吴澄，曾为盱江医士余明可作"麓泉记"。余明可"名建孙，为建昌路医学正"，初攻小儿医，其后遍及诸科。吴澄先纵览盱江地理，描述了盱江"山自西来，包山以为城"，城中一井名为西麓泉，为余氏药室坐落所在，还提到药室匾额为翰林学士程某所书③。在明人的碑刻收集中，还记载了赵孟頫为名医葛可久之子仲正所

---

① Angela Ki-Che Leung, "Organized Medicine," pp. 137–138.
② 窦桂方：《流注针经序》，朱橚编：《普济方》卷409，四库全书本，第4—5页。
③ 吴澄：《麓泉记》，《吴文正集》卷39，四库全书本，第15—16页。

题的"葛仲正提举药室"、以及曾制黄羊尾毛笔的周伯温"济世之道,莫大乎医;去病之功,莫先于药"十六字篆书①。名人书题的匾额在医家世系中流传,其拓本更传布四方,也间接起到了为医家扬名的作用。从翰墨题名到作记相赠,士人与医者的互动集中地展示在药室这一空间中,并赋予医药实践新的道德意义。

吴澄以麓泉为由,"山下出泉,其蒙之象乎",比拟"童稚之质,精神未完,血气未定"的小儿,指出医之道,其始实与《易》通,从而间接地拔高和赞美了余明可医术的境界,并勉励他"于蒙之医也致谨"②。庐陵医者刘文瑞,因其精湛医术与谦退品行,而得到当地士人赠以"春谷"二字额其药室,刘将孙(1257—?)作为其"姻亲、世交"为其作记③。歙县名医程道川,为其儿子程与京独立开业的药室取字"体仁",以此来向理学家胡炳文(1250—1333)征记"甚勤"。胡炳文不负所请,洋洋洒洒发了一篇大议论,将孔子对其门生的因材施教比作"医王随病与药":

> 孔门问仁者多有病。樊迟鄙,病在不洪,子张外有余而内不足,司马躁,病在不静。夫子如大医王,随病与药。语仲弓是滋养法,语颜子是攻治法,病根悉拔,元气自还。诸子受针砭各异,顶门一针,惟颜能受之。④

最后,胡炳文提到程家到与京这一代,已有十七世行医;其四世祖克庵先生,与朱熹为内外兄弟,"其家学所渐,盖不当但以医名也"。

在这类序文中,士人可以尽兴展现自己的学识,并以医学为譬,将医者塑造成为儒者理想中的道德楷模,不染一丝市井气。然而从字里行间,我们也可以看到医者为了自己的事业,主动寻求士人襄助,并积极地参与到药室形象的营建当中,而士人也不总是扮演着道德说教的角色。元末,士人宋禧卜居钱塘,结识了邻居郭思贤。郭为世业妇人医,其祖先从汴梁迁钱塘已越三百年,而名声不坠。大约在宋禧行前,郭思贤便请其作诗文为记,而直到宋氏次年复经钱塘,再访郭氏药室,才题诗一首,算是满足了主人的愿望:

---

① 朱存理:《跋葛可久墓志》,《楼居杂著》,四库全书本,第21—22页。
② 吴澄:《麓泉记》,《吴文正集》卷39,四库全书本,第15—16页。
③ 刘将孙:《春谷记》,《养吾斋集》卷20,四库全书本,第14—15页。
④ 胡炳文:《体仁堂记》,《云峰集》卷2,四库全书本,第10—11页。

> 种树曾闻郭橐驼
>
> 钱唐赵郭业如何
>
> 名家汴水逾三世
>
> 治疾邯郸擅一科
>
> 旧岁客居频晤语
>
> 新秋药室再经过
>
> 暮年远向三山去
>
> 归对黄花为醉歌①

诗中并没有道德说教的意味,反而是对医者的高超技艺表达了真诚的钦佩之感。在另外一些情形下,医者甚至不需要放低身段,而是心怀感激的病家主动联络士人,向药室赠序。同样是在元明之交的钱塘,宋禧遇到了旧相识山阴人徐君采,发现其转业为医,"能治痔取奇效,驰声公卿贵人间"。到徐君采药室求治的病人络绎不绝,且四壁"所张皆德其愈疾而赠以文者"。更有甚者,"庐陵邑长窦侯"因其伯父曾被君采治愈,从而辗转征文于宋禧,以赠送君采。宋禧于是将这一段缘故连缀成文②。

元末,钱塘潘氏世医以"中和"二字名其药室,"与之游者管某柴某"遂为潘氏向大学者徐一夔(?—1400)请记。徐一夔开始表示为难,说这两字"见于孔氏遗书者,其义甚博",因此迟迟没有动笔。而管某柴某继续殷勤相邀,并代替潘氏给了一套对"中和"二字应于医道的解释:

> 二人者曰:非也,天地之气中和而已,中和非二物也。惟中故和,其蓄也中,其达也和。人受是气以生,一或偏滞舛戾,失其中和矣。失其中和则病生矣。医也者,所以反其中和而合于天地之自然也。潘氏之所以自见者如此。③

徐于是就此发挥,写成序文。

在另一篇药室序文《生意堂记》中,徐一夔记述自己有一天

---

① 宋禧:《留赠郭思贤》,《庸庵集》卷5,四库全书本,第13—14页。
② 宋禧:《赠徐君采序》,《庸庵集》卷13,四库全书本,第2—3页。
③ 徐一夔:《中和室记》,《始丰稿》卷5,四库全书本,第4—6页。

> 西游檇李,入城门而东,见有居药之室,翼然以敞,临于中逵。仰而视之,两楹之间,颜曰生意。

徐一夔看了,觉得这名字取得太傲慢:唯有天地造化,具有生生不息的力量,人力不能与其争功。"居药主人"因此将他请入药室中,讲了一番医药之术为"造化之一助"的道理,并让徐亲见来往病人"请诊者赴门如织"的景象。

> 居药主人且问且切,随其证而授之剂,曰尔服是当愈,尔服是当愈。而其人始来也,其气奄奄,其去也,其气舒舒;始来也,其色幽幽,其去也,其色愉愉……①

于是徐一夔心悦诚服,并记下居药主人"姓严,名某字某"而去。可见这一类序文中,不仅有士人对医道的理解与期许,也往往掺和了医者从儒学话语中自行采择、加以阐释的成分。

"一生之计在于勤":医者对药室的经营

需要注意的是,拥有药室的医者不一定只提供药物,如窦汉卿就兼长于药与艾灸。名医滑寿的弟子周启,为自己创设了"针、药二室",并请其师的友人谢肃为其作"针药二室铭"②。另外,设立药室的地点和时间也因人而异。世代业医之家,往往在年轻一代初出茅庐时即拥有名头相当响亮的药室,如上文所述的歙县名医程道川,就为了家业传承,代替其子程与京向士人求文。元初士人程钜夫(1249—1318)曾为盱江陈庚撰写药室记,提到陈氏为第三代世医,"年方弱冠时",即得同乡大儒周秋潭以"杏山"二字表其药室,此后继续在故乡行医二十年③。另外一些医者则选择离开家乡,远游名城,结交仕宦。一旦声望经营有成,或得到地方医学的职衔,便可选址开业。陈庚的职业生涯中,曾经离开盱江,"留京师七年",而后得到了"江西官医提举司都目"的官衔。元末,杨维桢

---

① 徐一夔:《中和室记》,《始丰稿》卷5,第8—9页。
② 谢肃:《针药二室铭》,《密庵集》卷8,四库全书本,第19—20页。
③ 程钜夫:《杏山药室记》,《雪楼集》卷13,四库全书本,第21—22页。

(1296—1370)结识一位医师刘本仁，据其自述，本是"儒家子"，其祖父为临江府教授。刘年轻时北上京师，不得志，于是"放游名山"，在庐山遇到世外高人，传其医术，"遂以其伎翱翔吴中"，并为自己的药室向杨维桢求序记①。如果没有一定的资历和财力，是不足以支撑一个独立运营的药室的。

明代学者朱存理(1444—1513)在其文集中，收录了一组明初文人题赠医人沈复吉"植芳堂"药室的诗文。沈复吉为杨维桢门生，云间人，又以医术闻名。明朝定鼎之后，迁居"中都"凤阳，在城中"东市口"开设药室，并向友人故交广征序文②。其中会稽人马弓的一首诗中，这样写道：

> 予友华亭沈复吉，却向凤阳开药室。
>
> 年来虽诵岐黄书，尤自胸中好儒术。
>
> 有地不种果与花，有田不栽桑与麻。
>
> 常时高掉活人手，旬日可到千百家。

又天台许伯放赠诗云：

> ……尝读养生论，颇穷种树书。开径十余亩，众芳罗前除。
>
> 日出辄抱瓮，兴来时荷锄。封植不爽节，生意纷已敷。
>
> 验兹草木性，悟彼造化枢。茫茫六合内，有生同一初。③

沈复吉世居云间，受业于大儒杨维桢，而选择在洪武初年迁居凤阳，很显然是看准新政权龙兴之地，将来商宦辐辏，大有可为。从赠诗中还可以看到，他购置土地，种植常用药材，出访行医，其收入即可自足，不需要自己生产粮食与桑麻。江南士人声势浩大的支持，以及其"有地"、"有田"的丰厚资产，足以让沈氏药室开业之初就占尽风头。诗中"验兹草木性，悟彼造化枢"的闲适形象，是以对土地和文化资本的控制作为支持的。

文人笔下的医者药室，通常都着重描写主人的仁心仁术，而不涉及日常生活中的经营细节。元明之际，坊刻、私刻医书风行，大量原本私相传授的医书被刊

---

① 杨维桢：《仁医赠刘生》，《东维子集》卷27，四库全书本，第17—18页。
② 朱存理：《珊瑚木难》卷4，四库全书本，第7—21页。
③ 朱存理：《珊瑚木难》卷4，第16—17页。

刻出版,我们也得以窥见一些医者经营药室的一些日常细节①。成化 15 年
(1479),上元县知县萧谦捐俸印行了此前向名医刘宗厚(刘纯)后人处求得的
《杂病治例》和《太素脉诀》二书。刘氏号称"累世簪缨,名门右族",刘纯之父曾
习医于朱震亨(丹溪),在医术之外,也继承了不少齐家立业的经验。《杂病治
例》卷首"兰室集医家十要",就汇聚了"丹溪先生诲子修身齐家之节要",照录
如下:

> 每日勤读医书,手不释卷,倘有良友,常宜请益。盖学海无尽,此乃务本
> 之计。

> 早起晏眠,不可片时离店中。凡有抱病者至,必亲自诊视,用心发药,莫
> 仍前,只靠郎中,惟务安闲。盖一日之计在于寅,一生之计在于勤。

> 照彼中乡原立价,一则有益于己,二则同道不怪。仍可饶药,不可减价。
> 谚云:不怕你卖,只怕你坏。

> 行医及开首发药,当根据经方写出药贴,不可杜撰药名,胡写秘方,受人
> 驳问。

> 不可轻信人言,求为学官。加尔只身年幼,难以支持,恐因虚名,而妨实
> 利也。

> 同道中切宜谦和,不可傲慢于人。年尊者恭敬之,有学人师事之。倘有
> 医头,但当义让,不可攘夺,致招怨谤。经云:礼之用,和为贵。

> 男治乎外,女治乎内,人之常也。家中事务,钱物出入,当令阃政掌管,
> 庶可积蓄。仍置收支任务薄,以凭照用。倘有余,则办首饰器皿,以备缓急。
> 不可收买玩具,及不急什财,浪费钱财。

> 邻友人情,除亲丧、疾病、庆贺随众外,其余无紧要者当已之。一则省
> 钱,二则不废生理。至于馈送之礼尚往来,不可求奇好胜。古人有云:广求
> 不如俭用。

> 郎中磨作,量其所入,可用几人。莫言人多好看,工价虽廉,食用甚贵。

---

① Lucille Chia, *Printing for Profit: The Commercial Publishers of Jianyang, Fujian* (11th–17th
Centuries), Cambridge, MA: Harvard University Asia Center, 2003, pp. 163–170.

开筵会客，命妓作乐，非不美也。当有故而为之，量力而行之。若不守本业，惟务宴逸，其窘可待矣。及有行院干谒，送至茶笔扇帕之类，初焉便不可接，当赠汤药一二帖，连物回还，自然绝其后患，若图风流之报。故《太上经》曰：乐与饵，过客止。宜细末之。

上前十说，皆丹溪先生诲子修身齐家之节要，故直言而不文。当置之座隅，朝夕一览。倘能遵而行之，则可成家立业。若不听信，必有饥寒冻饿之忧，进退而难，悔将何及矣。①

在这段"直言而不文"的长者教诲中，值得注意以下几点：

首先，医者药室店面，雇用"郎中、磨作"，给予工价，并提供饮食，类似于其他手工业者雇用学徒。《续名医类案》中，也记载了明代医家龚廷贤治疗一"药室家人"在切药时忽然昏晕的医案，说明手工加工药材的过程很大一部分是在医者药室中进行的②。

其次，药物的给发与制作是药室日常经营的重要组成部分，医者不可为了与同行抢夺生意而故意压低药价，但可以赠送药物，博取好感。在同一"乡里"中，开业的医者之间实际上形成一种非正式的行会规则，对彼此的行为具有一定的调节功能。另外，医者与邻里及其他行业（如妓女"行院"）的关系也需要精心维系。

第三，政府设立的地方医学，其"学官"（医学正科、训科）的位置并不好做，有了官衔更多的是一种"虚名"，在医者看来并不一定能带来"实利"。

最后，妇女持家者的角色："阃政"不仅是开业医人的贤内助，一旦有富余资财，会以"首饰器皿"的形式储蓄起来，可见女性在行医之家的地位之重要。

朱震亨作为"金元四大家"中最晚出的一位，为后世树立了"儒医"典范，视医学为"格致余论"，将医术拔高到有识之士匡时济世的重要地位③。然而我们也不能忽略，医者的生计仍然需要在具体的社会生活场景中展开；坐落在市井之

---

① 刘纯：《杂病治例》卷首，兰室集·医家十要。姜典华等编：《刘纯医学全书》，北京：中国中医药出版社，1999年，第468—469页。

② 魏之琇：《续名医类案》卷29，中毒，四库全书本，第30—31页。

③ Charlotte Furth, "The Physician as Philosopher of the Way".

中的药室,无论如何不能像山中隐士一样戒绝尘埃。无论"医家十要"是否真出于朱震亨之手,它仍然反映了元明之际医疗行业的一些重要观念,也为我们展示了药室作为医者家庭之延伸空间的实态。

岂必有位,乃可为施:私人药室的兴起

我们已经看到,在唐代,药室是隐者的世外仙居,修合不老之药,与市井医者的店铺大异其趣;到了南宋,医者开始用药室的美称,来强调自己技艺的高超,并借助士人的书写,将世俗生活中的药铺描绘成活人济世的厅堂。然而,医者对药室的支配,是否如文人赠序中所说的那样完全而纯粹呢?

南宋姚勉(1216—1262)在《雪坡集》中,收录了他为一位"以寿富康宁,攸好德考终命"的陈大用(字允中)所作的墓志铭①。陈氏祖先从九江迁居高安,家业富厚,"不殖货而财自裕,不豪夺而产自丰",并且乐善好施。每逢荒年,辄捐粮助赈,管仓官僚纷纷上书请求旌表其事,荫及子孙,而陈氏总是逊让。在捐粮同时,陈大用也留心医药之事:

> 君又谓谷以养生,药以愈病,皆活人事,患药市多伪,甚病而速死戚不忍。乃即旁舍为药室,选良医,如古方制善药以济人而不牟利,赖全活者甚众。

姚勉在文末评点道:为人如陈氏,"可谓攸好德矣,寿富且康宁宜也"!

生活在宋元之际的士人陈栎(1252—1334),也记载了一则类似的佳话:歙县吴济川,为当地大族,在其家设立"寿安药室",请"星源大医"程尧叟主其事,供远近无力看病者就医②。在这些兴建药室的事例中,医者的角色都处于陪衬的地位:药室所需的资财、房舍都由其依附的大族"主人"提供,甚至多坐落在家族所拥有的"旁舍"里。医者接受主人的遴选与礼聘,入主药室,但对其运营并没有主宰的权力,也没有售药牟利的压力,而是力求药物品质精良,为主人博得

---

① 姚勉:《陈允中墓志铭》,《雪坡集》卷49,四库全书本,第7—10页。
② 陈栎:《赠医士程尧叟序》,《定宇集》卷2,四库全书本,第32—33页。

乐善好施的名声。

同样是歙县人的洪焱祖（1262—1328），为婺源人江嚞作传。这位"以医名家十五世"的医者，也通儒书，希望能用自己的医道接济更多的病人。在宋理宗年间（1205—1264），江嚞"大所居为施药室"，高楼叠层，名为"登云"，招徕远近病者，并在瘟疫到来时给发煮散药，婺源遂安然无事。后以医药精湛被荐入朝，治好了理宗的病，并以无官布衣的身份，颇为活跃地参与到朝廷事务中，"禁中但呼江先生"。在京师居住十年之后返乡，"冲澹嗜酒，晚自号陶陶翁"，把"登云"药室交给从子世臣管理，其后人皆读书业儒①。江嚞实际上通过营建施药室，逐渐超越了十五世行医的轨迹，而成功地将自己塑造为地方士绅大族，并把其子孙送到读书、业儒、为官的轨道中去。虽然药室名目如一，但其实质与前述医者自行经营的药室有着明显的差别，有着浓厚的慈善性质，毋宁说更接近于宋代官办的惠民药局。

我们已经看到，元明之际大学者徐一夔曾受人之托，为钱塘世医潘氏作药室序文。洪武初年，徐一夔又为钱塘一位姓夏的郡人作墓志铭。据夏氏子孙提供的行状，死者夏应祥，无字，世居钱塘，父辈亦无仕宦经历，直到元伐南宋，"置行诸路金玉总管府于杭，治百工之事"，夏氏才被举荐为杂造局大使，后改金玉局大使，最高升至军器提举司同提举，因看到"以杂流进者，终不畀以民社"而弃官家居。夏氏家富资财，而不嗜好享乐，而是汲汲以济人利物为要，认为"无他术也，惟医药可耳"。于是凭借自己素习的"岐黄氏书、和剂法"，在杭州寿安坊"大开药室"，向贫病之家施与按古方书制造的丸散。夏氏自己并非业医为生，且对"世医"以近似药物替代贵重难得的"殊方异壤"之药提出批评，认为这是药物多不见效的根源所在，因此在自己的寿安药室"居药不计价值"。纵以钱塘之"地大物众"，夏氏药室亦能凭此招致众多顾客上门求药②。在墓志铭最后，徐一夔赞赏地写道："岂必有位，乃可为施？"

如陈大用、夏应祥这样的坐拥资财，却不能以"正途"获得官阶及社会影响

① 洪焱祖：《江先生嚞传》，程敏政编，《新安文献志》卷100下，四库全书本，第12—13页。
② 徐一夔：《元故将仕郎金玉府军器提举司同提举夏君墓志铭》，《始丰稿》卷9，四库全书本，第26—29页。

的民人,选择将资本转化为施善,从而进一步巩固了家族的社会地位,并与官方建立了相互依赖的默契。在所有引人注目的善举中,开办药室、制造良药已有官方惠民药局的先声在,且利人利己,进可以周济远近,退可以保一家平安。这一类不由业医者控制与经营的药室,与前述的由医者主导、士人题词的私营药室共存。可以认为,官办药局为地方士绅的私家药室提供了先例和经营模式的参考。当官办药局在明代逐渐式微,基于地方财富而兴办的私家药室遂取而代之。

元末明初,主宰着道德话语的士人群体,虽然仍然继续为医者题诗作序,但行文中隐含的道德说教意味越来越强,对医者执方卖药,赖以牟利的市井一面的鞭挞也是越来越不留情面。明初文人周是修(1354—1402),在其《刍荛集》中一篇"赠名医刘友谦序"中,先发了一通针对世间医者的牢骚:

> 余早岁尝读柳宗元宋清传,意谓善矣,而未之大可也。后二十年,游览半宇内,观世之医鸣者,凡以疾来候,不三反而不至,欲重其术也。藏一药,非倍价不售,欲丰其利也。孜孜焉惟能之是矜,货之是殖,其能以济人为急,而候之辄行,求之辄与者,几何而见其人乎?①

我们已经看到,柳宗元笔下的宋清,货药而不行医,只是偶尔直接卖药给病家。柳文的本意在于指出市井之内,尚有这样人物,冠带之流却鲜能做到,并没有批评医工作为职业以牟利为生的本质。周是修却以宋清这一虚构的人物为发端,对行医者"惟能之是矜,货之是殖"的狭隘重利观念进行挞伐,慨叹走遍宇内,斯人难求。

在这样一长段议论后,周是修才提到曾在周王藩邸遇见医正张士伦,是能急人之难的良医,又五年后,在中书舍人刘彦铭推荐下,结识在南京太医院供职的刘友谦。周是修后来到刘友谦开设于大中街的药室晤会,谈及家人小儿的病情,得到刘慷慨相助,且救人一命,不求金帛回报。周是修的态度可以代表一部分士人的观点,即对医者售药牟利的市井行为越来越反感,却没有给出若非如此,医者如何谋生的解决方案。然而我们也应该看到,拥有官衔或权贵青睐的精英医者,其经济压力也相对较小,才有救人不计报酬的余裕。一定程度上,这样的医

---

① 周是修:《赠名医刘友谦序》,《刍荛集》卷5,四库全书本,第24—27页。

者以其高姿态结交官宦士人,未始不是另外一种精明的生存策略。

在这样的大环境下,以救世济人为招牌的私人药室如夏氏,将越来越多地博得道德上的优势。医者可以选择应聘于他人或自谋营生,但个体医人所能支配的资本,显然远远比不上富商大族"居药不计价值"的手笔。

随着明代商业经济的发展,药物逐渐成为有力者与士绅阶级竞相追逐的消费对象。一部分私人拥有的"药室"亦由药室从济物利人的开放空间,重新回归为锤炼长生出世之想的隐秘巢穴。自行修合药物、以及在家宅中单独辟出空间作为药室,都是明代官绅阶层迷恋于药物养生之道的表现①。成化年间,罗玘(1447—1519)在一首祝贺同僚晋升的诗作中写道:"镜湖心,四明巅,公有药室有酒船,不须日食万万钱。"②晚明高濂《遵生八笺》中,更将"药室"作为书斋的一部分空间,给出了详细的描述和指点:

> 用静屋一间不闻鸡犬之处,中设供案一,以供先圣药王。分置大板卓一,光面坚厚,可以和药。大铁碾一,石磨一,小碾一,乳钵大小二。捣筒一,用以捣珠末不飞。搟白一,大小中稀筛各一,大小密绢筛各一。棕扫帚一,净布一,铜镘一,火扇一,火钤一,大小盘秤各一,药柜一,药厢一,葫芦瓶礶,此药家取用无算,当多蓄以备用。凡在药物所需,俱当置之药室,平时密锁,以杜不虞。此又君子所先。③

然而在陈列如此齐全的私人药室中,医者的身影却无处寻觅,取而代之的是不以行医为业的"摄生君子"。高濂想象中的私人药室,实际上与开设于市井的医者店铺毫无关系,而是直接上承道教传统中避世而居的高士形象。聚药、合药、炼制灵丹的理想环境,从中古时代隐者的山林,转移到近世家居士绅精心经营的宅第一角。世俗医者开业所必须考虑的种种事务,如药物定价、同行竞争、以及聘用"郎中、磨作、药室家人"的吃住与工费等问题,也因士绅对于家用奴仆、佣工劳动力的绝对支配而变得无足轻重。在明代,"药室"同时具备入世与出世两种解读,其意义跨越了业医者的社会群体,吸引着更加广泛的兴趣。原本

---

① 参见陈秀芬:《养生与修身:晚明文人的身体书写与摄生技术》,板桥:稻乡出版社,2009 年。

② 罗玘:《屠冢宰父封宫保诗》,《圭峰集》卷25,四库全书本,第4页。

③ 高濂:《遵生八笺》卷7,起居安乐笺——高子书斋说,成都:巴蜀书社,1988 年,第273 页。

来源于市井之外的药室,最终亦不能为市井医人所完全控制。

明代药室的不同类型

生活在十六世纪的新安医者陈嘉谟,在写给其门人的《本草蒙筌》中,强调"贸易辨假真":

> 医药贸易,多在市家。辨认未精,差错难免。谚云:卖药者两只眼,用药者一只眼,服药者全无眼,非虚语也。……明者竟叱其非,庸下甘受其侮。本资却病,反致杀人。虽上天责报于冥冥中,然仓卒不能察实,或误归咎于用药者之错,亦常有也。①

值得注意的是,陈嘉谟不仅指出了"服药者"在医药市场中的弱势地位,更将"卖药者"与"用药者"进一步区分开来。并告诫"用药者",药材质量如有问题,可能会受到病家指责医术低劣。在这个语境下,"用药者"无疑指的是主持药室的医者,而"卖药者"则指给他们供货的生药铺商人。这样的行业格局,与稍晚些时候传教士曾德昭的描述相符:医者从市场获得充足的生药供给,持药匣上门看病。

然而,曾德昭并没有看到,制造药物的社会空间——医人所居的店铺,在宋元之际开始被称作药室——并非业医者所专有。在宋代官办药局逐渐式微之后,取而代之的是以施善为名的大族药室,以及明代尚求养生的私人药室。虽然晚明医人自己制药、并直接向病家给药仍然是主流,但引发后世风气变化的矛盾因素已经十分明了:以行医售药为生的小户医家,注定是无法在药物加工的质量与精细程度上,与以雄厚资本为后盾、并占据着道德高地的私人药室竞争的。事实上,即便是医者主持的药室,也存在形形色色的差异性:根据专科与社会背景的差别,医者可以维系的药室规模与规格相差甚远,能提供的制药加工服务也参差不齐。甄别医者对药物加工和分配的控制程度,实际上也是判断其社会经济

---

① 陈嘉谟:《本草蒙筌》总论,续修四库全书本(万历元年周氏仁寿堂刻本),第2—3页。

地位的一种方式。

明代医者执业药室的多样性,在风俗画中也有反映。辽宁博物馆藏仇英仿本《清明上河图》中,就描绘了三间风格不同的药室。靠近城门的一处深宅大院,门口树牌"男女内外药室",门口的楹联隐约可见"诗书传世久,红杏得春多"字样,看不到主持药室的人影。另外两处药室则临街开店,洞见店中人物,其中稍大的一间招牌"小儿内外方脉药室",内有峨冠医者二人,一人把一小儿脉,一人则坐在案旁,似乎在照方撮药。最小的一间"药室"则标明"专门内伤杂症",内有医者一人临窗而坐,似乎生意稀疏,颇为落寞。后两间药室的陈设都有分割细密的药柜,墙上挂有骑虎红衣神祇的画像。与此相对,同一幅画卷中还描绘了一家生药铺,悬挂招牌"道地药材",向街开店,墙上悬挂晒干草药,三名伙计在柜台后面现场为顾客切制、称量、包装药物,其陈设与医者药室大异其趣①。

北宋张择端笔下的"赵太丞家"为医人主导,当街开店,并同时出售"真方集香丸",明代仿本则突出了大大小小"药室"的多样性。虽然明代仿《清明上河图》不应完全看作当时城市生活的写实风貌,但店铺的基本类型与宋本差异如此之大,以至于不能忽略其写实的成分。对应着国家医事制度的式微,医者官衔不再是广告的重点,而是强调医者的专科擅长所在。资本雄厚者,可以单立宅院,以儒医自况,不计小利;资力微薄者,也可以租下当街开张的店面,冠以专科"药室"之名,看病发药为生。而以批发"道地药材"为主业的生药铺,则大多不会僭越行业界限,自称"药室"。

晚明世情小说《金瓶梅》中,也描写了三个迥然不同的医药从业者:在清河县开生药铺的西门庆、任氏医官、以及当街开业的医人蒋竹山。西门庆之父西门达,"原是走川广贩药材的",以此置下一份家业,其子西门庆不再需要亲自远走川广,采购药材,而是在家里接待携货来投的川广客人,结交官府,俨然成为地方豪强。资历较低的年轻医者蒋竹山,则在与李瓶儿的婚事前后,经历了从只身行走江湖到开有店铺,又得而复失的过程。第一次到李家诊病,是被奶妈从"大街

---

① 许乐安、崔陟、李穆编:《仇英仿张择端清明上河图(辽宁省博物馆藏)》,北京:文物出版社,2007年。

口"请来,药资"五星"银子;治好后得到三两谢仪①。亲事说成后,李瓶儿出资三百两银子,帮蒋竹山开了两间生药铺门面,以及一匹驴子供他骑走。被西门庆从中作梗,分家之时,又将李家出资置办的货物都留下,蒋竹山只得"他原旧的药材、药碾、药筛、药箱之物"搬走,另寻房屋开业②。《金瓶梅》虽然是小说家言,但也多少反映了晚明社会中普通医者营业的真实情况:病家所付的药资并不丰厚,要看治疗效果如何,可能追加多数倍的谢仪;开业所需的房屋与药材,都需钱置办,合药工具如药碾、药筛、药箱则为医人自己所有。相比之下,贩卖"道地药材"的生药铺背后,却可能是家业富厚、妻妾成群的大财主:西门庆小施手段,就整得蒋竹山人财两空。

第五十四回中,写李瓶儿产后病重,西门庆请任氏医官来家诊视。刊行于十七世纪初的词话本,重点描绘了看诊问病以及差遣小厮玳安、书童随任氏回家,讨取药物的过程。医生收下一两银子药钱,遂"簇起煎剂,连瓶内丸子药,也倒了浅半瓶"。西门庆见煎剂连同丸药都一并送到,十分满意,笑道"有钱能使鬼推磨"。厚大的药袋上并写有煎服步骤的说明,以及"世医任氏药室"印记③。崇祯年间的绣像本,则将此节全部改写,任氏对西门庆的态度变得毕恭毕敬,自称"学生",而称西门庆"老先生",并且卖弄了一番自己前日诊视"王吏部夫人"的经历,显示自己是真正"儒医"。说到最后,谦让自己不敢要"药本"和谢仪,"只要一个匾额风光一下便罢"④。等到出了房门,到厅上坐下再谈,却收下了一两银子作为药本,"不一时,送将药来",也略去了对药物本身和煎服过程的具体描写⑤。

Christopher Cullen(1993)在对《金瓶梅》医病关系的经典研究中,将这一回当中的版本差异归结为传抄讹误,而未深究⑥。但我们若仔细分析从万历词话

---

① 《会评会校本金瓶梅》第 17 回,秦修容整理,北京:中华书局,1998 年,第 243—245 页。
② 《会评会校本金瓶梅》第 19 回,第 270 页。
③ 《会评会校本金瓶梅》词话本第 54 回,第 1939—1940 页。
④ 《会评会校本金瓶梅》第 54 回,第 728—730 页。
⑤ 《会评会校本金瓶梅》第 55 回,第 732 页。
⑥ Christopher Cullen, "Patients and Healers in Late Imperial China: Evidence from the 'Jinping-mei'", *History of Science*, Vol. 31, No. 2, Jun 1. 1993, p. 136.

本到崇祯绣像本的改写,可以看到药物本身在医者与病家互动过程当中扮演的角色发生了深刻的转变。词话本的作者,显然对于病家如何用钱来向医者索取更好、更便利的药物甚感兴趣,并且借西门庆的目光,强调了药剂出自"世医任氏药室",这与前文所述元明以来医者对自己开业空间"药室"的苦心经营是一致的。值得深思的是,崇祯绣像本改写者显然希望用任氏医者看诊的情节,来突出西门庆在乡里骄横的气焰,并对世间"儒医"吹嘘自己医术、邀售豪强庇护以博取名利的行为进行嘲弄,而对于药物本身无甚兴趣。如果说词话本的讽刺性着重于"有钱能使鬼推磨",绣像本则将目光转向了"儒医"为了交结豪强士绅,高姿态背后急于讨好对方的面相。从中,我们可以窥见明季医疗风气的一种转变趋势,即加工、配合药物的药室在医者的开业实践中,逐渐被边缘化。与此相应的,医者需要转而寻求另外一些展示其技艺专业性的行为准则,而药物的生产与配给模式也将在清代发生更为深远的变化。

医不备药:明清之际的变局

那么,我们究竟应该如何理解,在明朝灭亡一百五十年后,到日本长崎做买卖的中国商人们普遍认为医人的职责只在于疏方,而不到万不得已,出诊不会携带药匣呢?

首先,正如曾德昭的观察抓住了明代社会的部分面相,却不尽完整,中川忠英所记录的情况也仅代表当时中国社会中某些地域(东南沿海地区)部分居民(商人)的生活经验。另外,商人们也指出同一地域内部,处于不同流通环节的个体,会面临不同的选择。如果居住地距离城市较近,则不需要向医人取药,而是到药铺兑换处方;地处偏远乡村,药物则依然很大程度上依赖医者的供给。因此,从晚明到盛清,医疗市场的变迁并不是绝对而突然的,而毋宁说是更为隐微的一种观念转换,使得人们所认同的主流医疗模式由初始的医药分业(商人供货,医人合药看病)过渡到更为彻底的医药分业(商人供货并合药,医人看诊处方)。这一变化也不可能在短时间内一蹴而就,而是层累渐进,综合了各种复杂因素。篇幅所限,在此仅提出两个明清之际值得关注的动向:一为方药、本草之学的义理化;二为私人药室向商业化药铺的转变。

同治《长兴县志》中,有缪希雍传:

> 缪希雍字仲醇,常熟人。居邑下若里三十余年。任侠好奇,自负得岐黄之秘,尤专精素问本草,曰古三坟不传,传者此耳。客游不持药囊,但为人疏方,辄奇中。其刀匕汤药与俗医左,俗医不能解也。自公卿至负贩,皆平等视,察脉审证,细心体认,意所独到,坚执不移。①

缪希雍(1546—1627)出身常熟世家,精通医术及堪舆之学,交游东林党人,与钱谦益等为好友。汲古阁主人毛晋(毛凤苞)是其甥孙,曾为他刊刻《神农本草经疏》三十卷。缪氏治本草之学,主张尊崇《本经》,疏通经义,以求贯通某药治某病之所以然,拒绝墨守成方,因此其"刀匕汤药与俗医左,俗医不能解也"。其治疗医案事迹,多收载于《先醒斋广笔记》;关于缪氏行医的记载中,无一处提到他拥有自己的店铺或药室,倒是特别提到此人行医不持药囊,"但为人疏方,辄奇中"。钱谦益描述缪氏诊病,"沈思熟视,如入禅定,忽然而睡,焕然而兴,掀髯奋袖,处方撮药,指麾顾视,拂拂然在十指涌出"②。虽然钱氏文字多少有些许铺张渲染的成分,但仍可以想见,缪希雍的医名不是建立在开店立业的小本经营,而是每一次出诊、处方时充满个人魅力的表演。与此同时,缪氏的医著也由丁元荐、毛晋、庄敛之等士人捐资助刊,而区别于针对普通业医者的坊刻书籍。总而言之,缪希雍及其同时代人王肯堂(1552—1638)、张介宾(1563—1640)等医家,都善于将方药之学与儒家义理结合阐发,而引领医坛风尚,并且相对超脱于业医售药的行业背景。

需要特别指出的是,缪希雍诊病并非全是纸上谈兵,而是拥有相当丰富的制药、用药经验,只是不以和合药物为自己行医的收入来源,也不经营自己的药室。1622年,他客居金坛,与弟子庄敛之(继光)修订《先醒斋笔记》,将其中药物炮炙部分增广为《炮炙大法》一卷。庄氏在序文中,强调了自己在增订过程中的贡献,并解释了补作此卷的初衷:

---

① 《同治长兴县志》卷31下,第56页。
② 钱谦益:《本草拔萃序》,《牧斋初学集》第29卷,钱仲联标校,上海:上海古籍出版社,2009年。

予见今之时师，童而习之，俱药性括骈语，守为家珍，而于神农本草及先贤炮炙法，一切高文大牒，竟未尝梦见。……因检目前尝用诸药品，悉按雷公炮炙，去其迂阔难遵者，而裁以已法，其无雷公者则自为阐发，以益前人所未逮。凡诸使制解伏，并反忌恶畏等附系其下，庶病家考用，一览了然，兼可质医师之误，其所神益，功岂鲜哉！①

虽然《炮炙大法》堪称明清时期炮炙学专书中的翘楚，所指向的读者群却并非医者，而是病家，并带有"可质医师之误"的目的。医者赖以为生的药室工夫，在日益挑剔的病家眼里，还不如自己购买药材，拟古之道，精心炮制。

清初，苏州医者张璐在《张氏医通》序言中写道：

齐一变至于鲁。鲁一变至于道。道之兴废。靡不由风俗之变通。非达道人。不能达权通变。以挽风俗之弊也。今夫医道之变至再至三。岂特一而已哉。余生万历丁巳。于时风俗虽漓。古道未泯。业是道者。各擅专科。未尝混厕而治也。甲申世变。黎庶奔亡。流离困苦中病不择医。医随应请。道之一变。自此而始 。……壬寅已来。儒林上达。每多降志于医。医林好尚之士。日渐声气交通。便得名噪一时。于是医风大振。比户皆医。此道之再变也。②

如张璐所说，从万历丁巳（1617）年到甲申（1644）鼎革，再到清王朝统治巩固后的顺治壬寅（1662），不到五十年间世道医风的一变再变，值得我们特别注意。如果缪希雍晚年，还以其特立独行的风格超拔于"各擅专科"的"时师"之上，那么随着时势转移，医者专科界限进一步被消除，也就更难以维系满足不同病人要求的药室，而迫使更多人转向更加灵活的开业模式，疏方而不备药。张璐还注意到，随着大批明遗民士人"降志于医"，只要能和这些"医林好尚之士"保持"声气交通"，便能成名立业，甚至到了"比户皆医"的地步。在如此激烈的竞争下，"儒医"之间的切磋自然会进一步崇尚辩论药性义理，而淡化药物制作、出售等市井中的日常活计。不难想象，医人理应开设药室售药的假设，也会在这样

① 缪希雍、庄敛之：《先醒斋广笔记》卷4，中国医学大成三编本，长沙：岳麓书社，1994年，第458—459页。

② 张璐：《医通自序》，《张氏医通》康熙宝翰楼刻本（续修四库全书本）。

的时代背景下受到强烈的冲击。

在医者群体对方药的讨论向义理化转向的同时,一部分药室的经营模式则向更大规模的商业化转变。徐珂《清稗类钞》农商类中,记载了清代几家知名药店的渊源。其中杭州朱养心药室,起源于

> 明天启时,余姚朱养心布衣志仁以医游杭,外科所用膏药至有灵验,铜绿膏、鸡眼膏为尤著。因倚胥山以构庐,设药室于大井巷,曰日生堂,即栖眷于中。其后子孙蕃衍,虽有以仕宦商贾外出者,晚岁归老,无不返其故宅,聚族而居,历三百余年之久,且自天启至光绪,未尝析爨,实为海内所仅见。……营业之事,则各房轮日经理,无或紊也。①

需要注意,朱养心本人为专科明确(外科)的医者,并专长于外用膏药,从游历医人定居在杭州城内的胥山(即吴山),开药室于山下大井巷,毗邻药王庙,后来晚清开业的胡庆余堂也位于附近。入清以来,原本由个人医者主持的药室,逐渐发展为合族经营的家族企业,子孙从事仕宦或商贾,而不再提及行医之事。

又一则"塘栖姚致和堂痧丸":

> 仁和有塘栖镇,其居民姚氏,自明即设致和堂,以卖痧丸,堂额为董香光书。盖其先世得丸方,能治痧,累代制以施人,国初犹然。其后,力不能继,乃始取值,而塘栖姚致和堂痧丸,遂名闻天下,南至闽、粤,北至燕、赵,无不购之。业益盛,举族蒙利。②

与朱养心药室不同的是,姚氏药室"致和堂"本非医者主持,而是以行善施放痧丸起家,并因此蒙名人董其昌题额。入清以后"乃始取值",是这类私人药室商业化的转折点,而"塘栖姚致和堂痧丸"遂成为各省闻名的商品。

另一个更加著名的例子,为京师同仁堂:

> 京师药铺之著名者为同仁堂。堂主乐姓,明已开设,逾三百年矣。外省人之入都者,无不购其砒砂膏、万应锭以为归里之赠品。③

徐珂只是简略地提到同仁堂起家于晚明。追根溯源,乐氏的家业亦起源于

① 徐珂:《清稗类钞》农商类,北京:中华书局,2003 年,第 2326 页。
② 徐珂:《清稗类钞》农商类,第 2327 页。
③ 徐珂:《清稗类钞》农商类,第 2297 页。

个体行医的祖先，从摇铃行医到进京开业，清初乐显扬曾任太医院吏目。其子乐凤鸣提到，"同仁"二字作为药室堂名，是因为乐显扬"喜其公而雅"。等到1699年，乐凤鸣放弃举业，在崇文门开创同仁堂药铺，才从此将家族传承的技艺由行医售药而改为以制药为中心，而保留了祖先行医的堂号①。在明清之交的大江南北，业医者的后代继承人不再以行医为业，而单取其祖先制药技艺开业经商的例子，恐怕还能找到许多。在以老字号为中心书写的商业史中，应该注意到售药与行医此消彼长的关系，以及朝代更替在其中所起到的作用。

以上跨越南北的三个事例，其共同点在于，原本以个人医者或家族施药为中心的药室，在清代大规模地转型为家族经营、跨省行销、不以直接提供医疗服务为重点的商业药铺。一旦生意有成，其经营模式便以家族为主体进行，其盈余资本进一步被投入于培养子弟读书考取功名，以确保家族社会地位的稳步上升。我们不应低估这一变化在清人意识当中发生的影响。早在乾隆元年（1736），由陈枚等五位画家共同完成的清院本《清明上河图》中，不仅没有了北宋本"赵太丞家"一般当街开店的医官店面，也全无仇英本中颇为醒目的专科药室。取而代之的，是兼营"发兑川广道地药材"与"法制应症煎剂"的综合性药铺，可谓集明代生药铺与医人药室于一身。而医者诊病的场景，则似乎从市井生活中隐去了一般②。真正意义上的医药分业，见证了医者经营药室的式微，至此达到了前所未有的程度。

清代医者徐大椿在《医学源流论》中，感叹医道日堕的源头，在于其低微的职业社会地位与其责任之重大不相称："医，小道也，精义也，重任也，贱工也。"救一人比不上兼济天下，但洞察阴阳幽明、人身受病之源又甚难；肩负着照料治国家者的重任，却始终是为"衣服口食"奔忙、召之即来挥之即去的"贱工"。既然如此，有抱负的人才怎么会选择业医呢？此所谓"势出于相违，而道因之易坠"！③

在具体讨论医药市场的现状时，徐大椿间接地证实了清代社会中，医药分业

---

① 乐凤鸣：《同仁堂药目》叙，北京：学苑出版社，2011年，第1页。
② 陈枚、孙祜、金昆、戴洪、程志道画：《清院本清明上河图》，天津：天津人民美术出版社，2007年。
③ 徐大椿：《医学源流录》序，四库全书本，第1—2页。

的大趋势：

> 当时药不市卖，皆医者自取而备之。……今之医者，惟知定方，其药则惟病家取之肆中，所以真假莫辨，虽有神医，不能以假药治真病也。

有鉴于此，徐大椿呼吁医者自备药物，并回顾了古代文献中，医者售药的情形：

> 古之医者，所用之药皆自备之。《内经》云：司气备物，则无遗主矣。当时韩康卖药，非卖药也，即治病也。韩文公进学解云：牛溲马渤，败鼓之皮，俱收并蓄，待巾无遗，医师之良也。今北方人称医者为卖药先生，则医者之自备药可知。自宋以后，渐有写方不备药之医，其药皆取之肆中，今则举世皆然。夫卖药者不知医，犹之可也。乃行医者竟不知药，则药之是非真伪，全然不问，医者与药不相谋，方即不误，而药之误多矣。

徐大椿继续举例说明，丸散之药，必须预先和合，方能保证急病取效；但药物贵重难得，修合花费又大，而"今之医者，既不知其方，亦不讲其法，又无资本以蓄药料"①。不知其法，尚可通过著书立说补救一二；但大多数医者无资本收蓄药材、和合药物的事实，却是一二有识之士如徐大椿无力改变的。我们也就可以理解，为什么与中川忠英对谈的清代中国商人，坚持认为行医与卖药本来就是两回事。

晚清谐谑笔记《笑笑录》中，收集了历代说部中各种笑话。其中一则"名实不符"曰："俗儿坐地，卷帙全无，辄曰书房；医士堂中，膏丹乌有，动称药室。"②我们不能断定此条最早出现的年代，但至少可以想见，当时"药室"的美名虽然仍然装点着不少医者的厅堂，却掩盖不了囊中空虚的事实。虽然大量在乡村和偏远地区行医的医者其实仍然在自行收集药材、修合药物，却被医药分业的主流话语遮蔽了。关于这一转变对中医、中药近代化过程的深远影响，还有待未来的研究者去阐发。

---

① 徐大椿：《医学源流录》卷上，四库全书本，第57—58页。
② 独逸窝退士辑：《笑笑录》卷5，光绪5年铅印申报馆丛书本（续修四库全书本），第30页。

结　论

本文以"药室"一词的产生和逐渐消亡为线索，重新梳理了中国古代医药行业类型的系谱，并将药物的获取、制造与给发作为中心，来重新审视医者身份与医药分业的现有叙述。由此，我们可以看到，药物的市场来源与商业性所带来的风险和不确定因素，自古以来一直是用药治疗的医者所必须面对的问题；因此，医者的身份，一方面必须通过与"市人"、"采送之家"的区隔而得以凸显，一方面又与药物的加工合成相关的手工劳动紧密结合在一起。因此，从医者对药物的操纵和掌控入手，可以加深我们对于历史上医疗从业者社会经济地位的理解。

在唐代及以前，医者的制药技巧，是与医方的传承分不开的。不同流派、家族的传承，要求医者个人对制药过程保持熟稔，并以此营生。宋代以来，国家医药政策的干预和知识结构的转变，给医药市场带来了进一步分化的契机：一方面，以官办药局为代表的机构设置，集中了前所未有的物质和知识资本，提供了一种超脱个人医者专长的药物生产方式；另一方面，在国家提倡下的医学典籍整理，使得士人群体与医者群体在官僚制度内外的互动愈发频繁。宋末元初，地方医者率先将充满道教色彩的"药室"一词挪用为自己店铺的雅称，并得到士人的强烈支持。药室在二者的合力下，逐渐演变为世俗生活中行医卖药的专属空间，并带有浓厚的儒家道德印记。

然而尴尬之处在于，医者既希望借助士人阶层的首肯、将医道拔高到屏除私利、救世活人的高境界，最终却还是需要作为药物的直接提供者，承担用药治疗及市场交易带来的风险和成本。当采药、合药与贮藏药物的耗费越来越高昂，大批中下层医者所能开设的药室，不免会在富厚人家以施善或摄生为目的开设的私人药室面前显得愈发寒酸。明代药室的多样性，就体现了医者与社会其他群体之间的复杂关系：一方面，中古时代以控制医方为基础的专业合法性，仍然在专科药室当中延续；另一方面，在官办药局式微之后，不以牟利为目的的私人药室，逐渐占据了道德制高点和财富资本的优势。晚明热衷于养生之道的士大夫，已不满足于从专业医者手中获得药物,而宁愿直接参与到医药知识的传播和实践活动中去。

最终,从晚明到盛清的二百年间,医者备药的主流模式逐渐淡出历史舞台。这既是医者群体主动推进方药之学不断书面化、义理化的产物,又是跨区域药材市场不断成熟、商业规模继续扩大的必然结果。医药分业的程度,从某种意义上可以作为衡量近代中国社会经济变化的一个指标。越是远离交易中心地,医者自备药物的必要性越大,反之则越小。因此,可以认为中国历史上的医药分业具有漫长的历史渊源,但演化至今天我们所熟悉的样貌,则是一种早期近代(early modern)现象。

药与疾痛的文化解读

"药气蒸为瘴"：
大黄隐喻与清代士人的边地观

董　琳*

前　言

乾隆三十六年(1771)，清廷用兵小金川，温福率师进驻向阳坪，攻克巴朗拉碉卡①。大臣查礼时任松茂道②，身处边方寒苦之地，他以诗记事，在《居向阳坪自释诗》中写道：

> 斑斓山险峻，周览相低昂。
>
> 终岁多雨雪，泉壑郁苍凉。
>
> 上下百里内，少见羲娥光。
>
> 延坡苗毒草，蟠根生大黄。
>
> 药气蒸为瘴，喘息嘻嘘长。
>
> 行旅过者病，居者能无伤。
>
> 而我此栖止，踽踽罹其殃。
>
> 人生各有命，处危没获祥。

---

* 山西医科大学人文社会科学学院讲师。
① 《清史稿》卷一三《高宗本纪》，北京：中华书局，1976年，第488—490页。
② 《清史稿》卷三三二《查礼列传》，北京：中华书局，1977年，第10962—10963页。

秉正力持护,持节惟自强。①

斑斓山的藏语名为巴朗拉②,是清军自四川边外征讨金川的要冲之地,由于山梁险峻,气候恶劣,战事十分艰难。期间,查礼因督办粮运不力而被革职,但考虑到他强干有为,谙熟番情,朝廷令其暂留军营,以观后效③。这首诗以平定金川之役为创作背景,寄抒情于叙事之中,突出对川藏边地环境的纪实性描写,凸显了清代戍边诗"以诗存史"的特点。诗中所述大黄药气熏蒸为瘴,致人气喘的现象值得注意,且类似的表述并不鲜见。如,乾隆末期编撰的《卫藏图识》载:"折多过山,山虽长,不甚峻,产大黄,药气熏蒸,过者多气喘。"④斌良著《藏卫奉使集》也写道:"药气熏人喘地产大黄,药气熏蒸,人闻之多喘嘘,禽声隔树笼,数椽杉屋陋,火竹卡匆匆。"⑤此类书写是否代表清代入藏士人对川藏边地环境的一般认识,虽难以定论,但值得深思。

关于大黄药气和气喘有无联系,前人已有定论。道光年间,姚莹被贬谪川藏边地后,曾根据亲身体验对《卫藏图识》的说法提出质疑,认为气喘"良由水性寒重,使人气下之故,非关大黄也"⑥。近代藏学家任乃强也特别指出,气喘为高原缺氧所致,与大黄药气无关⑦。至于药气与瘴气的关联,据周琼研究,我国西南部山地自古被视为蛮瘴之乡,西部高原反应通常称为"冷瘴"⑧,引发气喘、腹胀等症状;此外,山中生长的大量有毒植物,如断肠草、假芜苣等毒草也是致瘴根源

① (清)查礼:《铜鼓书堂遗稿》卷十八《居向阳坪自释诗》,《清代诗文集汇编》第 338 册,上海:上海古籍出版社,2010 年,第 132 页下—133 页上。

② 徐珂编撰:《清稗类钞》第 5 册,北京:中华书局,1984 年,第 2252 页。

③ 西藏社会科学院西藏学汉文文献编辑室编辑:《平定两金川方略》卷五十六,北京:中国藏学出版社,1992 年,第 796 页下。

④ (清)马少云、盛梅溪纂:《卫藏图识·图考上卷》,沈云龙主编:《近代中国史丛刊》第 57 辑,台北:文海出版社,1966 年,第 45 页。

⑤ (清)斌良:《抱冲斋诗集》卷三十六《藏卫奉使集五》,《续修四库全书》集部别集类,第 1508 册,上海:上海古籍出版社,2002 年,第 478 页下。

⑥ (清)姚莹:《康輶纪行》卷四《里塘气喘不关药气》,《笔记小说大观(十二)》第 24 册,南京:江苏广陵古籍刻印社,1984 年,第 34 页下。

⑦ 任乃强著,西藏社会科学院整理:《西康图经》,拉萨:西藏古籍出版社,2000 年,第 681 页。

⑧ 周琼:《藏区"冷瘴"新辨》,《中国藏学》,2008 年第 1 期。

之一①。但有无科学依据，尚待考证。生活在乾嘉道时期的陈寿祺，曾为林则徐的老师，也认为大黄属于断肠草一类的毒草②。不过，历史文献和医学文献中均未见关于大黄药气致瘴的直接记载。历史上，"瘴"本身既是一种成因复杂的生态现象，也是蕴涵着丰富寓意的文化观念③。在汉唐间的边地叙事中，有关"瘴"的表述频频出现，"瘴"也因此成为中原人对边地或绝域的历史记忆④。尽管从今人的认知体系出发，难以想象药气、瘴气和气喘之间有何关联，但或许可以沿着上述思路对"药气蒸为瘴"的相关书写做出诠释。

清代中后期，大黄在士人的边地叙事中反复被谈及，表明历史时期地理认知与医药观念之间存在着微妙的关系。经过康雍乾三代经营，清朝极大地巩固了对边疆的治理，随着朝廷对川西康区的有效控制，清中期以后，士人对四川边外地区的地理认知也有了飞跃性进展。查礼、斌良等人对川藏边地的描述，不仅是清代士人重构地理认知和区域认同的体现，也可以代表一种书写范式，他们将大黄和边地叙事联系起来的认识视角触发笔者思考，如何从反映当时人边地观的史料出发，去揭示这种书写范式背后的文化意涵。就像达恩顿所说的："从前人的日常生活和思想观念中去探寻和了解前人对此问题的答案。"⑤

史学界对大黄的研究大致从三个角度展开：1.边境贸易史。10世纪以后，大黄成为西北边境贸易中的重要商品，潘志平较早关注中国大黄进入中亚和西方的路径，以及由此建立起来的亚欧陆路贸易交往关系⑥。还有一些学者指出，17至19世纪，西北边境的茶、黄贸易空前繁荣，甚至影响到清政府与英、俄两国

---

① 周琼：《清代云南瘴气与生态变迁研究》，北京：中国社会科学出版社，2007年，第102—103页。

② （清）陈寿祺：《左海文集》卷五《与倪竹泉巡道书》，《续修四库全书》集部别集类，第1496册，第207页上。

③ 学术界的相关研究均不局限于对瘴气本身的探讨，而旨在揭示这一生态现象背后的政治地理观、医学风土观和文人意象等。参见周琼：《清代云南瘴气与生态变迁研究》，北京：中国社会科学出版社，2007年；左鹏：《宋元时期的瘴疾与文化变迁》，《中国社会科学》，2004年第1期；张文：《地域偏见和族群歧视：中国古代瘴气与瘴病的文化学解读》，《民族研究》，2005年第3期。

④ 王子今：《汉晋时代的"瘴气之害"》，《中国历史地理论丛》，第21卷第3辑，2006年7月。

⑤ （美）罗伯特·达恩顿著，萧知纬译：《拉莫莱特之吻：有关文化史的思考》，上海：华东师范大学出版社，2011年，第6—7页。

⑥ 潘志平：《从大黄、茶叶贸易看十五世纪后的中亚交通》，《新疆社会科学》，1986年第2期。

的外交关系①。特别是在鸦片战争前后，朝野间兴起"茶黄制夷"的舆论，造成道光君臣对英、俄等国采取消极的外交策略，进而使近代中国外交陷入前所未有的困局②。2. 中外文化交流史。大黄是较早通过陆路贸易传入西方的中国药物，有学者考证，汉代丝绸之路已有大黄运往欧洲③。马伯英等学者进一步指出，尽管中国大黄的药用价值很早就得到了西方医生的肯定，但中西医学对大黄功效的认识始终存在巨大分歧，并试图从知识背景、认知体系等文化特征的中西差异做出解释④。中西方的医药文化交流同样也受到西方学者关注，阿里·玛扎海里对大黄西传的历史和西方有关大黄的认识做了系统论述⑤，肯定了大黄在中西文化交流史上的重要地位。3. 社会文化史。蒋竹山《药物、医学知识与消费文化：清代人参史研究的新取向》⑥一文对社会文化史的研究取向做了回顾和总结，立足这一取向的研究，注重挖掘日常生活经验与用药习惯的内在联系，揭示特定社会背景下药物消费背后的文化建构⑦。其中，张哲嘉对大黄的研究较为系统、深入，且搜集了大量外文资料来证明中西双方认识上的对立和误解，指出药物认识经验背后有着复杂的思想基础和社会文化根源⑧。不过，作者最后得

---

① Harold J. Cook, *Matters of Exchange：Commerce, Medicine, and Science in the Dutch Golden Age*, Yale University Press, 2007；（俄）齐米特道尔吉耶夫著，范丽君译：《蒙古诸部与俄罗斯：17—18世纪》，呼和浩特：内蒙古人民出版社，2008 年。

② 王开玺：《鸦片战争前后清政府制夷思路探论》，《近代史研究》，1995 年第 6 期；林日杖：《试述清代大黄制夷观念的发展演变》，《福建师范大学学报》，2005 年第 5 期；张哲嘉：《大黄迷思——清代制裁西洋禁运大黄的策略思维与文化意涵》，《中研院近代史研究所集刊》，2005 年 3 月第 47 期。

③ 王棣：《唐宋中国药物外传考》，暨南大学中国文化史籍研究所编：《陈乐素教授（九十）诞辰纪念文集》，广东人民出版社，1992 年，第 306—328 页。

④ 马伯英、高晞、洪中立：《中外医学文化交流史——中外医学跨文化传通》，上海：上海文汇出版社，1993 年，第 200—204 页。

⑤ （法）阿里·玛扎海里著，耿昇译：《丝绸之路——中国—波斯文化交流史》，乌鲁木齐：新疆人民出版社，2006 年，第 449—461 页。

⑥ 余新忠主编：《清以来的疾病、医疗与卫生：以社会文化史为视角的探索》，北京：生活·读书·新知三联书店，2009 年，第 75—77 页。

⑦ 蒋竹山：《人参帝国：清代人参的生产、消费与医疗》，杭州：浙江大学出版社，2015 年；余欣：《中古异相：写本时代的学术、信仰与社会》，上海：上海古籍出版社，2011 年，第 189—216 页；Zheng Yang Wen：*The Social Life of Opium in China*, Cambridge University Press, 2005。

⑧ 张哲嘉：《大黄迷思——清代制裁西洋禁运大黄的策略思维与文化意涵》，《中研院近代史研究所集刊》，2005 年 3 月第 47 期。

出"大黄制夷"策略乃是医学方土观运用于外交决策的结论，并不具有说服力。一方面，由于地理知识体系的构建本身是一个长期而复杂的发展过程①，方土观也不可避免会带有差异性和片面性；另一方面，忽略了大黄本身也是文化的载体，及其作为一个文化符号的象征意义。本文将试从大黄隐喻入手，揭示清代士人的地理认知与医药观念之间深层的文化联系。

边地叙事中的大黄

武功卓著的乾隆皇帝在位期间，两次平定大小金川，巩固和完善对西藏的管辖。在此之前，清朝已先后平定准噶尔和回部，统一"西域"，并"占领了从塔里木盆地到准噶尔南部和西部等由突厥、维吾尔与其他穆斯林民族居住的区域"，乾隆三十三年（1768），宣布这部分并入版图的区域名为"新疆"，自此，蒙古、新疆和西藏这一广泛区域成为教化所及之地，罗威廉（William T. Rowe）因此使用"帝国"的概念来诠释18世纪清朝的历史地位②。

清朝统治者在"帝国"范围内推进教化的过程中，一方面通过修订图籍，包括方志、舆图、图册等直接反映地理概念变化的文本，重新构建地理知识体系，以确立和显示其统治的正当性，其意义如姚莹所述"本朝武功莫盛于西北，自内外蒙古、青海、回疆、西藏皆入图籍，学人皆得以披考之矣"③；另一方面通过确立地域分界标志，划定内地、边地与域外之间的界线，并针对不同区域实行特殊的统治政策④。其结果是改变了清代士人的地理认知和边地观，这一变化也体现在与大黄有关的边地叙事中。

随着清朝领土西拓，汉化区域不断由东向西渐进，其中汉化进程最明显的是

---

① 安介生、邱仲麟主编：《边界、边地与边民——明清时期北方边塞地区部族分布与地理生态基础研究》，济南：齐鲁书社，2009年，第4页。

② （美）罗威廉（William T. Rowe）著，李仁渊、张远译：《中国最后的帝国：大清王朝》，台北：台大出版中心，2013年，第32—34、78页。

③ （清）姚莹：《康輶纪行》卷五《外夷形势参考地图》，第54页上。

④ 罗志田：《后现代主义与中国研究：〈怀柔远人〉的史学启示》，《历史研究》，1999年第1期。

甘南、川北与青海南部一带①。这一区域在历史上属于汉番杂处的边地地带,这一带恰恰也是大黄的主产区②。这部分区域宋朝时属于吐蕃势力范围,其文化异于中原。明朝称之为"番"或"西番",诸番部中以董卜韩胡汉化程度最高,明朝政府遂在此设立董卜韩胡宣慰司加以管辖③。当时,四川灌县是西南地区重要的贸易交往通道,也是"番"民交易大黄等药物和生活必需品的贸易通道④,位于灌县西南的"獠泽关"则是董卜韩胡通华的要道⑤。清雍正朝改土归流之后,增置打箭炉厅,位于打箭炉以北、小金一带的董卜韩胡故地隶属雅州府管辖⑥。清代中期,打箭炉的地理意义不断提升,不仅成为清政府治藏的枢纽和川藏间贸易重镇⑦,而且在清代士人的地理知识体系中,也是中华与西域之间的一个重要地域分界标志,是从中原取道川西康区进入西藏的起点。

乾隆时期,这一地理认知进一步在文本书写中固定下来。清乾隆《雅州府志》即以打箭炉为中原与西域的边界,打箭炉以南折多山成为进藏要道,打箭炉以西至理塘、巴塘一带仍被视为西域⑧。成书于乾隆时期的《卫藏图识》,目的是为"打箭炉至唐古忒(西藏)一隅"修志,其取材,采用了《四川通志》中的《西域》一卷,以及《西域纪事》和《西藏志》等书⑨。也就是说,直到《卫藏图识》编纂之前,打箭炉在当时人的观念里仍属于西域,但《卫藏图识》完成之后,打箭炉的地理意义和政治意义则被重新界定。据《卫藏图识》载:"打箭炉为中华之极西,西

① 王明珂:《羌在汉藏之间:川西羌族的历史人类学研究》,北京:中华书局,2008 年,第 183、184 页。

② 《全国中草药汇编》编写组:《全国中草药汇编》上册,北京:人民卫生出版社,1996 年,第 63 页。

③ (明)严从简著,余思黎点校:《殊域周咨录》卷十《吐蕃》,北京:中华书局,1993 年,第 370 页。

④ (明)曹学佺:《蜀中广记》卷三十二《边防记第二》,《景印文渊阁四库全书》史部地理类,总第 591 册,台北:商务印书馆,1986 年,第 427 页下。

⑤ (清)顾祖禹撰,贺次君、施和金点校:《读史方舆纪要》卷六十七《四川二》,北京:中华书局,2005 年,第 3154 页。

⑥ 李孝聪:《中国区域历史地理》,北京:北京大学出版社,2004 年,第 119 页。

⑦ 吴吉远:《清代打箭炉城的川藏贸易的产生和发展》,《中国边疆史地研究》,1994 年第 3 期。

⑧ (清)曹抡彬、曹抡翰等纂辑:《(乾隆)雅州府志》,台北:成文出版社,1969 年,第 61、297 页上。

⑨ (清)马少云、盛梅溪纂:《卫藏图识·序》,沈云龙主编:《近代中国史料丛刊》第 57 辑,第 3—4 页。

域之极东,……以石为城,汉番杂处,凡驻藏使臣及换藏兵丁,均于此口出。"①以打箭炉为"中外厄塞"和中华与西域之边界的说法后来也被官修《卫藏通志》所采纳②。而作为进藏要道的折多山,在姚莹看来,却是"杳无人烟,……风景俨然中外之殊矣"③。据此发现,文本反映的清人地理认知和边地观的改变,相对军事征服和政治控制的完成,在时序上是滞后的。这个问题在清人对新疆的认识上也有体现,有学者考证,"新疆"取代"西域"成为多数新疆地图的地域称谓是从嘉庆朝开始的④。

在清代士人重新构建地理知识体系的过程中,也产生了一个有趣的现象,就是随着政治版图的拓展,疆域内外之间的分界标志越来越明确,而对统治范围之外的地理认知则相对越来越模糊。一个突出表现是,尽管清朝统一了西域,但"西域"这个地理概念却变得更为宽泛,18世纪以后,清代人观念中的"西域"反而囊括了更广泛的区域。

乾隆四十二年(1777)的《西域总志》载:

> 温都斯坦,西域回子之一大国也。叶尔羌西南,马行六十余日,至克食米尔,克食米尔复西南行四十余日,至温都斯坦。……中国之瓷器有携至其地者,争以白玉盘易之,而尤重大黄,以黄金兑换,其人之疾病疮疡,得大黄即愈。贵客来则以大黄为敬,大筵宴亦必须之,若经年不见大黄则死。以故,虽贫户回子,亦必有一半两许,囊置衣领间,时时以舌舐鼻嗅之。贸易其地者,利常倍蓰。⑤

文廷式《纯常子枝语》载:

> 福庆《志异新编》云:音底,西域一国也,在叶尔羌西南,马行六十余日,其地多宝货。时与叶尔羌交通贸易,携内地瓷、茶、大黄而去。其人深目、高

① (清)马少云、盛梅溪纂:《卫藏图识·图考上卷》,沈云龙主编:《近代中国史丛刊》第57辑,第37—39页。
② 《西藏研究》编辑部:《卫藏通志》,拉萨:西藏人民出版社,1982年,第230页。
③ (清)姚莹:《康辅纪行》卷一《折多山》,第17页上。
④ 席会东:《清代地图中的西域观》,《新疆师范大学学报(哲学社会科学版)》,2014年第6期。
⑤ (清)七十一:《西域总志》卷四《外藩列传·温都斯坦》,沈云龙主编:《中国边疆丛书》第二辑,影印本,台北:文海出版社,1966年,第235—241页。

80

鼻、多须,而非回子种类,饮食无所避忌,言语亦不与回子通,衣帽则与回子无异而右衽。①

乾隆二十四年(1759)统一新疆后,清人认识西域的视野也不断向西拓展,位于新疆伊犁河谷的叶尔羌成为中原与西域的分界,这里既是大黄交易地,也是新疆通往西域的起点和要道。到清末,西域的范围已囊括印度北部的多个民族,其中还有一些非伊斯兰民族。但清人对这些民族的认识往往混淆不清,加上边境贸易一定程度地削弱了民族意识,从《西域总志》所附《补绘西域图说》来看,在18世纪的地理观念中,俄罗斯、温都斯坦、回疆、安集延等地均笼统称为西域②。这一地理认知的形成不仅是军事征服的产物,也以大黄互市和贸易往来为基础。

16至17世纪,丝绸之路上的城市肃州是大黄贸易集散地,中国大黄通过波斯商人运往欧洲出售,后来,俄罗斯加入西域贸易中,主要是通过与布哈拉商人的贸易获得来自肃州的大黄③。17世纪以后,随着西伯利亚大部分领土并入俄罗斯,俄罗斯与蒙古诸部的贸易往来更加频繁和密切④。雍正五年(1727),为解决双方边界和贸易问题,中俄共同签订了《恰克图条约》,规定在尼布楚和色楞格斯克附近的恰克图为商人择地,围墙,盖屋⑤。到乾隆时期,清朝中止了俄罗斯和北京的贸易,恰克图成为北方边境贸易集散地⑥。18世纪,恰克图取代肃州成为大黄贸易集散地,同时,恰克图也成为中国和俄罗斯之间的地域分界标志。最初,俄罗斯的大黄贸易是官方的,但随着与清朝关系恶化,乾隆三次关闭恰克图贸易,但俄罗斯对大黄的消费需求未减,大黄贸易由官营转为私人贩售⑦。这

---

① (清)文廷式:《纯常子枝语》卷三十四,《续修四库全书》子部杂家类,第1165册,第508页。

② (清)七十一:《西域总志·补绘西域图说》,沈云龙主编:《中国边疆丛书》第二辑,第11页。

③ 复旦大学文史研究院编:《世界史中的东亚海域》,北京:中华书局,2011年,第106页;张哲嘉:《大黄迷思——清代制裁西洋禁运大黄的策略思维与文化意涵》,《中研院近代史研究所集刊》,2005年3月第47期。

④ 郭文深:《清代中国人的俄国观》,长春:吉林大学出版社,2010年,第251—252页。

⑤ 转引自(俄)B.C.米亚斯尼科夫主编,徐昌翰译:《19世纪俄中关系:资料与文献 第1卷(1803—1807)中》,广州:广东人民出版社,2012年,第796页。

⑥ (俄)齐米特道尔吉耶夫著,范丽君译:《蒙古诸部与俄罗斯:17—18世纪》,呼和浩特:内蒙古人民出版社,2008年,第90—109页。

⑦ 米镇波:《清代中俄恰克图边境贸易》,天津:南开大学出版社,2003年,第17页。

表明,疆域拓展使原本生于边地的大黄成为内地盛产之物,周边民族获取大黄的管道减少,从而更为依赖中国大黄。不过,时人似乎另有一套阐释策略。

乾隆年间,曾为驻库伦办事大臣的蒙古八旗人松筠,在《绥服纪略》中写道:

> 俄罗斯多食鱼,须大黄以解鱼毒,特派头人专司收买,散给属下,官卖济众。恰克图卖大黄者,独有一家系青海回民,俄罗斯最为信服,他商贩此,勿能售也。然俄罗斯收买大黄非此一处,其部通西洋,西洋人亦常有贩往售卖者,盖大黄虽为草药,其济众实无涯也。元耶律楚材尝收大黄治蒙古瘟疫,是口外蒙古亦宜大黄。余驻库伦时,曾以大黄捣为细末,浸以黄米酒,蒸晒为丸,医治瘟疫诸症,无不立效,盖大漠蒙古属下人不食米谷,仅以牛羊酥乳为食,其脏腑大盛,故宜服之。至西南回疆、安集延等处,食者虽少,而多用以染色,是大黄为边地必需之物也。①

松筠的阐释策略在于,通过细致区分俄罗斯及其周边各民族对大黄的不同认识和多种用途,来界定"内"、"外"疆域之别。他特别指出,漠北蒙古诸部与内蒙不同,这主要体现在气候环境和饮食习惯方面,并且认为,边民多以大黄治疗瘴疠、瘟疫和用来消食。

然而,松筠的阐释策略似乎并不为后人所理解,或者说后人也可能刻意掩盖了上述差异。鸦片战争前夕,清廷备受"夷患"困扰,试图改变"怀柔远人"的宽容态度,欲采取各种"制夷"策略,其中,"大黄制夷"策略为有识之士津津乐道,对大黄外交的关注俨然成为时尚②。

1836年,直隶总督琦善《遵旨复奏禁烟折》曰:

> 然内地实有可制外夷之权,乃反受其欺而不善用其权,为大可惜者,则大黄、茶叶是也。凡西口外极大者为俄罗斯,以及诸番,皆需此物。盖地土坚刚,风日燥烈,又日以羊牛肉磨粉为粮,食之不易消化,大便不通立死,每

---

① （清）松筠：《绥服纪略》,《小方壶舆地丛钞》第三帙,杭州古籍书店影印清光绪铅字排印本,1985年。

② 参见林日杖：《试述清代大黄制夷观念的发展演变》,《福建师范大学学报(哲学社会科学版)》,2005年第5期;林日杖：《论清代大黄制夷观念发展强化的原因》,《福建师范大学学报(哲学社会科学版)》,2006年第1期。

日食后,此为通肠之圣药。①

1838 年,江南道监察御史周顼奏陈:

> 查外夷于内地茶叶、大黄,数月不食,则有瞽目塞肠之患,甚至于不能聊生,视鸦片之可借药力解除,其为害之轻重悬殊也。内地人民不尽皆食鸦片,而茶叶、大黄为外夷尽人必需之物,其取用之多寡又悬殊也。②

此时论述的重点非但不是强调疆域之界,反而要尽量模糊外夷、诸番之间的文化差异和民族界线,一概认为俄罗斯、蒙古与信仰伊斯兰教诸民族一样,均地处坚刚燥烈之地,因日常饮食以牛羊肉为主,所以都急需用大黄消食疗疾,目的是为了论证通过"茶黄外交"扭转贸易逆差的可能性。但与俄罗斯和喀尔喀蒙古不同,英国被称为"夷"。使用"夷"这个称呼,表明清人认为英国处于西域以外更遥远的区域。明代已有大黄可以救"夷狄"之命的说法③,但当时所称的"番"或"西番"主要指周边伊斯兰民族,而在 18、19 世纪,这个观念已经扩展到对基督教国家的认识上,且一直延续至晚清。据《夷患备尝记》载:

> 和既成,凡使于彼船者必款待。其席之最丰者,主客坐定后,先上四熟物,羊也,鸭也,鱼也,蛋也,皆白煮,无盐酱。食已,则一切果瓜之物。食已,则四炙物,牛也,鸡也,内地之火腿也,鹅肉也,亦无盐酱众料。又食已,则四点,如饼者,如馒首者,皆绘五色。中实以李桃果及海参诸物,无汤无饭。外又罗列葱、姜、大黄、槟榔等物,其气腥秽,断难下咽。其酒则红毛烧也,色如血食,涓滴能醉,颇香美,然不能多饮,饮杯许,彼之通事已潜矣。④

从西番、西域,到西方,疆域分界背后始终贯穿着复杂的文化和心理因素。不同文化区域之间的边界缝合,不只是军事征服和政治控制的结果,更是一个逐渐改变地理认知和文化认同的过程。正如王夫之《读通鉴论》所说:"夷狄与华

---

① 齐思和、林树惠、寿纪瑜编著:《鸦片战争》第 1 册,中国史学会主编:《中国近代史资料丛刊》,上海:神州国光社,1954 年,第 516 页。

② 第一历史档案馆编:《鸦片战争档案史料》第 1 册,天津:天津古籍出版社,1992 年,第 258 页。

③ (明)章潢:《图书编》卷五十一《顺抚逆剿以处西夷》,《景印文渊阁四库全书》子部类书类,总第 970 册,第 286 页下、287 页下。

④ (清)曹晟著,施扣柱标点:《夷患备尝记》,上海:上海古籍出版社,1989 年,第 144—145 页。

夏，所生异地，其地异，其气异矣；气异而习异，习异而所知所行蔑不异焉。"①疆域内外的分界不是地理边界，而是文化边界。

何伟亚（James L. Hevia）指出："清朝统治者的天下观表现为一种差序包容（hierarchical inclusion）格局，清朝皇帝想象天下为多元中心、多元权力的多主制构成，而满族皇帝是最高君主，且对统治区域内的不同民族采取特殊的统治政策。"②这一政治秩序观体现在清朝对满、汉、蒙、回、维、藏等疆域内部民族的政治策略方面，而在实际运作中，这一政治理想的实施也伴随着对知识分子的舆论高压政策，即以"四海一家的言论遮蔽显而易见的族群划分界线"③。"药气蒸为瘴"的书写，不仅是入藏士人真实经历的记录和文人意象的流露，也体现了清代士人从边地角度反观中土与周边关系的叙事策略。在清代的边地叙事中，大黄是一个文化符号，其背后的隐喻是清代士人对中土与西域边界的地理认知，以及周边民族之间的文化边界。

大黄产地的历史记忆

历史上，随着文化中心转移和区域认同的重建，医家对道地药材的认识也在发生变化。比如，清代以前医家认为上好的人参出自上党，但是清代医家则以辽参为人参佳品，这与明清易代和清朝对东北的经营不无关联④。汉代至明清，大黄的主要产地一直在河西、蜀川两地，基本没有发生大的变动⑤。但中西双方关于大黄产地的历史记忆却在不断变化，尤其是 18 世纪以后，由于清朝行政版图和周边民族关系变动频繁，有关大黄产地的认识往往夹杂着浓厚的政治地理

---

① （明）王夫之：《读通鉴论》卷十四《哀帝》，北京：中华书局，1975 年，第 976 页。
② （美）何伟亚著，邓常春译：《怀柔远人：马嘎尔尼使华的中英礼仪冲突》，北京：社会科学文献出版社，2002 年，第 31—57 页。
③ （美）米华健：《评〈满洲之道〉》，收入刘凤云、刘文鹏编：《清朝的国家认同——"新清史"研究与争鸣》，北京：中国人民大学出版社，2010 年，第 412—413 页。
④ 蒋竹山：《人参帝国：清代人参的生产、消费与医疗》，杭州：浙江大学出版社，2015 年，第 238 页。
⑤ 河西、蜀川的说法多见于本草典籍，历史文献中多为肃州、蜀地。

意识。

在大黄通过古老的丝绸之路西传的同时，西方人对这种中国药材的了解和认识也深受丝路沿线文明影响。如，大黄的波斯文名称为"Rayvend"，在西方世界，用以称呼大黄的希腊文、阿拉伯文和拉丁文词语均由伊朗文词根"ray"派生出来①。在长达几个世纪的中西医药交往过程中，西方人希望借助更小的地理单元来认识中国和中药大黄，可是，他们关于大黄产地的认识却意外地随着大黄交易地的改变而不断变化。比如，在18世纪以前的阿拉伯文献中，称产自中国北方的大黄为突厥大黄，原因是10至15世纪，大黄西运所经过的广阔内亚地区曾经历了一场广泛而深刻的"突厥化"浪潮，有关突厥的历史记忆影响了他们对大黄产地的认识。再如，前文提到16至17世纪通过波斯商人运往欧洲的肃州大黄，肃州也是大黄贸易集散地，而非大黄产地。到18世纪以后，英国东印度公司和俄罗斯争夺中西大黄贸易主导权，西方文献中又出现了"莫斯科大黄"、"印度大黄"等名称②。当时，欧洲还掀起一种产地转移论，认为大黄产自西伯利亚以外的色楞格，其根据是在西伯利亚发现了一种野生大黄，并怀疑最早来自中国的大黄也是从西伯利亚引种的③。这一争论既没有引起中国的关注，也未能颠覆欧洲人对优质大黄产自中国的传统认识，却足以说明，大黄生长的地理区域即使一成不变，有关大黄产地的历史记忆也会因历史语境的变化而呈现较大差异。

同样，汉代至明清，优质大黄产地之争一直围绕河西、蜀川两地展开，其中的原因在于，由于战争和政权更迭，优质大黄的产地一度脱离中原政权的管辖，甚至沦为异族领土，重建地域认同的过程亦反映在本草典籍中。早在南朝陶弘景作《本草经集注》就曾写道：

> 自江东以来，小小杂药，多出近道，气势理不及本邦。假令荆、益不通，则令用历阳当归、钱唐三建，岂得相似！所以治病不及往人者，亦当缘此

---

① （法）阿里·玛扎海里著，耿昇译：《丝绸之路：中国—波斯文化交流史》，第454页。

② （法）阿里·玛扎海里著，耿昇译：《丝绸之路：中国—波斯文化交流史》，第3—7页。

③ （日）羽田明著，陈世良译：《关于大黄原产地为色楞格说》，新疆维吾尔自治区社会科学院中亚研究所编辑：《中亚研究资料（增刊）》，内部发行，1985年，第99页。

故也。①

梁朝偏安江东一隅，药材运输流通的途径有限，获得道地药材更成奢望，医家不禁感到政治分裂对医药活动影响之大。当时医家多使用产自益州北部汶山的大黄，但陶氏认为益州的大黄药力不及产自河西、陇西者佳②。到唐代，苏敬主持编纂《新修本草》，旨在"增损旧本"（"旧本"即陶弘景《神农本草经集注》），更是以弘景"僻在江南，不能遍识药物"为理由③。且特别指出陶氏之舛误："陶称蜀地者不及陇西，误矣"④。尽管苏敬的说法旨在纠正偏颇，并非刻意强调蜀地所产大黄质地优良，但唐代以后的本草典籍中却越来越多地述及蜀大黄⑤。

同样的情形也发生在北宋时期，宋仁宗天圣七年（1029），优质大黄的产地山丹被西夏占领⑥，而在此之前，北宋朝廷早已从益州路收买大黄并利用水路运至首都开封⑦。由于西北的大黄产地长期被敌国占领，而宋朝始终未能统一西北，宋代医家多使用产自蜀地的大黄。

北宋苏颂编撰《本草图经》，基本承袭《蜀本草》的观点，认为川蜀所产大黄好于产自河西者：

> 大黄，生河西山谷及陇西，今蜀川、河东、陕西州郡皆有之，以蜀川锦文者佳。其次秦陇来者，谓之土蕃大黄。……今土蕃大黄，往往作横片，曾经火煿。蜀大黄乃作紧片，如牛舌形，谓之牛舌大黄。二者用之皆等。⑧

---

① （梁）陶弘景，尚志钧、尚元胜辑校：《本草经集注（辑校本）》卷一《序录》，北京：人民卫生出版社，1994年，第32页。

② （梁）陶弘景，尚志钧、尚元胜辑校：《本草经集注（辑校本）》卷五《草木下品》，第322页。

③ （宋）王溥撰：《唐会要》卷八二《医术》，上海：上海古籍出版社，2006年，第1803页。

④ （唐）苏敬等撰，尚志钧辑校：《新修本草》卷十《草部下品之上》，合肥：安徽科学技术出版社，1981年，第247页。

⑤ 参见（五代）吴越日华子集，尚志钧辑释：《日华子本草（辑释本）》卷九，合肥：安徽科学技术大学出版社，2005年，第88—89页；（五代）韩保昇撰，尚志钧辑复：《蜀本草（辑复本）》卷十，合肥：安徽科学技术大学出版社，2005年，第398页。

⑥ 山丹在汉代为山丹县，西夏置甘肃军于此，元为山丹州，明为山丹卫。明代驻陕西边防官员杨一清云："大黄河西皆有，而各郡志俱言产山丹者佳"。参见（清）梁份著，赵盛世等校注：《秦边纪略》，西宁：青海人民出版社，1987年，第197—198页。

⑦ （清）徐松辑：《宋会要辑稿》食货四二之一五，北京：中华书局影印本，1957年。

⑧ （宋）苏颂编撰，尚志钧辑校：《本草图经》卷八《草部下品之上》，合肥：安徽科学技术出版社，1994年，第244页。

这里值得注意的是,《图经》称陇西大黄为"土蕃大黄",暗示陇西一带曾地处吐蕃境内,"土蕃大黄"遂为外番方物。这条线索或许可以为马伯英等学者的疑问提供一条解释路径。在考察宋代药物输出问题时,马伯英《中外医学文化交流史》中列举了近 60 种宋代的外传药物,但唯独没有大黄,作者指出即使在阿拉伯或西方世界,大黄也实属一种著名药物,却在《宋会要》中失载,不知何故①。由《本草图经》的表述可知,因为产地被异族占领,大黄不属于宋朝辖境内所产方物,即使民间仍有对外出口大黄的情况,但官方文献也尽量避免记录相关内容。

此外,《本草图经》还对土蕃大黄与蜀地大黄的加工形态和制备方法做出区分,描绘了川蜀所产大黄根大如芋、锦纹、切片呈牛舌状等形态,特别是指出土蕃大黄采用"火煻"的制备方法,这是将生大黄制备成干大黄的主要方法,多见诸本草典籍。另据历史文献记载,西夏用大黄是以湿纸包裹,放入火中烘干,再剖切作片剂②。元罗天益《卫生宝鉴》中提到的"透罗丹",所用大黄也是以"湿纸包,煨焙"③。波斯、阿拉伯医生也曾使用"浸渍、泡制或烘焙处理"的方法加工生大黄④。表明古代输出西方的优质大黄主要是陇西所产大黄,也就是文献记载中经常提及的肃州大黄。

以蜀地大黄为佳品的认识是宋代以后才逐渐形成的,明清时期,文人医家亦承袭宋人观念,多以川产锦纹大黄为佳品。如方以智《物理小识》:"川雅州大黄最大如碗,锦文而香。"⑤黄宫绣《本草求真》:"川产锦纹者良。"⑥张志聪《本草崇原》:"古时以出河西、陇西者为胜,今蜀川、河东,山陕州郡皆有,而以川中锦

---

① 马伯英、高晞、洪中立:《中外医学文化交流史——中外医学跨文化传通》,上海:上海文汇出版社,1993 年,第 200 页。
② 崔红芬:《汉文〈杂字〉所反映的西夏社会问题》,杜建录主编:《西夏学》第 6 辑,上海:上海古籍出版社,2010 年,第 124—133 页。
③ (元)罗天益:《卫生宝鉴》卷十二,北京:人民卫生出版社,1987 年,第 157 页。
④ (法)阿里·玛扎海里著,耿昇译:《丝绸之路:中国—波斯文化交流史》,第 452 页。
⑤ (明)方以智:《物理小识》卷五,《景印文渊阁四库全书》子部杂家类,总第 154 册,第 842 页下。
⑥ (清)黄宫绣纂:《本草求真》卷四,上海:上海科学技术出版社,1959 年,第 173 页。

纹者为佳。"①《清稗类钞》:"以四川所产紫地锦文者为最良。"②且又从制备方法、外形、药力等方面加以细分。吴其濬《植物名实图考》不但指出"今以产四川者良",而且在绘制大黄插图时特别突出了其大如芋头的根茎③。

在今人看来,陇西大黄作横片,蜀大黄作竖片如牛舌形,是因为南、北方大黄的加工形态不同。牛舌形代表大黄的一种加工形态,并不能说明药力有所差别④。且李时珍《本草纲目》提到宋祁《益州方物略记》载"大黄,蜀大山中多有",但他并未采纳《本草图经》的说法,而是指出"今人以庄浪出者为最,庄浪即古泾原陇西地,与《别录》相合"⑤,重新肯定陶弘景的见解。但不可否认,对蜀地和陇西大黄做出"内"、"外"区分的观念始于《本草图经》,北宋时期是这一历史记忆的奠定阶段。

清朝陇西和蜀地的大黄均输出到日本,日本药肆中亦可见牛舌和马蹄两种大黄⑥。但森立之质疑《图经》以蜀川锦纹为佳的观点,通过考证认为,蜀川牛舌大黄不及陇西马蹄大黄优良,支持唐人以陇西者为上的观点⑦。不过,森立之的观点并不能代表当时大多数日本药物学家的看法,因为更多的人并不希望日本依赖从中国进口的大黄,而是想方设法寻找品种优良的国产大黄,这个观念从18世纪延续到19世纪⑧。

古代中、西方关于大黄产地的认识,不仅能够反映语言、概念、地理词汇等因素对于保存和传递历史记忆的重要性,还表明周边民族和国家对中国的了解往往仅从一个很小但标志性的符号开始,从而引发种种想象和猜测。大黄就曾在古代中、西方相互了解的过程中充当过这样一个符号。

---

① (清)张志聪,刘小平点校:《本草崇原》卷下,北京:中国中医药出版社,1992年,第111页。
② 徐珂撰:《清稗类钞》第十二册,北京:中华书局,1986年,第5763页。
③ (清)吴其濬:《植物名实图考》卷二十四《毒草·大黄》,北京:中华书局,1963年,第591页。
④ 唐廷猷:《中国药业史》,北京:中国医药科技出版社,2013年,第238页。
⑤ (明)李时珍:《本草纲目·草部》卷十七《大黄》,第二册,北京:人民卫生出版社,1979年,第1115—1116页。
⑥ (日)稻部宣义著,成莉校注:《炮炙全书》,北京:中国医药科技出版社,2012年,第25页。
⑦ (日)森立之撰,吉文辉等点校:《本草经考注》,上海:上海科学技术出版社,2005年,第556页。
⑧ 张哲嘉:《日本观点下的大黄认识史:〈日本大黄考〉所透露的东西药学交流》,黄自进主编:《近代日本社会的蜕变》,台北:中研院人文社会科学研究中心亚太区域研究专题中心,2006年,第401—442页。

身体体验与文化边界

表面上看，"药气"、"瘴气"、"气喘"三个事物之间并无直接关联，实则有着深层的文化联系。药气和瘴气既属于自然环境范畴，也与社会观念、文化心理存在密切联系；气喘属于身体感知的范畴，身体感的形成依赖于特定文化脉络下人们的日常经验和习惯性的身体体验①。从深层文化联系来看，三者均是个体经验的表现，可以在同一语义网络中获得意义。Harold J. Cook 提出历史学的"地理转向"，认为要理解人类的生活状态，首先应超越族群和国家视角，从生态和地理视角来理解区域的历史记忆②。这一观点启发我们思考，医学史研究如何在保持严谨性的同时加强场景感和情境感，并通过勾勒一个整体性的生活空间，揭示意识形态底下的个体经验和身体感。

查礼的诗句容易使人产生与大黄相关的一系列联想，该诗至少传递了两条信息：一是随着盛产大黄的川蜀边地被清廷收入囊中，大黄的流通和交易更为便捷。据曹学佺《蜀中广记》载，明朝中后期的"成都九日药市"，已是"芎与大黄如积，香溢于廛"③。清代大黄产量增加，并且大量进入消费领域，使其成为价格低廉的"平民"药料。二是大黄是适于寒冷环境下生长的物种，其药力峻猛，见效神速，致人身体损伤，常被视为恶毒之药。因此，在气候恶劣的山地见到大黄，很容易令人想到大黄恶毒的一面。

有清一代，"大黄为猛药"是相当普遍的认识，民间观念中存在一种"以恶毒

---

① 余舜德：《从田野经验到身体感的研究》，余舜德主编：《体物入微：物与身体感的研究》，新竹：国立清华大学出版社，2008 年，第 1—44 页。

② 哈罗德·库克（Harold J. Cook）：《全球医学史会是什么样子？》，王淑民、罗维前主编：《形象中医——中医历史图像研究》，北京：人民卫生出版社，2007 年，第 1—9 页。

③ （明）曹学佺：《蜀中广记》卷六十四《方物记》，《景印文渊阁四库全书》史部地理类，总第592 册，第 82 页上。

之药疗治危恶之候"的类推思维,人们通常用大黄驱除污秽和疾疫①,治愈奇疾怪症②,甚至有时还用来杀人害命③。因此,清代社会普遍流行"大黄适于间巷之人"的观念,缙绅阶层对大黄则唯恐避之不及。《广阳杂记》载,刘献廷友人患"隔食"之症,他却不敢建议朋友服用"九蒸大黄丸",原因在于:"富贵人惟喜温补,闻用此等法必大惊异,虽卢扁当前,亦不听信,予亦无如之何也!"④晚清卫生小说《医界镜》讲到,祖荫为讨好成大人,以体虚为由,不令其服用含有大黄的丸药,并评论此举道:"凡这等说话,最中如今大人先生们听也,不考问丸药内之大黄不过些微而已。"⑤此处意在贬损由富及贵的缙绅阶层,但大黄适用于间巷、贫贱之人的观念,确实得到缙绅阶层的普遍认同。除了受社会风习的浸染,也与个人体验有关。小说《歧路灯》描述了主人公谭孝移服用大黄之后的真实情景:

> 这孝移,娇嫩脾胃,兼且年过五旬,那里当得这狼虎。吃在腹内,移时便泻。一夜泻了十余遍,床褥狼藉不堪,还泻之不已⑥。

这样的场景不禁令人联想到狼藉、污秽、恶臭等字眼,对追求生活舒适感的富贵之人而言,这的确是一段极其不快的治疗经历。

不过,元代以前,大黄也曾被视为一种比较珍贵的药材。《元史》记载,耶律楚材灭西夏时,舍子女金帛而收遗书和大黄药材⑦。说明即便是在北方地区,由

---

① (清)曾国藩著,唐浩明整理:《曾国藩文集·家书·致沅弟》,咸丰十一年六月初十日,长沙:岳麓书社,1985年,第736页;(清)梁章钜撰,于亦时校点:《归田琐记》卷一《屠苏酒方》,北京:中华书局,1981年,第15页。

② (清)王士禛,赵伯陶点校:《古夫于亭杂录》卷三《奇疾怪症》,北京:中华书局,1988年,第71页。

③ (清)夏敬渠撰,黄克校点:《野叟曝言》第三十六回《柯知县平白地放出杀人心 余夫人半青天伸下拿云手》上册,北京:人民文学出版社,1997年,第456—467页;(清)陶贞怀撰,李平校:《天雨花》第十四回《持正中途沉爱妾 瑶仙左府劫佳人》中册,郑州:中州古籍出版社,1984年,第515—564页;(清)名教中人编次,钟夫标点:《好逑传》第六回《冒嫌疑移下榻知恩报恩》,上海:上海古籍出版社,1994年,第41—48页。

④ (清)刘献廷撰,汪北平、夏志和点校:《广阳杂记》卷四,北京:中华书局,1957年,第209页。

⑤ (清)儒林医隐:《医界镜》第二十二回《贝祖荫巧避危症 杨美棠善疳治下》,上海:同源祥书社,1908年,第71页。

⑥ (清)李海观著:《歧路灯》第十一回《盲医生乱投药剂 王妗奶劝请巫婆》,《古本小说集成》,上海:上海古籍出版社,1993年,第250页。

⑦ 《元史》卷一四六《耶律楚材传》,北京:中华书局,1976年,第3456页。

于版图分裂和道路阻隔,当时人获取大黄的途径也不像清代那样便捷。而在中古时期,大黄还曾受到南朝士族的青睐。南朝梁武帝曾因发热服大黄,御医姚僧垣力劝而不从,"遂至危笃"①。原因一方面与江东地区获取西北道地药材较为不易有关,另一方面也因为唐代以前,上层社会尚未形成对大黄的文化偏见,相反还用大黄"攻众病",将其视为功效神奇的药物②。

15 世纪以后,商业牟利性质的私人药局大规模成长,这些私人药局倾向于售卖只有富裕之人才能负担的昂贵药材③。而像大黄这一类产量丰富、价格低廉的中药材,则成为官方收买的用以民间疗疾所必需的普通药料④。此外,大黄为荡涤之药的特性也使其难以跻身珍贵药材的行列。

清代,大黄的"民间"形象不断凸显,与外观漂亮、加工精细的昂贵药材不同,经过初步加工的大黄根基本上呈现出牛舌和马蹄两种形状⑤,且气味浓重。颜色又类似牛黄⑥。当时出口到西方的还有用线串起来晾干的大黄片剂,也就是所谓"穿眼者"⑦。无法从中看出其与精致、高雅有何关联。

这里需要特别指出,"大黄适于闾巷之人"的观念并非狭义指向贫贱者,其思想基础是富贵与贫贱之人的差别在于体质强弱。鲁保罗指出:"所谓强壮,就是习惯于忍受寒冷、饥饿和疲劳。"⑧鸦片战争前后,以大黄为"驭外之具"的舆论沸沸扬扬,而道光朝一件轰动京师的传闻——"汤海秋之死",则使人越发确信:是否宜用大黄并不完全由病症而定,而是取决于体质的强弱。据记载,"汤海秋之死"与赌服大黄有关,事情的来龙去脉在《春冰室野乘》、《庸盦笔记》、

① 《北史》卷九〇《列传第七十八艺术下》,北京:中华书局,1974 年,第 2977 页。

② (晋)葛洪撰,文体端、蔡铁如整理:《肘后备急方》卷四《治卒患腰胁痛诸方》,蔡铁如主编:《中华医书集成》第八册,北京:中医古籍出版社,1999 年,第 58 页。

③ 梁其姿:《面对疾病——传统中国社会的医疗观念与组织》,北京:中国人民大学出版社,2011 年,第 187—188 页。

④ (清)刘锦藻:《清朝续文献通考》卷五六《市籴考一》,杭州:浙江古籍出版社,1988 年,第 8107 页。

⑤ (日)森立之撰,吉文辉等点校:《本草经考注》,第 556 页。

⑥ (清)鲁照、朱珪辑,杨维华整理:《串雅补》卷三,蔡铁如主编:《中华医书集成》第九册,第 24 页。

⑦ (法)G. 费琅辑注,耿昇、穆根来译:《阿拉伯波斯突厥人东方文献辑注》,北京:中华书局,1989 年,第 291 页;(日)稻田宣义著,成莉校注:《炮炙全书》卷二《大黄》,第 25 页。

⑧ (法)鲁保罗著,耿昇译:《西域的历史与文明》,乌鲁木齐:新疆人民出版社,2006 年,第 30 页。

《对联话》、《清朝野史大观》等文献中均视作轶事记录下来①。巧合的是，鸦片战争结束后，汤海秋曾上奏"善后事宜三十条"②折，建议通过逐步抬高大黄等中国本土商品的价格限制英国从中西通市中攫取商业利益。当时，清朝与英国的外交关系已经从"制夷"转向"议和"，因此，这一观点虽得到姚莹和林昌彝的支持，却被大臣用事者视为"书生之见"③。两年后，汤海秋因"一呷之药"而毙命④。这一戏剧性结果强化了清代士人的"大黄为疠"观念⑤。

史料显示，清人认为有三种人的体质适于大黄：戍边的将士、四方番服之异族人、天生异禀的西洋人。据乾隆《腾越州志》记载，万历年间的名将刘綎相貌魁伟，性情刚毅，武艺高强，"尝次华阳镇，病，延医，谓宜下，熬大黄汤满釜，连饮数十碗，暴下而愈，其强如此"⑥。魏之琇《续名医类案》记载，元朝耶律楚材用大黄治愈军中瘟疫，是因为"兵卒多饮酒食肉，劳汗又多。温疫一行，必遽传阳明胃腑，此大黄所以往无不利也"⑦。郑光祖《一斑录》中写道："大黄在中土，为药下品，乃四方藩服藉为治病资生之要。"⑧《植物名实图考》也写道："西南、西北诸国，皆恃此为荡涤要药，市贩甚广。"⑨直至19世纪末，在西医、西药大量进入中国的背景下，清人仍认为"华人与洋人体质迥异，洋人秉气较异，非药性猛

---

① 李孟符，张继红点校：《春冰室野乘》卷上《汤海秋之死》，太原：山西古籍出版社，1995年，第54页；薛福成，南山点校：《庸盦笔记》卷三《铁闻·猛药不可轻尝》，南京：江苏古籍出版社，2000年，第65—66页；吴恭亨，喻岳衡点校：《对联话》卷六《哀挽一》，长沙：岳麓书社，2003年，第164—165页；小横香室主人撰：《清朝野史大观》卷十《清朝艺苑·汤海秋戏服大黄毙命》，上海：上海书店，1981年，第65页。

② 第一历史档案馆编：《鸦片战争档案史料》第6册，天津：天津古籍出版社，1992年，第389页。

③ （清）姚莹：《东溟文集·文后集》卷十一《汤海秋传》，《续修四库全书》集部别集类，第1512册，第589页上；（清）林昌彝撰，王镇远、林虞生标点：《射鹰楼诗话·序》，上海：上海古籍出版社，1988年，第1页。

④ （清）曾国藩著，彭靖等整理：《曾国藩全集·诗文·文（附赋）·祭汤海秋文》，长沙：岳麓书社，1986年，第149—150页。

⑤ （清）姚云之，李解民点校：《竹叶亭杂记》卷五，北京：中华书局，1982年，第124页。

⑥ （清）屠述濂：《腾越州志》卷九《列传下》，台北：成文出版社，1967年，第114页上。

⑦ （清）魏之琇编，黄汉儒等点校：《续名医类案》卷五，北京：人民卫生出版社，1997年，第351页。

⑧ （清）郑光祖：《醒世一斑录》卷三《物理·草木》，《续修四库全书》子部杂家类，第1140册，第9页上。

⑨ （清）吴其濬：《植物名实图考》卷二十四《毒草·大黄》，北京：中华书局，1963年，第591页。

烈不能愈病"①。

冯客从种族主义视角解释这一现象,指出中国人"对外国人生理结构的玄想断定了其机能上的缺陷,一些中国人坚持认为外国人的消化系统依赖于茶叶和大黄",其根本上反映了异族之间的文化界定②。不过,在前近代,文化边界的构建并不完全从族群和国家界线的视角出发,而是通过定义"他者"来圈定自身文化可能包容的范围。因此,文化边界既不是指疆域上的边界,也不是种族认同意义上的边界,而是在日常行为和认知过程中逐渐确立的规则或习惯。

结　语

正如大多数学者注意到的,18世纪既是清朝的鼎盛时期,也是中国历史发生巨大转折的时期。一方面,经过康、雍、乾三代的开疆拓土,清朝在其疆域内实现了满、蒙、汉、回、维、藏等多民族的统一,成功缔造了"大清帝国"的形象。另一方面,周边民族关系变动频繁,英、俄等欧洲强国纷纷崛起,并以近代科学的眼光重新审视中国文化传统。这一趋势对士人阶层原有的地理知识体系和疆域观念造成了冲击,也推动他们寻找新的视角和方向认识与周边民族及西方国家之间的关系。中古时期,大黄曾经是一个可以代表中国的符号,作为西方世界了解中国文化的线索,在早期中西交通史上产生过积极影响。到明清时期,西方人对中国大黄的热情未减,但中国人自己对大黄的认识则发生了很大转变。产生这一变化的原因相当复杂,从历史根源来看,首先与政治分裂和疆域变动有着直接关联,历史上大黄的主要产地集中在陇西和蜀地,这两个地带恰恰总是游离于中原政权之外,因此,可以看到一个明显的变化,即唐代以前内地使用的大黄主要产自陇西,但从宋代开始则以蜀地大黄为良品。从文化原因来看,身份意识和生

①　(清)葛元煦:《沪游杂记》卷二《外国药材》,上海:上海古籍出版社,1989年,第41页。

②　(英)冯客著,杨立华译:《近代中国之种族观念》,南京:江苏人民出版社,1999年,第1—39页。

活习尚越来越影响人们对大黄的认识和态度，从汉唐到明清，大黄从一种"能攻众病的万灵药"沦为"不可轻易尝试的猛药"。清代人甚至还认为，大黄是可以挽救西方人性命的灵丹妙药，其所处的地理环境、日常的饮食习惯，以及天生的禀赋和身体机能，决定了他们以大黄为救命之药。相反，中国人若不谨慎使用大黄，其很可能就会变成杀人毙命的毒药。清代士人正是借助大黄这个文化符号来认识与周边民族和西方国家的关系，构建中心与边缘、中国与西方之间的文化边界。

"药气蒸为瘴"的书写看似缺乏实证性，但有其内在的逻辑，大黄之所以成为清代士人用来描述边地环境的素材，表明"大黄"这个字眼更容易引起读者的共鸣，其突出的文化特征和典型性也能够使作者获得认同感。不过，查礼和斌良的诗歌并不是为了表达何种喻意，而是希望读者沿着大黄这条线索进入对边地的想象，并进一步借助自己的生活经验去理解作者的处境和感受。这种书写范式需要一个前提，就是作者和读者均了解药气、瘴气和气喘之间的内在关联。清人对大黄的认识，并不仅仅围绕药物本身的宜忌构建其文化价值，还把它放到特定的历史语境中，赋予其一种文化符号的意义，并借助大黄这个符号来理解身体、环境，乃至身份、族群的文化意义。而且，只有在这一特定历史语境下，清代士人对西方人身体的想象和猜测才具有合理性，从而产生"大黄可以救夷人之命"、"大黄为控驭外夷之具"等一系列认识。

以往我们习惯从知识背景、认知体系的差异，以及文化偏见等角度来理解中西方之间认识大黄的差别，这一研究思路不仅不能帮助理解日常的生活经验，而且容易忽视文化现象产生的历史背景。清代人对大黄的认识，部分呈现了当时的日常生活状态和社会文化观念，但要理解大黄与地理认知、身份意识、族群认同之间更深层的文化联系，必须寻找多种文本，通过对不同文本的分析，挖掘各类文本之间的内在关联。受研究视角所限，本文的考察还远未达到这一初衷，尤其是对医学文献的分析还不够细致、深入，因此没能充分呈现清人的地理认知对医界的影响，及其在医疗行为、用药习惯和身体感知上的体现。不过，从现有的资料大致可以了解到，清人对大黄的认识不仅反映社会观念和风俗习尚，也是对个人经验和身体感的呈现。"药气蒸为瘴"的书写，促使我们关注到一些看似不相关的事物背后的微妙关联,启发我们思考文化边界在整体生活空间中的存在意义。文化的界定并不仅仅属于教化的一部分,也往往隐藏在日常生活的细微之处,有时也通过私人体验呈现出来,是一个历史的过程。

疾病的文化意义

——晚清日记中的病痛叙事

张　瑞*

引　言

　　道光二十三年春,久居京官赵亨钤终于得到了一份铅差的委任,于当年闰七月奉旨入黔。白铅是清代制钱的主要成分,从贵州铅场向京师宝泉、宝源二局运白铅遂成要务,赵亨钤肩负的便是将数百万斤白铅顺利押运至京局的责任。然而,即使到了清末,贵州地区仍然被视为偏远烟瘴之地,路途遥远,险象环生,人人视为畏途①。临行前,友人纷纷表示担忧,赵亨钤却十分豁达地欣然上路。行至四川泸州,他本打算利用办理公务之余,饱览蜀中名胜,谁料相伴多年的姜室却在途中身染重病,医药罔效,最终客死他乡。时隔不久,赵亨钤自己又患上胃痛之症,"长夜不寐,自念去家万里,一官落拓,追念逝者,羁旅牢愁之感,唏嘘欲泣"。姜室生前,饮食起居照顾得无微不至,如今他独在异乡无人照料,孤苦无依,公务在肩又病魔缠身,他将自己当时的心境写在离开泸州前所作的诗中:"伤逝而念家,憧憧复突突。圣贤处此时,恐亦难自勖。"次年八月,返程路上途经寿张,赵亨钤的胃病再次发作,时发时愈,殊不可耐。初九日夜,他于舟中作诗遣病魔:

　　* 当代中国出版社编辑。
　　① 许可:《从〈铅差日记〉看清代京铅运输》,《中国社会科学报》,2012 年 11 月 21 日,第 A05 版。

> 小人例为君子仇,何事干卿苦争竞。……
>
> 二竖徒为无事忙,焕发精神养吾正。

天交二鼓,仍不能交睫,又得一诗:

> 孤灯耿耿四无邻,静坐凄惶叹此身。
>
> 忧患根于多识字,蹉跎病在耻求人。
>
> 助无将伯怜娇子,梦绕先庐忆老亲。
>
> 万里归来剧怊怅,世间冰炭本非伦。①

　　同一位作者,同样的病痛,一夜之间所做的两首诗却表现了两种截然相反的意境。前一首充满了对抗疾病的勇气和自信,另一首却是对凄凉处境的悲叹。赵亨钤在日记中自述出身寒门,加之性格耿直不知变通,积苦二十年只等来一份苦差。他一方面为自己的正人君子的品行而骄傲,另一方面却被困在无情的现实中,虽然可以做出达观的姿态,心中的苦闷却无从消解。

　　赵亨钤并不是唯一将自己病中愁苦付诸笔端的日记作者,翁同龢、曾国藩、叶昌炽等人的日记中都能找到大量与病痛有关的内容,对于医学研究者来说这些记录能够提供关于清末医学和疾病技术层面的知识。对于历史研究者而言,疾病不仅是生理的病变,更存在于社会文化的情景中,疾病的痛苦也不仅局限于身体,灯下孤坐的赵亨钤,自念去家万里,病痛缠身,诗中的跳梁二竖何尝不是指他平生遭遇的小人,而他感叹的"病"又何尝不是指自己的尴尬处境?疾病的痛苦激发人的情感,结合文化中的价值观可能产生积极进取的力量,也可能引发消极悲观的情绪。解读日记中的疾痛叙事,将帮助我们理解病患所处的社会环境与他们自身的文化价值观。本文将从这一角度出发,从社会文化史的视角解读日记中的病痛叙事。

　　疾病医疗史在历史学界已经不是新鲜的话题,历史研究者所涉猎的疾病医疗问题从瘟疫的社会反应到医疗行为、医患关系都有不少优秀作品,但是目前针对病患本身疾病认知和观念的研究并不多。沈艾娣(Henrietta Harrison)在《梦醒子》一书中谈及了刘大鹏的疾病与医疗经历。刘大鹏将疾病和随之而来的死亡

---

① 赵亨钤:《铅差日记》,李德龙、俞冰主编:《历代日记丛钞》,第47卷,北京:学苑出版社,2006年,第27—55,291—292页。

看作上天对他的惩罚,为家人的疾病背负起道德上的责任。患病时他会积极寻求各种治疗方法,膏药、针灸、按摩、火罐和内服药物,同时还寻找半仙,在晋祠求方,很多治疗方法都旨在祛除体内的邪毒,这正与刘大鹏相信疾病是天罚的罪恶感吻合。不同的治疗方法表明刘大鹏的儒家世界观和他置身的社会中存在的其他世界观共生共存①。

沈艾娣的解读与凯博文等医学人类学研究者的思路十分接近,凯博文通过研究现代中美两国的病患叙事指出疾痛的意义存在于具体的社会关系之中,人们体验到病痛时,会与社会关系网络中其他的成员辨识症状、交流解释和应对症状,个人的、互动的、文化的规范引导着体验,影响着我们如何交流痛苦、诊断治疗、考虑疾病对生活的影响,对自己和他人解释疾痛的含义。疾痛可以意味着某种病残或者身体问题,还隐含着社会公认的关于身体和自我、两者间关系的认知,比如身体是独立的实体、机器,与思想感情分离的客体,还是与社会、天地宇宙相感应的微观世界?疾痛又通过道德、宗教和精神的中介具备了苦难的意义,人们发现经验的意义的同时也会创造新的意义,通过道德、宗教看待不幸,将焦虑控制在现有的观念制度之下以化解危机,或者升华为某一思想体系下超越痛苦和死亡的机会。病患的疾痛的讲述不在于反映事实而在于反映意义,在讲述疾痛故事的过程中,诉说改变甚至创造了经验,如果要充分了解疾痛经验,必须依据症状征兆、文化意义、个人状况和社会环境来解读②。

不可否认,医学人类学的方法并不能机械地照搬进历史学研究当中,如果考虑到当代很多中国的身体和疾病观虽然依旧包含大量古代医学思想,但是和清末文人群体的认识相比还是发生了本质的变化,以至于从今天的角度看来一百多年前的诉说有时看起来难以理解,过去由此变得既陌生又熟悉,既是他乡又是故国。试图回溯当初的情形,借助常常研究异域文化的人类学理论也未尝不可。特别是在解读日记这一常见史料的尝试中,新的观察角度或许能从熟悉的文字

① 沈艾娣:《梦醒子——一位华北乡居者的人生(1857—1942)》,赵妍杰译,北京:北京大学出版社,2013年,第54—57页。
② 凯博文:《疾痛的故事——苦难、治愈与人的境况》,方筱丽译,上海:上海译文出版社,2010年,第1—62页。

读出新的故事。

尽管日记的病痛叙事中不乏作者对病因病情在医学层面上的认识,本文并不试图在医学病理学的知识框架展开讨论。毕竟日记中病痛的记录大多是病患的主观认知,虽然其中一些人或多或少具备文本或者口头得来的医学知识,他们的论述在生物医学或者现代中医学上可能还是毫无意义的或者错误的,这些叙述更多的反映了一种常识性的观念。因此将这些叙事放置在病患的生活层面中会更加有助于解读。因此不妨以儒家修身、齐家、治国的人生理想为框架,分析疾病在个人、家庭和社会活动三重情境中的意义和影响。

一 作为个人体验的病痛

从轻微的不适到剧烈的疼痛,疾病最直接的影响是带给病患身体上的痛苦。日记记录每日活动,如果某天恰巧生病,随手记录下来是十分自然的举动。并非所有的记录都有特殊的含义,视病程长短轻重有些可能只有只言片语,有些则可能占据十几天日记的多数篇幅。一些日记作者对病痛的表述简单明了:"连日痰多,骨节酸痛,今夜晚饭后腹痛,一夜泄泻十余次,殊委顿,身体微热。"[1]也有的略显夸张:"鼻塞也如壮士之抽肠,头之痛也,如孕妇之捧腹。"[2]有一些则声情并茂,翁同龢在形容一次受凉害病的经历时写道:

> 著凉微不适,犹夜饭。夜疾作,始而大寒,遍体抽掣作痛,胸中之气交来,用盐麸熨之,己而大热,呻吟狂呼,若将飞去,彻旦不止。……黎明得少睡,强起,头重,两腰股软不可支,兼作抽痛。[3]

一部分记录明显受到病患获取的医学信息的影响。同治六年九月,曾国藩久患咳嗽不愈,医者惠甫诊脉,言"外感而肺家受有风邪,固咳嗽之所由来,阴虚

---

① 翁心存:《翁心存日记》,第2册,北京:中华书局,2011年,第444页。

② 柳琳轩:《关城日记》,李德龙、俞冰主编:《历代日记丛钞》,第105卷,北京:学苑出版社,2006年,第499页。

③ 翁同龢:《翁同龢日记》,陈义杰点校,北京:中华书局,1989年,第3册,第1332页;第4册,第2087页;第3册,第1269页。

而用心太过,心火上烁,肺金受克,亦病源也。二者必须兼治,固须服疏散之剂以祛寒邪,亦不可用燥上之品使阴分益亏"。

曾国藩"深以其言为然",自言:

> 盖余自中秋前后久觉心火上炎,肝脾俱若受伤,此次风寒虽发于肺家,而自觉脾家亦已有病,故饮食俱不知味。

他感觉到的"心火上炎"就是沿着医者的病理解释进行的表述①。

叶昌炽某天晚餐之后,"觉热火一团自胸中上升,齿即大痛,延及颊际",随后"头痛如斧劈",遣去买药的人还没回来,疼痛则骤然停止,他怀疑病在"龙雷之火郁极始然"②,热火自胸中上升的感受让他想到了"龙雷之火"之说。关于"龙雷之火"历代医家众说纷纭,围绕其含义、属性是阴虚还是阳虚等等争论至今仍无定论③。但这些都不是叶昌炽使用这个概念时会思考的,他只是找了一个医学"术语"为胸中火升的感受寻找解释。医学知识会塑造病患感受,当被告之病原于火时,他会感觉到心火的活动,反过来病患也会在医学中寻找可以解释自己感受的词汇和概念。平实或者夸张,模糊或者生动,病患的病痛的表述不仅受到自身语言习惯的影响,同样也和他们所处时代的医学文化息息相关,尽管上火在今天仍然是中国病患特有的表达方式,但是"心火"或者"龙雷之火"可能很少再被民众提及。

除了直接的身体不适,严重的病痛可能引发更深层次的忧虑。李慈铭曾因疝气大发,又读柳宗元书,见"人世不过为三十年客耳"之句,自揣柳宗元四十七而殁,文章光耀千古,自己年已四十,自认文笔歌诗不在人后,境遇却天壤之别,"皓首场屋,入赀为郎,声称泯然,无一可恃。百病迭攻,奄奄视息,身虽拘于编氓,魂已游于岱岳,不又重可悲耶"④。郭嵩焘在光绪五年夏"病后数日不能食,渴甚,每食一瓯,茶加于食者五。坐辄倦而假寐,就榻即醒。"他担忧如此消耗精

---

① 曾国藩:《曾国藩日记》,《曾国藩全集·日记(一)》,长沙:岳麓书社,1987年,第1424页。

② 叶昌炽:《缘督庐日记》,南京:江苏古籍出版社,2002年,第5册,第3189页。

③ 池伟东、郑旭威:《卦中探源——解析神秘龙雷之火》,《北京中医药》,第33卷第8期,2014年,第614—616页。

④ 李慈铭:《受礼庐日记》,《历代日记丛钞》,第75卷,第226页。

神恐怕不是长寿之兆①。因为牙疼以致"头昏心跳,恶寒尤甚",又使他感叹自己"其薄弱不能堪摧残如此"。同治七年,医者唐建亭为他诊脉。"咄曰:脉歇指,何也?"医者所云的脉歇是脏气衰弱之象,他立即想到:

> 近年自觉精力衰惫,不能自支,亦不料其颓唐至此。以唐君言验之,果信。年岁殆将日促矣。志愿方长,终一不酬,所谓命也。②

同治十二年,翁同龢曾因着凉觉不适,"自觉真气不充,渐羸败意,如何"。光绪十五年冬,他患上了咳呛之症,十一月初起时只是发热不止:

> (十一日)送客便觉身不适,入夜壮热,呻吟叫号彻旦。

> (十二日)竟日热不净,起坐头眩而痛,只得僵卧,不饮不食不语,极委顿。……入夜仍壮热,子刻得微汗,卧稍安,不复呻吟矣。

继而,夜间咳呛不能卧:

> 夜咳呛不得卧,披衣起坐又疲苶,如是彻旦。……咳稍定,胃口不开,痰亦未活,委顿之至,仍进陈君前方。夜倚坐得眠。

到十一月底,咳呛未愈,又添新症:

> 夜卧咳呛,起坐二次,中夜忽胃气大痛,汗如雨,以手熨之稍定,呻吟达旦。……晏起,疼止,惟不思饮食,倦不可支。晚胃气又作,较昨为甚,用炒麸及盐熨之良已,服神粬,始悟受寒也。疾病支离,衰象迭见,奈何奈何。

至十二月中旬病情仍不见好转:

> (十三日)日来呛伤元气,自觉脐下无根,肋痛其小焉者也。饮绿豆冰糖汤,呛稍定。

> (十四日)各处皆炽炭极热,余病体不能当。又在总署吃肥羊一脔,且不胜劳倦。归家即发热,僵卧,咳呛虽不加,而痰凝气塞,呻吟达旦。

> (十五日)晴。不能入,僵卧竟日未起,……日间咳稀,子刻大咳,晚热退。

> (十六日)晴。病如昨,不热而胸口有痰如掌胶粘不出,咳伤肺部,气虚

---

① 郭嵩焘:《郭嵩焘日记》,第三卷,长沙:湖南人民出版社,1980年,第894页。
② 《郭嵩焘日记》,第二卷,第188—189、522页。

而塞,遍身疼痛,了无生意。……灯后强起,始记此数日。连日不看一书,不办一事,呻吟抑塞。如厕不得解,归卧烦乱,竟夜闻钟刻。

(廿一日)终日昏昏,……夜卧亥初,以为无事,而屡呛屡起,如是至五鼓,惫极矣。

(廿二日)晴。强起自力,饮食如昨,并吃老米饭小半盂,与病相持。……所不睡者,欲与病争也,彻夜不解带不就枕,或起或立或叩头,然咳不为减也。

(廿三日)夜结跏趺坐,并手摩命门,咳因之而止。

(廿四日)夜大咳,计十二刻始渐止,凡跏趺等法皆不效矣。

此后,直到新年前夕,才咳呛渐止,始得安眠。近两个月的时间里被病痛折磨得不眠不食,一事无成,让翁同龢发出了"疾病支离,衰象迭见,奈何奈何"的感叹。年底他不得不雇轿夫两班,借轿一顶,"拟坐半月以节筋力","亦足见老而好佚,志亦衰矣"。到了光绪庚子除夕,已经被发回原籍的他在年终思量"一年中国事如此,远瞻宸极,俯视乡间,百念交并,诸疾并作,近日耳鸣足软,甚矣其衰也"[1]。

疾病带来的痛苦和衰弱无力之感,往往暗示着衰老和死亡的无法避免,李慈铭这样功不成名不就的文人,感叹怀才不遇,年华虚度;郭嵩焘、翁同龢这样已然身居高位者,则担忧壮志未酬而老之将至;当翁同龢在官场中一败涂地之际,面对百病缠身的自己和日渐倾颓的国势只能发出无奈的感叹。在这些叙述当中,病痛已经不仅仅是身体经受的折磨,还和文人追求受挫的种种凄凉意向联系起来,提醒我们疾病并不是单纯的生理异常,有时人们会把病痛和所在社会文化背景中其他遭遇联系在一起,使病痛的表述成为人生苦难的诉说。

但是疾痛激发的思考并不总是消极的,在特定的文化背景之下它也可能成为精神升华的工具[2]。李棠阶一生以"克己""省身"为训,对他而言病痛是一种特殊体验。他不允许自己因为病痛萌生怕病怕死的恐惧,每当萌发此种念头时必记在日记中以自警。因为轻微不适有怕病之念时也立刻节制:或者以安命置

---

[1] 《翁同龢日记》,第 2 册,第 980 页;第 4 册,第 2326—2336 页;第 6 册,第 3311 页。
[2] 《疾痛的故事》,第 29 页。

之,或者以"设若死了,则此生遂休,终于小人矣"自勉,同时静坐养心以却病。道光二十六年,因为腿弯生疙瘩而行动不便,他责备自己"小病便有许多怠气,总是无志",因疾痛产生的惰气在他看来是意志不坚的结果,认为必须克制病痛对自己注意力的吸引,在他看来病痛虽然真实存在,但对人心境的影响完全是自律修养不到位的结果。因疾病而怠慢学问,就是以物役心,"心为病困,足以验所学之不实矣。"病中的杂念:怕病、畏死和惰游之心必须时时打扫。道光二十九年,在疟疾的寒热往来之间,他戏为《疟鬼问答之词》,质问疟鬼为何肆虐,并说自己心神自若,调息安然,不怕疟鬼的威风。可是疟鬼一眼看穿了他的伪装,嘲笑他:我稍逞凶你已不支,心中已经气馁,表面图作刚强,明明就是根基不稳,触物辄移,居然还在狡辩,实在可笑。他立刻默然相谢,并称疟鬼为吾师,洞察他的隐情,借病之机,针砭他的过错。一问一答中他以病魔为师,把病痛视作修炼心性的机会。

疾病还帮助他躲避俗事,有机会在清静中调息养性:

养病宜端坐,神清气自顺,但使潜龙潜,无使震雷震。天人寂无籁,嘘吸透春信。转胜无病时,朋从互牵引。

冷战休亦动,热蒸火欲然。一字敌两魔,淡中别有天。

他在一次从大病初愈后写到:"病中打扫一切,颇觉得力",病中夜间偶醒背《定性书》,领悟"'性内无外'之旨,较前亲切"。他认为畏病实源于怕死,生死不能看穿,则由于欲根不拔。"怕死之由只是自私自利,可见日言克己,己何曾克。克去病中之己,则病乃疢疾,为益正多,累于何有,勉之勉之,勿苟放过也。"但他也不是每次病中都能有所感悟,咸丰九年他左胸胁至左手刺痛不止,"病中无主,体会《定性书》《西铭》,亦无所得,总由不专"。

他还将疾病视作教化他人的机会,夜间听到病中妻子的呻吟声,便"劝伊改行以积福",又"婉劝室人宽平其心,柔顺其气以养病"。探视病重的表叔,听病者自言心中烦乱如烧,他感叹"病因思虑家事,愁忿而成,反复劝慰之。呜呼,利心无厌,遂自投苦海,究竟何益,素未之学,真处事口诀也"。还以"水火交济之故"劝表叔"养心以养病"。弟子封生给他写信言旧病复发,又累于事,"欲偷闲养安而不能"。他回信劝诫弟子:

戒以养病须忘病。心系于病,病将日深,此正用力处。又不可厌事,随分料理,不为将迎,便时时安闲。偷闲养安四字是自私自便根子,非常有振力奋发之气断此根,便处处沾恋挂碍矣。

看到亲人病痛产生的忧虑在他看来同样需要克制,"昨夜内人骤病,不胜惊惶,因他人将死尚而,则己更何如乎? 不透生死关,非真学也"。他无法不为妻子恶化的病情烦闷,却又开解自己"病愈否,何关乎此。且病人或因予有烦闷象而加愁,则病恐增剧,心随物迁,真可怜也"①。李棠阶是同治时期理学复兴的代表人物之一②,他的理学思想深刻影响了他对疾病的态度,把疾病视作可格之物,试图用治心克己的方式消除病痛对人的影响。

类似的感悟也存在于其他人的日记中,尽管他们并非都有李棠阶一样深厚的理学修为。袁昶将身体(吾身)与自我(吾)比作云和月,疾病如云翳月,云为障而月无损,对待疾病也应"病来不憎,病去不喜,来固不拒,去亦不追,身心泊然如是而已"③。

光绪二十二年夏,恽毓鼎肝气屡发,他夜半自思肝气本应发于怒郁,近来却并无拂意之事,不该有此疾。

总由心不定,气不平,无拂逆时觉拂逆,无烦恼处寻烦恼,以至于此。所谓"天下本无事,庸人自扰之"也。以此知养心养气工夫不特可以进学,亦是养生妙诀。自今以往,当于此道痛下工夫。

光绪三十年,他每日五更必醒,心中千头万绪,辗转不能安,"心血亏耗,怔忡实由于此。欲救此病,唯有打扫心地,使方寸一片空明,振刷精神,使诸事随手了结,无粘滞,无牵累,然后念头可净,收天君泰然之功"④。

① 李棠阶:《李文清公日记·一》,《历代日记丛钞》,第40卷,第71、290页;《李文清公日记·二》,《历代日记丛钞》,第41卷,第18、103、270、502页;《李文清公日记·三》,《历代日记丛钞》,第42卷,第386、560页;《李文清公日记·四》,《历代日记丛钞》,第43卷,第212—214、230、317、419—420页;《李文清公日记·五》,《历代日记丛钞》,第44卷,第207、218、304—305页。

② 关于李棠阶生平及其理学思想,参见黄超复、魏晨:《清人李棠阶其人及其治学成就》,《南都学坛》,1987年第3期,第96—99页;史革新:《程朱理学与晚清"同治中兴"》,《近代史研究》,2003年第6期,第72—104页;张晨怡:《略论清同治年间的理学复兴》,《历史档案》,2006年第1期,第88—91页。

③ 袁昶:《毗台山散人日记·五》,《历代日记丛钞》,第72卷,第358页。

④ 恽毓鼎:《恽毓鼎澄斋日记》,上册,杭州:浙江古籍出版社,2004年,第102、241页。

年轻的姚永概因为疟疾发作流露出恐惧之情,却被父亲教训"汝平日何等自许,今遭小病即如此,将来何能吃苦乎"①。无论是摒除杂念,视疾病如无物还是将承受病痛视为磨练,都试图从疾痛的苦难中汲取积极的力量,使人身不至于消沉。

记录病痛感受的同时,病患也会试图回答"何来小丑恣跳梁"的疑问,揣测病因是遭受病痛折磨的人们自然的反应。日常生活中个人不恰当的饮食起居行为经常被指为许多病痛的起因,例如饮食过多导致的积滞。翁同龢一天夜里腹中不适,大呕大泄,他将病因归于"昨日食鱼甚甘,不觉过量",于是次日竟日不食以养胃气②。对饮食积滞的怀疑也会使病患联想起相关的俗语或典故,李星沅早起腹痛吐泻,"似十六日夜饭积滞为厉",于是感叹"俗云病从口入,祸从口出,信哉"③。面对美食不加节制也是疾病的诱因,高枏在副考官任内曾经困于腹泻,他将此归咎于自己贪食酒席上的蟹黄,自限今后"不食酒席杂物,专吃饭粥",自此后在宴席之上"食惟蔬饭,味却肥脂"④。叶昌炽偏好甜食,年轻时因为"连日食堇糖十许文"牙疼,于是在日记中警示自己"当戒之"⑤。

起居的不慎也被当做病因之一,例如贪凉。翁同龢怀疑一次夏日中的寒热忽作是由于"前日浴后表虚,昨夕藤席招凉也"⑥。又如曾纪泽自述"傍夕时贪凉,在风中久坐",因而感受寒邪,"身热如火,头痛欲裂,遍身酸疼"。或者如张荫桓光绪十三年出使至巴拿马时,随行仆人钱涵生患腰痛身热,陈弁黑仆亦患腿软不能行,他责怪仆人"无非夜睡开窗纳凉所致"。除了贪凉,其他也有如粟奉之初入云南不久便连日感冒,心极烦躁,医者更数方始愈。同僚告诉他"滇中气候不正,风月之下尤忌久坐",他之所以生病,都是贪恋月下美景连宵久坐之故⑦。

---

① 姚永概:《慎宜轩日记》,上册,合肥:黄山书社,2010 年,第 21 页。
② 《翁同龢日记》,第 2 册,第 608 页;第 3 册,第 1533 页;第 5 册,第 2417 页。
③ 李星沅:《李星沅日记》,北京:中华书局,1987 年,第 518 页。
④ 高枏:《高给谏晋邮日记》,《历代日记丛钞》,第 138 卷,第 11—12、16 页。
⑤ 《缘督庐日记》,第 1 册,第 117 页。
⑥ 《翁同龢日记》,第 4 册,第 2123 页。
⑦ 粟赓笆:《粟赓笆日记》,《历代日记丛钞》,第 89 卷,第 258 页。

翁同龢在那些他认为是由于饮食不节和起居不慎导致的疾病记录后不止一次地写下"戒之","此不可不戒","记之,勿复贪此一勺","后当戒矣","今后戒冷食","口腹不可不慎哉"等类似的警告。对他来说,这些内容目的在于提醒自己"口腹之为害烈矣",不得不"笔之以记饮食之节焉"①。把疾病视为错误举动的后果往往带有自责或者指责他人的意味,叶昌炽曾经责难半夜寒热发作的妾室"起居不慎,夫谁咎!"②这种病因解释表达了疾病是错误行为的后果的认识,这一表述中的病痛是一种惩罚,人不能克制对美食美景、舒适享乐的欲望,祸患必然随之而来。因果报应作为病因的解释与行为不慎有着类似的模式,曾国藩将次孙的夭折归因于"余久作大官,不无损阴德之处"③。姚永概某年六月患伤风,他想到近来左脚被热水烫伤,右膝又生一疮,由此"见得感应之理甚明",原因是近来松树生毛虫,因其螫人有毒,他"击死不下千计","盖以厉气感者以厉气应,以善气感者以善气应,丝毫不爽也",还担心这些小患的惩罚尚且不足以弥补他犯下的杀孽④。将病痛视作惩罚的病因解释也可以视作疾病的另外一种积极意义,即将病痛视作惩戒,作为迫使人们修身养性、自我约束的反面推动力。

二　家庭生活情境中的病痛

除了对个体的影响,病痛也会影响病患的家庭。在家庭成员病痛的记录中,所占篇幅最大,细节最多的往往是父母的病情,这正是因为儿子与父母的关系是传统家庭关系的中心。

梁济,字巨川,清末官员,梁漱溟之父,1918 年投北京积水潭自尽,遗作被二子整理为《桂林梁先生遗书》一书,其中保留了《侍疾日记》一部。虽然名为日记然而并非逐日而记,光绪十六年梁济落笔之时,嫡母刘氏病症日笃,他在文中追

---

① 《翁同龢日记》,第 4 册,第 1725、1867 页。
② 《缘督庐日记》,第 10 册,第 6001 页。
③ 《曾国藩日记》,第 1635 页。
④ 《慎宜轩日记》,上册,第 129 页。

溯往年病情的来龙去脉,一是为了分析病情,以便对症下药,二是为了回忆家境之窘困,彰显刘氏持家之艰辛。梁济的父亲在他年幼时即死于山西任上,家中诸事全凭刘氏一人主持。在梁济的追述当中,刘氏病势如此,自己罪孽深重,首先是幼时"昏惰偷安,无心上进","资质愚下,觉悟太迟",导致刘氏"焦劳忧虑,此心无刻不提起",自己简直"不可为人,不可为子,固天地所不容者也"。后来读书所费日多,刘氏开馆教书"夙兴夜寐,不敢安宁","终日喧聒,心神伤损,肝火郁积"。光绪八九年后又为梁济的婚事劳神,起初只是"苦于茕茕独处无人可商,颇萦怀念","壬午癸未后日益急,常至焦灼盼望",此后数年"每年夏夜必不能睡,手心脚心皆蒸热发烧,心如明灯,不寐大渴"。婚事议定后,却又"因喜增愁,百端交集,劳心为不少矣"。梁济的次子出生时,"又值天寒多病,事务纷烦,勉强支应,夜半起视,废寝食屡日。慈亲仍自恃强力,不肯休息"。他成人后举业仕途不见起色,拮据的经济状况使得刘氏不得颐养天年。刘氏喜欢宽大舒展的房屋,却一直住在苦寒的南房。好不容易搬入叔父在皮库胡同宅的北房,虽然能见阳光,仍然狭小难阔,仆妇杂处,冬夏两难。在梁济看来这是刘氏病源之一,也是自己的罪孽之一。他眼中另外一项不孝的罪行则是光绪元年秋天刘氏患病,他"惟庸医言是听。谬用药物不知凡几。受害极深。致胃间永有积寒。背上时常发冷"。对此他总结"臣少时于侍奉礼教未能讲究,致吾亲疾痛寒燠全不知体会,虽偶有病恙亦听其自痊。吾亲亦从不肯言病,此足见贫家日月尽废礼文,而男昏聩无才罪弥天地"①。

梁济把刘氏的病因归结于长年劳作造成的气血两虚,他的叙述选择了在医学和文化上有意义的典型事件,将其穿插排列在对刘氏病情的叙事当中,刘氏是含辛茹苦的寡母,自己则是愚钝无能的不孝子,既没有经济能力使母亲过上衣食无忧的生活,生活上又照顾不周,求医不负责任。他记录了母亲艰难持家的历程——一个在文化中有着积极意义的故事,由此希望自己的诚意能感动上天,使刘氏得到应有的尊敬,并且找到一位医术高明的医者,解除母亲的病痛。

和梁济的叙述一样,日记中围绕父母长辈病痛进行的叙述大多充满愧疚。

---

① 梁济:《侍疾日记》,《历代日记丛钞》,第108册,第117—144页。

姚永概随父亲就任外地时,因为父亲腿酸足肿,甚为忧愁。他奉上狗皮膏和高丽
参汤,又在父亲常坐的位置铺上一层木板以防受湿。尽管已竭尽所能,他还是难
免伤神:

> 乃知无累于身,能安居食贫,率妻子以奉养老亲者,真人世不易得之至
> 乐。如吾家事事不让人,独少此阿堵物,驱而万里,父子兄弟不得相守,为之
> 怃然。

孝道的践行的主要形式多是儿子对父母,但是也可以包括母亲家的亲属。
姚永概的外祖母于光绪九年患寒疾,皮肉消瘦,精神支离。姚永概在日记中表达
了自己的愧疚:

> 七十老人,平日境遇既多忧闷,又无酒肉药物以培养之。及得此疾,遂
> 不支矣。予年幼丧母,只外祖母前庶可稍慰九泉,且幼时衣食颇受抚养之
> 恩。今既无力以奉之,而于一切照应仍不周,至泛若路人,自问此心真同禽
> 兽矣。①

另一位对父母心存愧疚的孝子是翁同龢。翁心存去世前一个月,他就在忧
虑于父亲"每日冲寒入直,不能不虑也"。翁心存总是告诉他"吾气体已衰,且夕
将病",屡次命他草拟遗折,他闻言"意折骨惊,不敢应也"。十一月初二,他接到
父亲病倒的消息赶到家中时,父亲已经神志不清,虽然连请医者数辈,仍于初六
日不治身亡。翁同龢亲自收殓遗体时,"以巾三拭毕,见右股红色一片,盖数日
危坐,仆辈拥护着力致此,而龢等不知也,痛哉!"又亲率子侄以御赐的陀罗经被
裹遗体。从父亲大殓的十一月初九到十二月初五,每天的日记最多只有一句。
十二月初六,他记录了自己的梦境:

> 梦侍大人疾,诊两手脉皆无矣,谕曰:"凡病可治,病中之病不可治,汝
> 何愚耶?"号恸而醒,盖一月中几于无夕不梦也。

次年三月,他夜宿停灵的庙中,哭于灵前,告以筹郎试毕,常、昭解围等家国
可喜之事。"自念一身是病,百感填膺,倘旦暮死,从先人于九泉,岂非幸耶。"连
所见月色也是"初出赤色,渐高,沧凉无光。"日后他又认为当时误以中热作中

---

① 《慎宜轩日记》,上册,第695、144页。

寒,放任医者以参附治之,进一步把父亲的死视作自己的罪过。

同治十年冬,翁同龢的母亲也因百药无效的病情去世,他的日记又多日失记。同治十一年正月初七日,他记梦境:"梦中闻母呼儿,血泪模糊中,但知吾母未死,而吾身之已死也。"当读到《一行集》,曰"忆母如忆佛,忆母不如念佛,以谓大慈摄受,同归净土。"时,他驳斥到"何其言之诞乎! 余谓念佛不如念母,惟愿生生世世不离母侧,不愿往生净土也"①。即使在三教合流的背景下,佛教对净土的追求仍然不能超越儒家对孝道的推崇。

在日记作者的记述中,孝仿佛是永远不可能实现,只能不停地追求的目标,没有人认为自己尽了人子之职,对父母的照顾只有不足,它引发的情感往往表现为愧疚和自责。没有人会把父母的病痛视作父母自己行为不当招来的惩罚,父母病痛缠身是自己的能力不足、经济或者医学知识有限、照顾不周的错误。

除了父母的疾病,日记作者也记录了大量关于家中儿童疾病的内容。天花在清末仍然是一种常见的儿童病,尽管治疗天花技术已经十分成熟,人痘和牛痘技术的使用也在一些地区降低了天花的发病率,对个体家庭而言,天花仍然是一种极为凶险的病症。

道光十九年正月二十三日,从外地归家的曾国藩发现一岁的长子、八岁的妹妹和弟弟叔淳(诸弟中只有九弟号叔纯,应为曾国荃)全部患上痘症,"满妹痘不好,甚危急。叔淳弟初发现,尚好,儿子未发热",他急忙遣人去请医者。满妹的痘疹从一开始就呈现危象,痘小且红,医者称为"子来救母",连用人参、鹿胶,而"痘愈不好",以至于"爬破烂痘,面上血淋漓",见者痛心。二十七日,曾国藩本应出门,已经收拾待发,又顾及妹妹和儿子"痘症险逆,不忍行",只得改期。满妹痘发满面,却不灌浆,药物饮食皆不入口,然而神志清醒。从二十七日夜间起"咬牙战口",至二十八日,情势愈危,"面上痘痂皆指爪爬破,面及颈皆烂,血渍被褥,淋漓不复可视,臭气薰蒸,其实惨极"。此后曾国藩照顾儿子,既顾不上亦不忍心再去看护。二十九日辰刻,满妹死,其年八岁零一百七十一天。临危之际,全靠曾国潢(澄侯)照顾,曾国藩则自责"未尽手足之情"。满妹死后,家人哭

---

① 《翁同龢日记》,第 1 册,第 237—254、264 页;第 2 册,第 901 页。

泣却不敢作声,只恐惊扰了发痘正密,形势正危的叔淳。

长子桢第(曾纪第)之痘同样凶险,二十五日出痘,"发热必三日始现痘为佳,兹仅发热一夜,非吉报也"。次日痘发"稠密异常",二十七日,"痘愈益密,如聚粟满地,无复界限,色紫红"。医者用方清热解毒,夜间腹泻,哭渐止。第二天,孩子已经"不复啼哭,惭昏弱,无生气",曾国藩"心知不可救药,犹冀幸万一"。满妹临死,遍呼家人,唯独不呼桢第之名,曾国藩视此为噩兆,"更知其危"。二十八日深夜服高丽参汤,"只以船小载重,医者刘东屏知其无济,余亦知其将死。是夜四更始睡,余与内人并不能寐"。二月初一日:

> 儿子痘色转白。昨夜泻二次,皆药也。饭后开方喂药,心知无补,尽情而已。巳刻竟死。儿子生十七年丁酉十月初二日戌时,至是一岁零四月。自内子怀孕,未尝服药,生后至今,皆清吉。家祖尤钟爱异常,至是家祖殆难为情也。日晡时出葬,与满妹同穴。满妹与儿子,生时无片刻离身,至是皆以逆症夭亡,痛哉!

满妹与桢第均葬于油麻冲,唯一渡过险关的只有弟弟叔淳,也许是因为年长,他的痘发较顺,到二月初二日"痘渐落痂",逐渐康复①。

相比曾国藩一家,李棠阶的儿女就要幸运得多,他们虽然染上天花最终却化险为夷。在儿女患痘期间,李棠阶一直小心的观察着儿女病情的变化,关注痘发的速度和状态,每当发现那些和自己从医书中读到的"恶证"相符的症状出现时,他就忧惧异常。前一节已经提到身为理学的信奉者,李棠阶将因自己或他人疾病引发的忧惧视为"心随物迁",修养不到家的表现,他时时都在自省所作所为是否逾矩。但儿女患病期间,他却一边自责"爱而僻矣","屡看女,入内谨慎",一边又忍不住每天早晚探视,一有变动,便心意惶惶,甚至彻夜难眠,早上决心"整饬衣履",晚上又感叹"屡看女,谨饬说皇矣"②。

不仅是年幼的子女会面临因疾病夭折的危险,成年的子女也可能因为疾病过早地辞世。同治八年十二月,郭嵩焘之子郭依永突然病倒。起初只是上颚肿痛,徐姓医者以凉药投之,反而加剧。郭嵩焘开始不以为意,只是认为病情不重,

---

① 《曾国藩日记》,第4—6页。

② 《李文清公日记·三》,《历代日记丛钞》,第42卷,第497—517页。

嫌用药过凉而不满于徐姓。后友人听堂来访，称病实为"大寒症为虚火所掩"，凉药不可用，于是改进姜桂二帖。至十二月初三夜间，病症加剧，"乃始茫然，竟夜不能睡也"。此时方知所谓上颚痛其实是喉痛，初四日专程请喉症专家高家坊医生黄百万来诊治。日记中未提是否请来，只知道病者当日亥刻气绝。"始终神智清爽，无谵语亦无呻吟声"，"忽语侍人，欲一起坐，侍人扶掖以起，而气遂绝"。由病至死不过几日之间，儿子死后，郭嵩焘在日记中写道"吾至今三日犹如梦寐也"，初四后的日记，均为初七日成服后补书，"至［自］簏儿始卒至今，吾心为之摧，泪亦为之枯矣"①。

孝在家庭关系中的地位如此重要，对儿女晚辈疾病和死亡的叙述也会围绕孝展开。父亲们会为了避免加剧祖父母的悲痛而努力克制自己丧子的悲伤，不仅曾国藩担忧儿子死后"家祖殆难为情也"，姚永概在幼子夭亡后就"强以大化自排遣，恐伤堂上心也"②。相比年幼的子女，成年子女，特别是儿子的死，往往带来更大的悲痛，因为他们的死亡可能就意味着后嗣的断绝，这恰恰是最大的不孝。叶昌炽的独子去世时，他哭诉"冢嗣倾亡，楹书无付，先大夫一脉从此竟绝。如不佞者，上无以对先人，下无以对逝者，中无以见亡弟，不禄之身，愧然待书，即谓同绝命于此时可也"③。常年吐血的安孙让翁同龢忧虑不已，"余以颓病而意境如此，读书种子由我而绝，天乎人哉？"安孙之死也断绝了翁同龢的后嗣，"此事余在意中，故不甚惊痛，十年心力付之一哭而已，两代孤嫠，惨不忍言，余之不慈何以致此耶"④。

因为没有来自礼法的支撑，日记作者们在表达儿女死亡带来的悲痛时时常表现的比较克制，更多的委之以命。父母的死亡是自己的照顾不周，儿女的疾病和死亡则是上天对自己罪行的惩罚。尽管有这种观念的存在，郭嵩焘还是在儿子死后悲愤满怀的感叹自己一生"一切应人接物，每从退一步自处，不敢有所过为"，然而不但同僚"时以陵厉行之"，甚至掌管疾病的鬼神也"群起而欺陵之"：

① 《郭嵩焘日记》，第二卷，第569—571页。
② 《慎宜轩日记》，上册，第209页。
③ 《缘督庐日记》，第4册，第2456页。
④ 《翁同龢日记》，第3册，第1407、1585页。

喉痛,恶症也,有厉鬼司之,先后病者数辈,既杀吾子,又戕吾女,而此子女者皆极老实可怜,何为□有此? 使吾家尚稍有气势,不至沉沦,天地神明何至以此相加耶? 此非独吾德之不修,吾一家其不复能自振矣。归后书此,使吾子孙见之,知吾一生之艰辛也。①

疾病是作者的妻妾等女眷们现身于日记的主要之一原因,相对于其他家人,日记的作者记述自己妻妾疾病的心态要复杂一些。光绪十年正月初八,姚永概的妻子本来打算在当天回娘家拜祖,因为大雪只能改到初十,"嗣愉因怨恨涕泣,气疾小发。"如果仅仅是因为回娘家改期似乎不足以引发如此强烈的不满,但姚永概并没有透露更多的细节,只是抱怨妻子:

在家不常遇拂意事,故小不如意,几如人所不堪,殊不知人生岂能事事如意,况在妇人尤宜平心和气,顺从而已。父母固当思,然既出门,岂得同在家时哉。从古妇人未闻有常归省父母遂称贤孝者,惟孝舅姑、敬夫子、和娣姒即所以孝父母也。嗟呼,此义在今之妇女孰知之哉。予本欲得一贤妇助我,今嗣愉虽不大悖,终不能浃于我心,而吾又无刑于之化,可叹矣。

光绪三十年,他以事怒责妾室顾姬,"姬涕泣终日不食,经内人劝谕四五,至夕忽得狂易之疾。"此后竟昏迷不醒,医巫并进,三日始苏②。民国五年,叶昌炽训斥其妾刘氏,并以七出威胁,"刘姬郁郁不得志,肝疾发,饮食锐减,呕吐憔悴。"叶昌炽虽然承认"此诚催抑之稍过,然纵之牝晨之鸣,又何可长也。女子难养,至言不刊"③。男性家长将妻妾的举动视为自身治家的不足之处,他们没能成功的训诫本来应当被置于管理之下的女性,家庭内部的地位差异显现在作者们的笔端。这些女性病患们相似的症状也许并不是一种巧合,她们在于地位较高的家庭成员的冲突中处于弱势,病痛成为了一种反抗形式,卧床养病的合理行为和病患的身份提供了一种消解对方权力的途径。

叶昌炽转述了一段来自女性自身的病痛叙事,光绪二十四年,独子去世后叶昌炽纳一名陈姓女子为妾,意欲延续香火。陈姬进门不久即病腹痛,"陈姬告余

---

① 《郭嵩焘日记》,第二卷,第 577 页。
② 《慎宜轩日记》,上册,第 157 页;下册,第 918—919 页。
③ 《缘督庐日记》,第 12 册,第 7689 页。

云,父母早殁,寄食姊家,备受折磨,郁郁而成此疾,当是旧恙复发,并受新热也"。新纳之妾甫进家门既患病,陈姬也许担忧疾病会激起男主人的厌恶,她的叙述把疾病归因于幼年时凄凉的经历造成的痼疾,并赋予叶昌炽使她脱离早年生活环境的拯救者的身份,从叶昌炽日记中的转述她也确实博得了同情。这并非评价陈姬的叙述是谎言或者有夸大的成分,她的身世并非虚构,以此解释病因也可能是她真实的想法。她的叙述表明了她对自己处境和地位的自觉①。

病痛叙事中的家庭生活往往是不理想的,可能是与家人远隔的思念,可能是面对不完整家庭的悲伤,也可能是对不听指挥的家庭成员的不满。道光二十二年七月,独居乡间的翁心存身边家人接连患病,妻子女儿病疟,长孙翁曾文发热不止,只得进城就医。中秋日,得家书知长孙"服药后仍时热时止",又听闻河堤漫口,漫口百余丈,修筑经费不赀,"僻处穷乡,意致萧索,老亲愁闷,病妻呻吟,儿辈复多不在此,只与小儿女相对中秋令节,未有凄绝如今年者矣"②。翁同龢同治十二年病重吐血,医药均有侄儿照顾,他自叹"微疾而令侄妇辈供药物,毋乃劳乎"③。既感激又流露出无嗣的现实带给他的遗憾。照顾病患也能成为家庭矛盾的导火索,李棠阶之父病肿服药,"一女仆将父亲二料药误扑去,因怒斥妻妾辈不留心照管"④。在叶昌炽晚年的日记中,他时常抱怨妾刘氏和寡居的儿媳杨氏毫无持家能力。儿媳杨氏在抱养的孙儿清和病重之际执意要回娘家,尽管理论上作为公公的叶昌炽应当有权威管束,但他却只能眼睁睁看对方扔下病儿"飘然行矣",自己只能在日记里抱怨。叶昌炽临终前几个月,他对妾室刘姬的不满达到了顶峰。民国六年,他连病三月,时时昏迷,死里逃生之后回忆病危之际,"茗饮汤药,惟龚孺人(邻居)是赖,房中一蠢婢,沉湎于酒,醉后酣睡,不知侍疾为何事。有时虽徘徊病榻前,疾首蹙头,如奉桎梏,亦惟孺人能规导之。"病中依赖外人看护的境遇一再提醒他自己年老无后的悲惨处境。在他因为腹疾大便失禁,弄脏衣裤时,"刘姬蓄愤已久,至是发于声征于色,若榗楚在手,击破老

① 《缘督庐日记》,第 5 册,第 2668—2669 页。
② 《翁心存日记》,第 2 册,第 547 页。
③ 《翁同龢日记》,第 2 册,第 971 页。
④ 《李文清公日记·一》,《历代日记丛钞》,第 40 卷,第 384—385 页。

头皮矣!"①其实他从前日记中也不乏对刘姬的称赞,刘姬对他的照顾或许并没有他说的一样不堪,只是他年老无后的状况使他感到姜室有恃无恐,加重了他的愤懑不满。

三 社会生活情境中的病痛

病痛叙事也常常与举业、公务等方面的社会活动相联系,这些活动可能是引发的病痛原因。比如夜间"眼蒙殊甚",可能是偶然一次"会客说话太多而夜间又多写细字"导致,也可能是长期披阅札稿,用心劳伤的结果。曾国藩在同治五年夏季时常自感乏困异常,看书会客皆勉强从事。七月风寒初愈,又因为终日核批札稿,"自觉太劳,登时发热,病加重",夜间至四更始成眠。十月又患腰疼,病因被请来诊脉的祝爽亭解释为"腰疼,因用心劳伤,心肾不交,病在本源,非骤感风寒者"。至十一月腰疼仍不愈,"治事太多,用心太劳",便"疲乏之至,腰疼心亦疼"。同治六年八月,他又一次提到"夜核批稿各件,二更后毕。劳困殊甚,心着粉碎,气苦不能接续者"②。袁昶担任江宁布政使期间,在日记中自言:

> 自南来至芜湖,久作疲吏,夙患怔悸之疾时发,人事掯迫,昼不甘味,夜少佳眠,连夕又发病。

> 每日人事坌集,所晤对多俗客,无一胜事可以游目骋怀。此予致病根由也。

一日他突然顿悟"此地乃繁缺,予才短,故为事困,诀求上司量迁一简缺,或可藏拙曲全"③。在他看来职务的忙碌已经使他有了性命之忧,袁昶的日记是他日后删减结集而成,因而并不清楚他当时是否还面临着其他危机,只能看到他试图以健康为理由推掉令他身心疲惫的职位。

---

① 《缘督庐日记》,第10册,第6492—6493页,第12册,第8057、8069页。
② 《曾国藩日记》,第425、1287、1310、1317、1406页。
③ 《毗台山散人日记·六》,《历代日记丛钞》,第73卷,第308页;《毗台山散人日记·七》,《历代日记丛钞》,第74卷,第74、82页。

为了功名仕途,文人常常发现自己不得不踏上艰难的旅途,面对异乡为异客的处境。旅途中可能遭遇恶劣的天气常常被视作疾病的诱因,光绪六年四月粟奉之赴会试途中恰逢"天气蒸溽异常",以至"触暑感气,疾腹泄,数如厕"。赵亨钤于道光二十四年六月率领押运船队沿江而下,湿气上腾,蒸热难耐,"闻各船皆有病疟者。上炎下湿,百病乘虚,客边尤宜持重"①。

客居他乡时面对的陌生环境,无论是气候还是生活习惯,也被与疾病联系起来。方土和体质、疾病的关系在《内经》中就已经提出,元代以降,医家的方土观念逐渐从内经中的术数方土观转为实际观察地理后的结论,主流医学中形成了南北或西北东南的二分法,并由此衍生出与前代不同的疾病分类、病因概念与疗法。明清医家普遍认为南方人禀赋较弱,南方水土卑湿容易引发疾病,北方水土深厚,人强壮。对南方水土致病的看法使医者将注意力集中在南方的环境上,在后世甚至演变成温病学说的思想基础②。在日记中可以看到明清医家的观念成为被广泛接受的认识,道光二十二年正月,随曾国藩来京的曾国荃忽然发热畏寒,遍身骨节痛,胁气疼痛,曾国藩请同乡郑小珊来诊治,断为时疫:

> 小珊云凡南人体素阴虚者,入京多患此症。从前彭棣楼夫妇皆患此症,罗苏溪、劳辛阶、郑小珊、周华甫亦曾有此病。男庚子年之病,亦是此症。

在他写给家人的信中将这次所患之病称为"时疫",按照郑小珊的解释,这是一种初来京城的南方人很难避免的疾病,原因在于南人"阴虚"的体质③。同治元年,面对患染上霍乱的仆人王升,翁心存猜测"盖王仆南人质弱,又贪凉喜冰,积阴久伏于内也"。他首先想到南人体弱的观念,随后或许是意识到自己全家都来自南方,却不染病,又补充上王仆"贪凉喜冰"的习惯作为完整的病因解释④。

但是异乡的风土未必总有害,光绪二十五年,叶昌炽从故乡把妻子接回京城,因为久治不愈的肿症,妻子已是"面色浮瘠,肿及腰膝,腹中咯之有水声",这

---

① 《铅差日记》,《历代日记丛钞》,第47卷,第249页。
② 梁其姿:《疾病与方土之关系:元至清间医界的看法》,《面对疾病——传统中国社会的医疗观念与组织》,第217—251页。
③ 曾国藩:《曾国藩家书》,北京:中国致公出版社,2011年版,第12页。
④ 《翁心存日记》,第4册,第1759页。

些水肿的症状在叶昌炽看来,"北方天气高燥,调理或可复原"。显然他认为就妻子的病症而言,北方比起潮湿的南方更利于调养。干燥的气候有利于水肿症的治疗展现了一种关于方土和疾病非常直白的思维方式。光绪三十二年,叶昌炽卸任还乡后搬入苏州皮市街的一个小院,没过几天妻子便罹患腹痛,胸脘胀闷,气促不舒等症。他推索致病之由,认为"由于离苏既久,故乡水土转非习惯,既苦暑湿,又以楼屋靓深,庭院狭小不通空气,眠餐皆失其常度,时时痛哭,无法以慰解之"①。水土不服至今仍旧是中国人常用的表述,人的体质与其生活的区域密切相关,但人也可以逐渐适应他乡的方土,而体质也会随之改变。

但是客居他乡的人们对病痛的述说未必仅仅基于医学的风土观念。同治四年十月,郭嵩焘广东巡抚任上罹患粤俗所称"闷痧"一病,浑身疼痛,当地的治法请老妪以针刺出血。他感叹"粤中风土奇幻,病症治法,皆属奇异"。病中数日不食不睡,"为生平所未经之病症",夜间辗转难眠得诗一首:

> 岭表三年事事乖,无端枨触上心来。
>
> 寒蚊绕榻冬逾猖,病眼支更漏转催。
>
> 肺附全教真相变,疮痍先为一身哀。
>
> 大言自合干天忌,眠食于今竟两裁。

诗中以小字注出"始居粤而觉起居、饮食、宜忌、寒热均格不相习,久而觉在己之肠胃肝肾,竟亦不自能揣量也"②。郭嵩焘接任广东巡抚之后,先是与本来支持举荐他的总督毛鸿宾日渐交恶,又与接替毛鸿宾的瑞麟势如水火,加之为政操之过急,处处遭人攻讦,他所言"事事乖",恐怕不仅仅是饮食起居的问题,病痛只是他居官广东所遭遇的种种挫折之一。

同样是因为官场公务而患上的疾病,盛宣怀的叙述中则不见悲苦的意向。光绪三十四年,他因久治不愈的肺病赴日本求医,他在游记中记录了自己患病和病情加重的过程。他说肺病起于光绪四年"河间府放振,受疫气发呕,自此稍触秽臭,即呛吐"。光绪十五年,开山东小清河,"河成而痰饮中于内矣"。光绪十七年,验收河道之日乘船入东海,遇大风,"进退不得,浪从顶灌,危在呼吸"。获

---

①《缘督庐日记》,第5册,第2872页。

②《郭嵩焘日记》,第二卷,第315—317页。

救之后"患湿温之症，半月未能退热"。次年调任天津海关，入冬辄作，饮服温补剂即愈。光绪二十一年就医上海，此后六年不发。是时兼综路矿轮电银行学堂，"南北奔驰，刻无暇晷"。庚子年"办理东南保护，以迄和议，沪上为中外各省一大枢纽，夙夜不遑，寝食俱废"。虽如此奔忙而旧疾不作，直到光绪二十九年患喉症，"是秋，奉讳咯血数次，从此不能进温剂"。光绪三十年因为外伤，牵动痰饮，"然自此无年不病，而衰且惫矣"[1]。他自述肺病久治不愈源于数年来一次次的病症的累加，其中有受疫气的呕吐，痰饮、湿温之症、囊痈、喉症、咯血、外伤和发烧，这些单独的疾病是否和眼下的肺疾有真实的联系尚且不论，他将自己任官以来所取得的成就和疾病的发展联系在一起，使病痛由此具备了鞠躬尽瘁意义，潜在的读者可能会称赞他的辛苦并同情他的病痛。

疾病在文人官僚的社会活动中还可以用作借口，藉此逃离艰难的处境。林则徐在道光二年写给刑部尚书蒋攸铦的信中说道"从来引疾乞身，本多假托，推求其故，必有隐情"，他承认自己当初的病情不足以开缺，并赞美蒋攸铦洞鉴真相，又不忌克排挤。他接着又解释当初确实有病在身，但更根本的原因则急于还乡照顾病情危急的父亲，"惟乞病乃可离任，惟离任乃可驰归"，实为不得已之举[2]。自身的疾病正当性不足时，可以近一步借助孝道获得他人的理解和支持。叶昌炽于光绪二十五年，以"亡儿化去，名心灰尽。中岁即有奔豚之疾，目经忧患，愈益支离。每发辄气火上升，达旦不寐。日旰尚未能起。日食勺末，而药饵无一日可离。……如以滥竽充数，必至贻误云云"。为由辞去学堂馆的职务[3]。民国四年，他也以"衰病余生"拒绝出任江苏省立图书馆馆长的职务。虽然他当时确实多病，但不难猜测出对民国的反感才是他拒绝的真正原因。宣统三年，任安徽师范学堂监督的姚永概试图辞去职位时，拿出了旧疾复发，难以支持的理由：

> 发时倒地人事不知，非一二钟不苏，必十余日乃复旧，十四岁后遂绝不
> 发。去年秋间头时岑岑，深以为惧，此次忽大发，疲顿不堪。自念羸躯万不

① 盛宣怀:《愚斋东游日记》,《历代日记丛钞》,第 138 卷,第 457—460 页。
② 林则徐:《林则徐书简(增订本)》,杨国桢编,福州:福建人民出版社,1985 年,第 3—4 页。
③ 《缘督庐日记》,第 5 册,第 2837—2838 页。

足再任繁剧……医云非静摄久之不可,决不宜过事劳剧。默念师范责任重大,数年以来仰承教督,幸能毋大陨越,然已竭蹶万分。此次病后,自问万无能再任监督之理。若不自量,必致覆败并故步而失之,既负桑梓,更负知己。①

叶昌炽的喘疾有日记可佐证,姚永概所说的眩晕在日记中却几乎没有提及,当然总有病重失记的可能,究竟是否假托也只有他自己才知道。借助维护生命和健康采取行动的正当性,疾病具有了一种具体的社会功能。

同治三年三四月间,曾国藩在给曾国荃的信中除了战局公事,仍然不停劝告他肝气作乱,非药力能及,"必须放心静养,不可怀忿恚气,不可提心吊胆,总以能睡觉安稳为主"。四月常州、丹阳克复,唯独金陵战事仍无把握,曾国荃来信称"肝病已深,痼疾已成,逢人辄怒,遇事辄忧",曾国藩又回信劝说:

> 此病非药饵所能为力,必须将万事看空,毋恼毋怒,乃可渐渐减轻。蝮蛇螫手,则壮士断其手,所以全生也。吾兄弟欲全其生,亦当视恼怒如蝮蛇,去之不可不勇。

在写给曾国潢的信中,他也流露了对曾国荃的担忧,"沅弟忧灼殊甚,肝疾颇深,余常常以信解之",意在请曾国潢也帮助劝解曾国荃。他还试图以曾国荃的健康状况为由,说服他接受李鸿章的援军:

> 惟金陵持久不下,以吾弟平日之性情,恐肝气之病,愈积愈深。
>
> 昨日寄信一件、咨文一件,拟请李少荃来金陵会剿,千思万想,皆为恐弟肝病日深起见。不请少荃来会剿,则恐贼城相持太久,饷绌太甚,弟以郁而病深。请少荃来会剿,则二年之劳苦在弟,一旦之声名在人,又恐弟以激而病深。故展转踌躇,百思不决。此次将咨与函送弟处自决。弟之声名,即余之声名也,弟之性命,即余之性命也。二者比较,究以保重身体为大,弟自问身体足以久磨久炼,则余自放心矣。②

在这些信中,他极力向曾国荃解释自己一切行为的目的都是为了兄弟的健康着想,肝疾和愤郁的因果关系是不容辩驳的,而相对于建功立业、保全身体则

---

① 《慎宜轩日记》,下册,第1183—1184页。
② 《曾国藩家书》,第204、377、380—381页。

具有更高的正当性,也巧妙的避免了直接指出天京久攻不下可能给家族带来的政治风险,从而招致曾国荃的愤怒。天京城破之后,曾国荃的健康状况也为告病开缺回籍提供了一个无可非议的理由,虽然实际上躲避政治灾祸的原因才是日后被强调的。疾病的社会意义之一,就是提供一个正当的标签,掩盖那些无法明言的原因。

结语:病痛的社会文化意义

尽管对许多前文提到的日记经常为研究者所用,关于疾病的记载却很少被提及,或许因为疾病是一种过于常见的现象,或者因为疾病只是突发的意外,总之不值一提。作为研究对象时,也往往因其医学价值而被注意。但是关于病痛的表述并不止与医学有关,文人生活的三个场景中病痛的表述传达着不同的意义。

对个人而言,病痛的记录表达了身体感受到的痛苦以及日常生活受到的影响,在这一层面上病痛的记录可能仅仅是单纯对某一天短暂的不便的记录。病患在描述病痛感受时会使用诸如"心火""龙雷之火"这样从医者或者书籍中得到的医学知识。许多日记中都提到了当时主流的医学书籍,使用医学词汇描述自己的病痛感受说明普通的病患也会从书籍和医者那里学习医学知识,一定程度上体现了医学对普通文人认识的影响和知识流传的广度。严重的病痛除了带来身体的痛苦,还会激发更深层的忧虑,比如对衰老和死亡的恐惧,以及随之而来的个人理想未能实现的挫折感,对现实处境的不满。病痛也可能借助理学的思想转化为自我超越的契机,李棠阶这样的理学家并非否认疾病的存在,他想要否认的是病痛对人产生的消极作用。人因为病痛而感到的倦怠和恐惧是心性约束不够,想要以病为借口"偷闲养安"是可耻的行为,这就是说放松自我,进入"病患角色"是意志薄弱之人想法,疾病虽然是真实的,病痛却是可以靠心性的修养克服和超越的。理学思想的情境中克服病痛成为自我完善的途径,苦难因此具备了积极的意义。但是同时也意味着,如果因为病痛而表现出痛苦,则是自我修养的缺陷,需要引以为戒,病痛也因此而道德化了。病痛道德化的另一层面体现在疾病被视作惩罚的观念,无论是因为个人日常行为的适当,还是因果报应,疾病都是咎由自取的结果,需要个人自我反省,疾病就成为一种道德训诫。

日记作者对家人病痛的书写则展示了生活中家庭关系的细节,与今人想象中儒家观念下的理想家庭不同,日记的作者们时常面对的却是家庭生活的种种不如意。对父母长辈病痛的记录,传达了他们因为经济条件或其他原因无法尽孝的困扰,长辈的病痛被书写为人子的失职。他们还不时要为了子女的疾病担惊受怕,求医问药,在最糟糕的情况下,还要面对子女的夭亡,甚至绝嗣的悲剧。而这些结果又构成了对孝这一家庭核心价值的威胁。家庭中的妻妾也有各自的心思,并不总表现的如同儒家理想中的女性形象,甚至有时根本不履行自己照顾病患的家庭义务和性别角色。男性家长固然有不容置疑的权威,疾病则提供了一种消解权力的手段,通过卧床不起的病患这一角色,她们使丈夫的权威无法有效的发挥作用。文人在日记中抱怨家庭成员,展现了过去家庭生活中的细节,可以看到儒家伦理对家庭的要求并不总能得以实现的。

文人的社会生活,比如为仕途而奔波,为公务而劳碌都可能成为疾病的起因。当疾病和仕途的挫折、家庭的不幸、客居他乡等等文化中悲凉的意向结合在一起时,它既是诸多人生不幸遭遇的一种,又是苦难摧残人造成的后果——毕竟有什么能比因为生活的压力而身染重病更能说明一个人处境的悲惨程度呢?通过疾病,生活中的挫折直接被表述为可以实实在在对人的生命构成威胁的伤害。疾病不仅是身体的不适,也是被社会文化认可和同情的悲惨处境,疾病故事的讲述者由此使自己的遭遇获得了社会的认同,从而获得社会生活中的某些方便,比如躲开官场上潜在的风险。凯博文注意到在中国,传统文学更多的通过对场景、氛围的渲染表达情感,而非直接抒情,这样的文化传统决定了中国的精神疾病(抑郁症)患者更倾向于使用身体语言(神经衰弱)表达个人和社会的痛苦。他将之称为“躯体化”,认为这一现象广泛存在于非西方社会中①。日记作者对病痛的书写在一定程度上印证了凯博文的观点,也说明将疾病作为表达方式并不

①　凯博文:《痛苦和疾病的社会根源——现代中国的抑郁、神经衰弱和病痛》,上海:上海三联书店,2008年,第49—52页。

仅仅局限于精神疾病领域,而是中国传统病痛叙事的显著特点。这样的表达方式在文化和艺术的情境中是最形象和生动的,最能引起他人的共鸣和认可。

当然尽管本文为了叙事的方便将疾病发生的情境分成三种,在日记作者的实际生活中这些情境往往是交织在一起,同时产生影响的。通过将日记中的病痛记录与其背景结合来分析,可以看到除了医学的解释,疾病对于不同处境下的个体有着不同的意义。当我们了解到疾病的社会和文化属性,不仅将其视作生理现象,就可以通过对疾病的研究打开了解过去社会生活的另一个角度,通过分析病痛叙事背后的含义,观察宏大的价值观如何影响人的日常活动,不仅深化我们对疾病本身的理解,而且加深对它发生的社会文化背景的理解。

身体经验与消费文化

从镇静到补养的救赎

——民国时期新医药对纵欲致病的医疗史

皮国立*

一　前言

1947 年,医史学者陈邦贤出版《休息与节欲》一书,提出各种欲望对人体之害与节制之道,他指出:性欲之节制,是"最普通最重要的"。人有各种嗜欲,本不足怪,但所谓"性欲冲动",是最危险且伤身之事。陈认为,早婚将导致过早伤害到身体之精力,故必须加以限制,最好能 20 岁以上再结婚。不过,早婚事小,"性欲过度"却比早婚更为伤身,他说:"性欲狂的发作,竟可任情荒淫无度,或者竟用手淫、器淫、其他接体淫等方法,以泄其欲。"而生殖器之受伤,最直接的伤害就是神经中枢之伤害,例如神经昏乱、记忆力衰弱,精神恍惚,歇私底里以及其他脑髓疾病,这与西方在 19 世纪以来一直认为手淫与罹患各种神经衰弱、精神疾病的认知是一致的;①另外就是心悸、血管萎缩、下肢挛缩、股关节炎等症候;当然,不孕或子嗣之孱弱,同样遗害甚深②。陈的呼吁,成为本文最重要的开场白,本文定义其为纵欲致病,并随着带出一连串问题意识。

首先,欲望有很多指陈,例如食欲。但无论讨论"禁止"(带有节制的意味)

＊ 台湾中原大学通识教育中心副教授。

① 让·史坦杰尔(Jean Stengera),安娜·凡·奈克(Anne Van Neck):《自慰:恐惧的历史》,台北:边城出版,2006 年,第 7、8 两章。

② 陈邦贤:《休息与节欲》,台北:正中书局,1958 年,第 61、63—65 页。

或另一面"放纵",都必须对论题加以聚焦;本文锁定的纵欲之病,即指放纵性欲所导致的种种疾病。从民国时期的论述来看,因纵欲而导致体内精液流失而患病的中国人实在太多了,一则药品广告的内容声称:"全世界的青年每年死于这病(遗精)的,要占着一个很大的数目。可惜中国没有一种死亡率的统计,如果有了的话,我们中国人每年死于这病的,也许会发生一个很惊人的数目。"①一般说来,透过"节制"来达到禁欲的目的,绝对是讨论这类问题的重要面向;②然而,笔者发现民国时期的报刊论述中,许多纵欲病人已是"悔不当初",身体已呈现百病齐发之状态③。关于当时的"纵欲"致病,西医多以"性神经衰弱"一词来加以解释④,而与传统中医的类似疾病产生汇通,例如解释性神经衰弱就是"肾亏",导致的原因就是"纵欲",又称"性过劳"等;⑤或言男子先天不足、发育不全、斫伤太早、淫欲太过等,皆易导致阳萎早泄等"性神经衰弱"之病,严重时甚至影响生育功能⑥。西医俞凤宾在回应"肾亏"病人时还指出:男人在少年时,多染上斫伤之恶习,但娶妻之后,若能分床而卧,房事自行节制,则身体渐能复原。他认为人之遗精属于病理性的并不多,多数人都是正常的,真正的"肾亏"必须"化验小解(笔者按:小便),乃可断定"。那么,为什么民国时期许多青年都因染上肾亏、阳萎、遗精等病而恐慌不已呢? 俞解释此乃报章劣等广告要引诱病患购

---

① 楼浩:《遗精病与实验保肾固精丸》,《通商报》,1935 年第 36 期,第 15 页。

② 静观生:《参证〈曾文正公日记〉》,《养生丛录》,上海:上海科学技术文献出版社,2013 年,第 59 页。

③ "纵欲"致病的脉络,笔者另有一篇文章加以交待,特别排除了民国初年颇为常见的性病、梅毒、淋病等问题,而主要以传统中医的肾虚、遗精、阳萎等疾病与西医的"性神经衰弱"之间的对比分析为主,这样更容易聚焦,而且可以发现此类药品的许多共通性与当时问题之所在。参考笔者:《性欲与养生——民国时期中西医"节欲"的身体观》,第十届科学史研讨会,台北:中研院人文社会科学馆,2014 年 3 月 29—30 日。

④ 有关"神经衰弱"与民国时期精神病的历史,王文基做了大量有关这方面的研究,给予本文不少启发。他也梳理了很多西方研究,可参考氏著:《心理的"下层工作":〈西风〉与 1930—1940 年代大众心理卫生论述》,《科技、医疗与社会》,2011 年第 13 期,第 15—88 页,以及《预防、适应与改造:民国时期的心理卫生》,祝平一主编:《健康与社会:华人卫生新史》,台北:联经,2013 年,第 237—257 页。个案的实证研究,参考《知行未必合一:顾颉刚与神经衰弱的自我管理》,祝平一编:《第四届国际汉学会议论文集:卫生与医疗》,台北:中研院,2013 年,第 65—99 页。

⑤ 郭人骥:《性神经衰弱(即肾亏)的本相病状和治疗》,《长寿报》,第 4 卷第 10 期,1935 年,第 187 页。

⑥ 公玄:《壮阳药与生育》,《家庭医药》(上海),第 2 卷第 15 期,1934 年,第 10 页。

买秘制药品,以中饱其私囊之诡计,切勿上当①。归纳前论,对青年罹患纵欲疾病之解读,出现若干矛盾之论述,后者讲的是一种广告塑造之效应②,这其实牵涉到民国时期补养药物之谜——药品与身体观的知识互动,本文即欲分析这类药物背后的社会文化脉络与当时患者的心态。

总之,一旦到了发病时期,单靠日常的禁欲举措,恐已缓不济急,故谓肾经亏虚、养精寡欲乃保养之道,但也要积极寻求治疗,还是必须要乞灵于药品之帮助③。当时药商更推波助澜,指出:"阳萎不举及色欲不振之原因有很多种,过去医家遇此种病证多用性心理疗法,但收效甚寡,遂认此病为难治之症。"又言:近年医家研究男女色欲衰弱之病,多数是由于纵欲或其他原因导致的"体弱",须以药物疗治为最佳④。故本文主轴乃针对当时报刊上的药物加以分析,来探讨当时药品治疗纵欲致病之策略。必须在文初就加以定义的是:本文分析主体是新药、西药为主,但还是会加入一些中医药的相关论述,透过这样的对比,可以了解中西医身体观与疾病论述的汇通之处,并可辅助读者对当时患者思考之理解。其次,本文分析药品背后所呈现的疾病身体观与药品文化之关系,是追求一种保卫生命的层面,而非统计个别药物广告之数量或去比较当时实际疗效之情况;分析主体乃报刊上之资料,而非针对医书,这样才可以比较清楚一般民众所接收的讯息为何,而非仅止于医学上的分析。若牵涉到医学理论,则仍会举一些医者的论述来加以说明。最后,本文不仅分析镇静和补养新药物的科学话语与宣传,还要研究当时人们对该类药物之看法,有无使用药品上的担忧之处。由于情欲之事涉及个人隐私,很多人选择避而不谈或径自选取药物来服用,除了增长这类药物的销售量外,也增添了这类药物的神秘性,大力倡导"性欲卫生"的西医俞凤

① 俞凤宾:《性欲卫生论丛》,上海:商务印书馆,1925年,第40页。

② 张仲民做了相当多这方面的研究,至少有《晚清上海药商的广告造假现象探析》,《中研院近代史研究所集刊》,2014年9月第85期,第189—248页。以及《晚清中国身体的商业建构——以爱罗补脑汁为中心》,收入《新史学(第5卷):清史研究的新境》,北京:中华书局,2011年,第233—263页。

③ 陈存仁:《通俗医话》,收入陆拯主编:《近代中医珍本集——医话分册》,杭州:浙江科学技术出版社,1994年,第1010页。

④ 乃士:《壮阳新药论 Zur medikjamentoesen Therapie Sexueller Funktionsstörumgen》,《天德医疗新报》,第1卷第3期,1927年,第15页。

宾认为：人若不知节制，则为性欲之奴隶，志气事业消亡，为祸匪浅；世间"误服
壮阳、广嗣、固精、补肾之药者，时有所闻。"他谈到有一苏州教育家曾说："今在
火车中，欲破岑寂，乃阅某日报中之广告，见所谓包治花柳，壮阳固精，以及劣等
出版品，一一计之，凡一十七见，是皆导淫之广告也，吾青年何能容受之？"俞的
话又显示，壮阳、补肾的观念是负面的；①亦即药品之疗效乃科学问题，但大家羞
于启齿，药商又夸张疗效，扩大想象空间，所以才会衍生一种"治疗纵欲的补养
药品之谜"般的质疑。应该如何解读，当时的患者担心或期待什么？本文也将
尝试回答这一层次的问题。

二　传统中医的看法与治法

身体内精液（气）的丧失，对传统中国人而言是莫大的身体伤害，所有一切
纵欲疾病的基础，都基于这个道理，无论是早泄、遗精、早婚、过度性交，还是手
淫，这些被视为一种病机，其实都和"失精"有关。传统中医自有一套对遗精、梦
遗的看法，例如"遗精一症，系色欲过度、精神衰弱而发"②。体内过多的精液流
失，牵涉到"阴虚"这个体质概念，基于阴阳学说，阴虚的反面就代表身体容易阳
亢或火动。什么是"火"？与该类疾病最有关系的就是属于心的君火，"君火一
动，则相火随之"，故导致阴精离位、泄精。而且中医的"肾"主闭藏，不欲外泄，
一旦精气外泄过多，则基于五行学说，肾之子"肝"就会肝阳上亢、肝风上扰清
窍，故肾（阴）亏之人，就容易头昏脑胀、眼目昏花、健忘等，这些症状在民国时期
很多广告内都有论述③。但民国中医已认为，偶尔的遗泄并非全然是一种疾病；

---

① 俞凤宾：《性欲卫生论丛》，上海：商务印书馆，1925 年，第 34 页。
② 黄国材：《治疗顾问：答守一氏问遗精症治法》，《绍兴医药学报星期增刊》，1920 年第 13 期，
第 7 页。
③ 史介生：《治疗顾问：答甬江张则经君问遗精梦泄治法》，《绍兴医药学报星期增刊》，1920 年
第 39 期，第 7 页。

这对中医而言,其实是吸收西医知识的结果①,例如王治华、胡齐瑞指出:"康健之体,气盛精旺,淡色欲,节房劳,其有偶然一遗者,非病也,乃盈满而遗也。若每夜一遗,或三五日一遗,致疲劳倦怠,耳鸣头眩,则病矣。西医有生理病理遗精之分,而病理遗精,则又有有梦、无梦之别,与中医之说,实相吻合者也。"这两位中医比较了中西医对遗精的看法,认为有许多相通之处,例如:"中医之论遗精,不外有梦、无梦、湿热。以有梦为心病,无梦为肾病。湿热为肝经下注病。西医则曰神经衰弱,脊髓中枢神经衰弱,局部疾患、邻近疾患三者,细绎其理,中西可相通者。"其中第一项西医所谓"先后天神经衰弱"或"贫血而兼衰弱",在中医皆属"无梦为肾而遗也",在中医又称为"虚劳"病,有"精自出"、"亡血失精"等病因②。

而心与脑的争议,本为晚清以来中西医论争中的大问题③。但是到了民国时期,西医已证实脑主控神经,而且心也有神经控制,这使得原来中医的君火、相火之间的关系得到印证,如谓:"大凡人之见美色触于目,即入印于脑,而起淫思"、"脑筋通于心,而(心)君火摇,(肾)相火遂因之而炽。"所以纵欲的问题,透过对神经(脑筋)的理解,将传统中医的心、脑、肾之功能与彼此间的影响串连在一起,这与当时人认为纵欲疾病总是与神经、心、脑、肾之疾病有关,并非巧合,是透过从晚清以来持续到民国时的论证与病症之间的逐步对照,才得出的结论④,

① 遗精在中医论述中就是一种疾病,它带来许多身体不适之症状,可参考张哲嘉:《为龙体把脉——名医力钧与光绪帝》,收入黄东兰编:《身体·心性·权力:新社会史(第2集)》,杭州:浙江人民出版社,2005年,第211—235页。早期中医陈存仁也曾提到这个故事,参看氏著:《光绪皇帝的收场》,香港:新文化事业公司,1970年。很有意思的是,该书除论光绪皇帝外,还论述许多历史名人的病况,很多也都和"纵欲致病"有关。

② 以上引文,见王治华、胡齐瑞:《遗精病理中西相通之我见》,收入王慎轩编:《中医新论汇编》,上海:上海书店,1991年,第80—81页。

③ 皮国立:《近代中医的身体与思想转型——唐宗海与中西医汇通时代》,北京:三联书店,2008年,第342—386页。

④ 当时说"神经"仍有许多会说成晚清以来的"脑筋",故言:"西医脑筋通心之说"。引自王治华、胡齐瑞:《遗精病理中西相通之我见》,收入王慎轩编:《中医新论汇编》,第81页。甚至有将"神经衰弱"说成"脑筋衰弱"者,见丁福保:《吸烟须知》,《医话丛存》,收入沈洪瑞、梁秀清主编:《中国历代医话大观》,太原:山西科学技术出版社,1996年,第1516页。

而西医的知识也透过各种新式教科书逐步改变了中国人既有的身体观①,对汇通理论有正面之影响。如上述王治华等人的第二种病理说法:西医之"脊髓神经衰弱"即中医之所谓"有梦属心"的遗精,他解释这是因为"脊髓神经中枢受伤者,盖因房事手淫过度,或淫思所致,而房事手淫之思,实由君火一动,相火随之所致,心肾二脏,同时受病,特必为主使,而肾受其伤。"这个说法的成立,其实也是透过不断论证神经连结心脏、肾脏的形质证据,来强化中医既有的理论,故其言:"中西医于遗精病症,虽持论各异,而理则一也。"②1932 年,纂辑《中医新论汇编》的王慎轩也说:"西说谓射精及分娩之中枢,皆在腰椎上部,上与主宰脊髓之脑交通,下与管辖生殖器之交感神经丛交通,此与中医肾藏精,肾主生育,及肾生精,精生髓,髓生脑之说,又合符节也。"③从这些病理论述来看,中西医其实是汇通大于论争的④。透过上论可知,近代以来论述纵欲疾病和治疗,多牵涉心、脑、肾、神经之间的连结,已可确立。

其实中西医在近代以来初步汇通时,也有许多争论是指出肾脏根本没有"藏精"功能的,它不过是个过滤与制造尿液的器官⑤。但到了民国时,因为解剖学的进一步发展,反而使得肾脏"藏精"之说可以存续。中医蒋璧山指出:"在 19 世纪以前之西人,仅知肾为司溺之脏器。至 20 世纪,始知副肾有分泌精液之作用。"他接着详细解释内分泌与传统肾精之说的汇通之处,颇具代表性,他说:

> 西医旧说,谓内肾专司泌溺之作用,与生殖器全无关系,故诋中医藏精之说为非。迨厥后发明副肾髓质之内泌素,名曰副肾腺(笔者按:肾上腺素),有迫血上行之作用,火性炎上,与中医命火之说合,是即所谓阳精也。副肾皮质之内泌素(笔者按:即类固醇),名曰"确灵",有引血下行之作用,

① 李贞德:《二十世纪前半中国生理卫生教育中的性、生殖与性别》,收入祝平一主编:《第四届国际汉学会议论文集·卫生与医疗》,台北:中研院,2013 年,第 101—155 页。
② 王治华、胡齐瑞:《遗精病理中西相通之我见》,收入王慎轩编:《中医新论汇编》,第 81 页。
③ 蒋璧山:《兴奋作用与强壮作用之区别》,收入王慎轩编:《中医新论汇编》,第 31 页。
④ 最后一种"湿热"遗精,牵涉的疾病较多,多与纵欲无关,故不细究,仅于脚注注出:"即精囊尖肿疡,尿道狭窄,龟头炎,痔结核及直肠炎等。在中医即属肝经湿热下注。乃湿邪入囊化热伤阴所致也"。引自王治华、胡齐瑞:《遗精病理中西相通之我见》,收入王慎轩编:《中医新论汇编》,第 81 页。
⑤ 皮国立:《近代中医的身体与思想转型——唐宗海与中西医汇通时代》,第 387—398 页。

水性就下，与中医肾水之说合，是即所为阴精，故副肾髓质之内分泌减少，则起心脏衰弱，血压沉降等症，是即由于肾中阳精之不足，副肾皮质之内分泌缺亡，则发骨骼肌肉萎弱衰瘦之症，是即由于肾中阴精之不足。①

此处论传统精液与内分泌之关系，牵涉了激素（Hormones，荷尔蒙），亦名内分泌物，乃英国人白礼士（Baylies）与史泰林（Starling）所始创，各种身体激素在上个世纪初被纷纷发现，包括胰岛素和甲状腺素，但本文所将论性激素的药品，各种激素与性之关系，其实导源于 1929 年法国人伯特南特（Buterant）率先从动物睪丸中分出男性内分泌物，隔年由德国人鲁杂克（Ruzicka）使用化学方法合成制出，被认为是近代生物化学的重要发展。当时人们因为有此新发明，而确实有如下之期待："将来人类返老还童、长生不死，也许有一天可以达到目的。"②在中国，这类药品的广告大量在 30 年代后出现③，伴随"性神经衰弱"这一病名，激素药品更是大行其道。这连带使古人的补肾、补精之说，有了科学根据，故在民国时期，即使是西药，也还是会用"补肾"这样的名词来推销，只是加了一些新的西方生理学知识，例如"施斯德补肾丸"的广告即云："医师及科学家云：吾人肾脏共有九百万纤细小管或滤清器，必须时时工作，日夜不息，以清除血中之酸质、病素、毒质、菌类，及老废物。否则身体势必徐徐受毒，……如肾及膀胱失司，则君必觉得未老先衰。"风湿骨痛、背痛、体弱无力，甚至不时伤风。必须使用"施斯德补肾药丸"；广告宣称此药乃西医之发明，经过"亿万病案之试验证明"，列出许多医师之保证，可使患者在 48 小时内，获得"返老还童之新感觉"④。可见"补肾"一事，实有着治百病的功效，而该广告也引用了西方医学的解剖名词与身体论述，来解释为什么"补肾"是合于科学性的。

① 蒋璧山：《中西医论肾抵触之批判》，收入王慎轩编：《中医新论汇编》，第 30—31 页。
② 吴瑞年：《化学发达史》，台北：台湾中华书局，1961 年，第 123—124 页。
③ 民国时由美商三德洋行代理的德国"生殖灵"广告，已在 1925 年的《申报》上出现，引自上海申报馆编辑：《申报》，上海：上海书店，1982—1987 年，1925 年 2 月 5 日，第 19 版。它大概是最早进到中国的激素药物；不过，它与荷尔蒙激素之纯化药物出现的时间点对不上，也就是说，当时的"生殖灵"恐怕没有加入荷尔蒙，而是不纯的、或其他类型的药，例如有加入"育亨宾"（当时被认为是春药，详下），引自《申报》，1929 年 8 月 3 日，第 14 版。其实，其他的药也有类似的状况，例如日本名药"仁丹"，在 30 年代后中国的广告中，该药也赶上风潮加入荷尔蒙，引自《申报》，1936 年 7 月 11 日，第 5 张。
④ 上海申报馆编辑：《申报》，1936 年 8 月 17 日，第 2 版广告。

就中医而论,当时对于"遗精"或精出过度所引发之病,已经非常明了,用药也已累积很多经验。大概分成几种类型,例如:一、有梦之遗:病因为心肾不交,思虑又积劳,治法为降火清心,例如天王补心丹、远志丸、滋肾丸、归脾汤等。二、无梦之遗:肝肾之相火屡动,疏泄太甚,治法为封其蛰藏,调气益肝肾,让阴气得以摄相火,例如桑螵散、三才封髓丹、六味地黄丸、萆薢分清饮、龙胆泻肝汤等。三、滑脱之遗:一动心、一见色就遗泻,此为肝火太旺、手淫过度太兴奋导致,治方为金锁固精丸、清心饮、猪肚丸、鹿茸大补汤等。四、鬼魅之遗:女子梦交①,宜镇心神、壮阳通络以驱逐阴邪,治方为硃砂安神、苏合香丸、磁硃丸等。五、阳强之遗:这是阴气大伤,乃最重之症也,必须服用大补阴丸、龟鹿二仙胶、夏子益奇疾方等。以上为"遗精真义"②,治遗精首重节欲,当然也有很多人在报刊杂志上询问之后,中医直接在报上刊出处方的,例如:生首乌、淮山药、山萸肉、女贞子、金樱子、沙苑蒺藜、侧柏叶、炒莲须、炒白芍、茯苓等,皆为常见之药③。

中医陈存仁指出:欲治此(手淫与遗精)患,一面固需青年自己下最大决心,戒除恶习,一面则须长时期服药,培补本元。陈举出无甚稀奇的"补养"概念,他说:"每逢冬季不妨进一膏滋药剂,以药物补救已耗损之命门元阳,使发育得臻健全。使神经衰弱得以恢复,使一切消极病症完全治愈,使新生机勃然发动,充血生精,而日臻康健。"④但是,如果只看这条资料,会以为靠"补养"即可,但包括陈在内的其他中医,都不会认为"补"是治疗遗精或阳萎的第一步。例如有区分治疗阳痿或遗精,"有梦属心"为相火动,宜服知柏八味丸;"无梦属肾"乃是精关松弛,所以要服用金锁固精丸。体内有火就要先泻火,泻完之后才可以补阳。这些传统医学的思路,与我们接下来要谈的镇静和补养(西方)药物,背后理论之本质虽异,但在治疗想要达到的效果上,却有不少相同之处可供玩味⑤。

---

① 对此现象更深入的研究,可参考陈秀芬:《在梦寐之间:中国古典医学对于"梦与鬼交"与女性情欲的构想》,《中研院历史语言研究所集刊》80本4分,2010年,第701—736页。
② 张汝伟:《遗精真义》,《医药指导录》,1929年第1期,第20—23页。
③ 刁继柔:《遗精三载请示治法》,《医学杂志》,1936年第92期,第81页。
④ 陈存仁:《通俗医话》,收入陆拯主编:《近代中医珍本集——医话分册》,第1006—1007页。
⑤ 吴宏鼎:《问答:答马善征君征求遗精与阳痿之治法》,《医界春秋》,1931年第64期,第26页。

三　镇静类药物的治疗

中医不赞成所有纵欲疾病都用"补"来治疗,反而是要先"镇静"。古代中医并没有"镇静"一词,但民国时中医因为吸收了西医理论,所以也将古代的一些药物功效归类为"镇静",例如王慎轩指出:遗精病治法,中西医可相通,"西医治遗精之初起者,用臭化钾以镇静神经。即中医用三才封髓丹之意也。西医治遗精之日久者,用枸橼酸、铁规尼涅,以补涩精管,即中医用金锁固精丸之意也"①。王指出的药物,皆非"补养"或强壮的药物;②而同样的,中医在治疗中也会指出西药之效,例如1920年在中医的刊物上,就有"治遗精方",指出用西药"臭剥"(溴化钾的日语翻译,しゅうぼつ)三分,开水一杯兑服,长服即有效果③。同样治疗因纵欲导致的神经衰弱病症,中医陈存仁也认为治疗最忌用一时兴奋之神经性药剂,愈用兴奋法,反使神经愈加衰弱;陈举出治疗这类疾病的几个方剂,有天王补心丹、磁朱丸、归脾丸、孔圣枕中丹、酸枣仁汤等等,其实多少都有镇静安神的功效④。又例如佛慈国药厂生产的"佛慈金锁固精丸",强调结合了朱丹溪的"金锁思仙丹"、"丹溪固精丸"与"仲景桂枝龙骨牡蛎汤"等诸方加减,药商宣称,此方是克制欲望的药剂,不是我们今日所想的"壮阳药",而是镇静药,它能使神经强健、制止外来刺激、克制欲望,以避免罹患遗精、早泄症⑤。

不过,中医并没有强调"镇静"一词,大部分的中医,就像上论,还是依照既有的辨证术语来解释药效;"镇静"主要还是本文所要探讨西药之效用词汇。首

---

① 王慎轩编:《中医新论汇编》,上海:上海书店,1991年,编者按,第82页。

② "三才封髓丹"在《医方集解》中虽是补剂,但其制方意义是补肾水,肾水足则心火不妄动,人的精液就不会轻易泄出。至于"金锁固精丸",古代列入"收涩之剂",所谓"脱者可收",笔者认为最有"镇静"的意味。参考(清)汪昂:《医方集解》,台南:第一书店,1986年,第8、276页。

③ 黄国材:《治疗顾问:答守一氏问遗精症治法》,《绍兴医药学报星期增刊》,1920年第13期,第7页。

④ 陈存仁:《通俗医话》,收入陆拯主编:《近代中医珍本集——医话分册》,杭州:浙江科学技术出版社,1994,第1006页。

⑤ 上海申报馆编辑:《申报》,1936年7月8日,第3张。

先,日人熊泽义一指出:遗精、梦遗或漏精的治法,当时最普及的药物就是"溴素剂"(又有另名为溴素樟脑),据言是当时最有效的药物;还有"阿特灵"或"阿特罗苹"也有效,成份大同小异。另有"斯其布特尔",可以收镇静紧张筋肉之效;还有麦角精、盐酸海龙英等类似药物。甚至有时会建议,如果是"反射机能特别亢进"者,可以加强使用麻醉剂或镇静药,如吗啡、克加印之类皆可,今日思之颇不可思议。而一般医师最常用的就是(硫酸)阿特罗类、溴剥剂,有时也用铁剂来补血①。另有一些中医在20年代初指出,"夫精之主宰在心,精之司泄在肾",虽说了许多中医理论,但最后补充到治疗遗精症的西药即溴化钾(Kalium Bromatum),有时配上盐强水、苦末酒、龙胆丁、鸦片末、糖浆等等②,大概可以了解到当时中医已对这类西方镇静药物略有所知。

西医部分,从五洲药房出版的新药目录,可找到不少线索。最有意思的是,有不少治疗遗精、早泄的药物都被归类在"神经病类"中,例如其药品说明指出:"神经病及精神病仅有抽象的症状,尚难确证其病理解剖上之具体的变态。"还指出各种症状虽非常复杂,但"一以宁神为主",所以它接下来所刊载之药方,也多为宁神之药③。在"神经病类"药物中有"遗精"一大类分项药物,有"遗精梦泄丸"(Spermatorrhea pills)者,成份乃溴化樟脑,其主治说明:

> 遗精一症,在青年时代每月仅一二次者,虽未足为病,但先天不足后天失养,全身衰弱或手淫意淫,房事过度、花柳、胎毒,以致性神经衰弱者,则无论自遗、梦遗频发、间发,均属病态。驯至阴萎早泄,夫妇寡欢,且有乏嗣之虑,故急宜疗治之也。④

除了治疗各种纵欲疾病外,竟然本文不论之花柳、胎毒都在治疗范围内,可见这种药物应用之广,但效果则令人怀疑。又有同类药物"遗精梦泄药"(Spermatorrhea mixture),成份是嗅(溴)化物及巅(颠)茄酊、莨菪酊等之合剂,其说明指出:"手淫、意淫、房事过度、白浊留根,先天不足,后天失调,身心过劳,睡眠中

---

① (日)熊泽义一(作):《梦遗遗精精液漏之对症疗法》,静一(译),《性科学》,第1卷第5期,1936年,第261—262页。

② 杨燧熙:《绍兴医药学报星期增刊》,1920年第17期,第5—6页。

③ 上海五洲大药房编:《卫生指南》,上海:五洲大药房,1934年,第73页。

④ 上海五洲大药房编:《卫生指南》,第75页。

膀胱膨满等等,均足以成遗精之患。若不治愈,终至全身衰弱、精神日萎、性交乏力、生育艰难。此药能制欲固精,宁神健胃,诚遗精之圣剂也。"[1]这类镇静药物的主要成份都是溴素,具有镇静作用,在更早一些时刻,还有别名曰"臭素",例如丁福保言预防手淫之法:"药物服臭素加里。一日三次。每次服五分,化沸水一杯,于食后服之。"[2]也是使用同类的镇静药物。这类溴化物还常被拿来治疗"疯癫"疾病,例如一药叫"文武痴癫药"和"猪羊癫病药",主要就是溴化物制剂,具有镇静神经之功能[3]。

还有日常生活中一些比较值得重视的部分,例如要保持每日大便,因为便秘容易诱起色欲。而鸡卵汁之类,不宜多食,神经质及有歇斯底里者,尤其要注意;[4]甚至治疗"性神经过敏",有时也会运用具有安眠效果的安神药来治疗[5]。可看出当时镇静药物使用范围之广,也可见当时针对纵欲疾病的描述,相当宽泛,虽有一定范围,但里面的症状和病名还是相当多,显示疾病定义的边界还有模糊之处。另有一些被称为是"溴素"的化合物,加了其他元素在内,例如山西清源平民医院院长韩锡荣指出:遗精病先使用溴化钾治疗,但不见效;后用了国产注射药品"补美心"(Bromagsin,溴化镁制剂)[6],强化镇静、镇痛的作用,病人睡眠好、精神振作,最后服用"硫酸规宁"多日而痊愈,后一种药物是补胃的[7]。由此可看出,当时中国人对于"镇静"药虽能接受,但总还是认为要"补"一下才行。在五洲新药品介绍内,有"补肾固精类"之分类药品,例如有名为"补肾固精药"(Aphrodisiae Mixture)的成药,主要成份竟然还是具"镇静"功能的溴化钾与溴化钠,还有次要的颠茄酊、莨菪酊等,多是止痛药;其宣称可以治疗一切先天不足,后天斫伤、心力过劳、房事过度、阳萎遗精早泄等等[8]。"颠茄"有止痛的效

①　上海五洲大药房编:《卫生指南》,第75—76页。
②　丁福保:《节欲主义》,台南:和裕出版社,2006年,第207页。
③　上海五洲大药房编:《卫生指南》,第76页。
④　丁福保:《节欲主义》,第201页。
⑤　卢施福:《杂志》,第10卷第4期,1943年,第153页。
⑥　顾履霜:《临床实验:用"补美心"(Bromagsin)戒烟得伟效》,《新医药刊》,1934年第25期,第84页。
⑦　韩锡荣:《新医药刊》,1934年第25期,第88页。
⑧　上海五洲大药房编:《卫生指南》,第12页。

果,但也不是什么痛都能止,在民国时期似乎是做为一种广效的止痛药,治疗关节炎或酸痛,但今日却已不这么使用;①莨菪酊则同是一种镇静药物。所以补倒没有什么补到,"固精"的意思,倒真是成为镇静神经、避免触动欲望而射精的意义。这是一个借用"补"药意义的例子,下一节还会论述真正的补药。

与本文接下来的论述有关。虽然镇静神经不失为是治疗纵欲疾病的好方法,但整个民国时期的论述,其实较少有人单用镇静药物的,特别是 30 年代后荷尔蒙制剂被大量制造之时,更是如此。一般运用,也常将溴素制剂混合其他疗法使用,例如日人熊泽义一在 1936 年指出遗精和梦遗的家庭疗法,自述以他看诊数十年的经验,患有这些症状的人,住院治疗最短也要一个月、平均两个月,服用慢性药剂或用器械治疗,根本没有效率。相对于家庭疗法,只要合理、遵守调养方法,"注射或内服生殖器联合内分泌剂",或合用"溴素剂",乃合理又方便的家庭疗法。可以看到在他撰文的时代,用新的补剂来治疗纵欲疾病,是西方医学界的新治法。他举了一些普通的药方,认为一般人都可以找到,例如名为"奇烈欧宾"的生殖器内分泌剂,可以注射或内服,当时被认为最为安全有效②,镇静药已非唯一的选择。另一则有关"奇烈奥(欧)宾"的广告,是一则刊载于读者与编者之间的对话,家住西安的读者"X 轩",自述其不幸之遭遇,他说:"×交过度,遗精之病跟着就围困了我。"读者说他忧郁到几度想要自杀,还请编者一定要回信。读者询问到:该刊物曾介绍的联合内分泌制剂与注射剂"奇烈奥宾"有无特效?其次,读者说罹病以后已遍试中西药方,都没有效果,西医只叫他服"溴素剂"以镇静神经,这不是根本的治疗法,会使病情更加严重! 这位可以"自我诊断"的读者还说:希望编辑能够回覆他,还诉苦说"则我先人亦当含笑九泉矣!"结果编者"不意外的"给了他回应,回覆说他得的是"性机能障碍与性神经衰弱",而该药(奇烈奥宾)正好对症,服用后不需接受其他治疗;编者还说该药"现经各国性

---

① 上海五洲大药房编:《卫生指南》,第 84—85 页。

② 还有"布罗拉"、"克里塞罗燐酸钙"、"溴素钾",通常配"重曹"或"健儿末"、"苦味丁几"等配药。(日)熊泽义一(作):《梦遗、遗精、精液漏之对症疗法》,静一(译),《性科学》,第 1 卷第 5 期,1936 年,第 264—265 页。

病专家临床实验,说明为治疗性病特效药"①。没有当面询问读者,就能对其纵欲疾病精准开方?不能令人无疑,夸张作假的可能是存在的,但也可见这类疾病没有边界,仅靠对个人身体症状的阐述,即可进行一种模糊之判断。当然,这类"读者问答"栏中也有些是真的,例如同样有人问遗精,回应者是一位西医,但他没有置入任何药品的营销广告,而是安抚读者说每月遗精一、二次不是大问题,只要避免性刺激,用冷毛巾放在会阴部5、6分钟即可②。但这类读者问答比较少见。要审思这类药品的问题,还是要来看看补养类的药物,会更清楚。

四　补养类药物之一:营养、血、维他命等新观念之引进

笔者将接下来的两节订为介绍"补养类"的药物,有其原因。中国人爱吃补药的调养观念是根深蒂固的,延续到民国时依旧如此;其次就是这类药物借用了各种西方新式科学话语,往往说服了更多的病患来消费、购买这些药物,当然问题也将随之而来。在五洲药房新药品目录的第一项,就指出:"吾华医药失传,卫生之道不讲,社会积习,男子以文弱为雅,女子以轻孄为娇,驯至人人积弱,日趋于羸尫而不自知,西人称吾人为东方病夫,虽近谑而虐,要亦非无因也。自欧风东渐以来,讲求卫生,本药房应社会潮流制有补益类药品三十余种,专为起衰济弱、益寿延年之珍品。凡有气虚、血薄、力弱、精枯等患,无论男女老幼,平时或病后、产后,均可选服,愿特此与我同胞一雪病夫之耻焉。"③当时各种补益类药品推陈出新,许多新的概念,大概都与"营养"、"补血"、"维他命"有关④,特别的是,这些新"补药"竟然也都可以治疗纵欲疾病,乃重要的治疗趋势。

在《卫生指南》一书的"生殖器卫生"条目下,有阳萎、遗精等病,与药物疗法

---

①　×轩:《健康问答:结婚后×交过度,被遗精病所围困》,《健康生活》,第9卷第2、3期合刊,1937年,第28—29页。

②　汪于冈:《读者通问:吴鹏程君》,《国讯》,1937年163期,第240页。

③　上海五洲大药房编:《卫生指南》,第1页。

④　皮国立:《"气"与"细菌"的近代中国医疗史——外感热病的知识转型与日常生活》,台北:"国立中国"医药研究所,2012年,第280—306页。

有关者,就是西药商称的"强壮疗法"、强壮剂①。这些西药的强壮剂有很多种,但他们却多使用了传统医学中"补养类"药物的概念来推销药品;可能源于许多中国传统方剂类书籍,都是用补养类的药物来做为方剂之首,例如《删补名医方论》的独参、参附、保元诸汤剂;《汤头歌诀》也以"补益之剂"为诸方剂之首②。而这本西药书也不例外。例如"五洲大补丸"(Tonie Pills),强调是复方矿物质,包括燐酸、铁燐酸、奎宁等制成,其功效就是"强固神经"③。当时有些类似壮阳、兴奋之药,也宣称可以补养"神经系统",使得因神经衰弱而导致阳痿、早泄之病患恢复健康④。另一种名为"树皮丸"(Nervine Pills),里面含有"铁质",再加上奎宁、波希鼠李膏等滋补健胃药,专治体质虚弱、遗精阳萎、精薄精枯等症。药效中提及:"青年无识,误犯手淫或结婚太早,以致成性神经衰弱、精关不固,服之清利尿管、强壮性神经,并能滋生精液。"⑤中医也不甘示弱,介绍许多新补药,例如中医刘民叔回答一个寻问遗精不止病人的询问,即指出除了禁欲与静坐外,要兼服用三友实业社所发行的"长寿丸",其药效是精关自固,弱体可以自强,是一种"经济的补药"⑥。

加入"铁剂"的补养药是值得注意的,因为它通常与"补血"有关。吴章(Bridie Andrews-Minehan)注意到民国时期的补血广告,一般都宣称充足的血液乃是健康之本,血液太少或是有所亏损,会导致身体衰弱,易患疾病⑦,但其实"补血"也与"补精"治病有关。近代赫赫有名的新药"人造自来血"当时即被认为是一种强壮剂,在主治项目上,就有"少年劳损过度"和许多阳萎等神经衰弱之症状。另一种"红补血丸",以碳酸铁及多种药物混合制成,声明为"雅图士大医生秘

---

① 上海五洲大药房编:《卫生指南》,摘要,第 10 页。

② 董延龄编著:《删补名医方论方义》,台北:瑞生出版社,1971 年,第 1—5 页。张瑞璋编著:《汤头歌诀》,台北:立得出版社,1999 年,第 1—15 页。

③ 上海五洲大药房编:《卫生指南》,第 12—13 页。

④ 乃士:《壮阳新药论 Zur medikjamentoesen Therapie Sexueller Funktionsstörumgen》,《天德医疗新报》,第 1 卷第 3 期,1927 年,第 16 页。

⑤ 上海五洲大药房编:《卫生指南》,第 3 页。

⑥ 刘民叔:《机联会刊》,1937 年第 167 期,第 44—45 页。

⑦ 吴章(Bridie Andrews-Minehan):《"血症"与中国医学史》,余新忠主编:《清代以来的疾病、医疗和卫生》北京:三联书店,2009 年,第 185 页。

方",可添精益髓,主治遗精阳萎、房事过度、赤白带下等各种虚弱症①。

从纵欲疾病来看,还必须注意药物尚有性别之分。大部分补血药乃针对女性设计,像是民初著名药物"月月红"和"女界宝",强调"血虚"的病因,成药中加入了许多铁、磷、奎宁等补血强壮剂,宣称:"妇女疾患,不外月事失调、产后血亏等症。"补血的意义,不光是补充物质化的血液,还在于血会影响许多身体功能的运作,所以补血也可以"通经解郁"、"疗虚"②。女性总是因操持家务而容易导致虚劳,而非纵欲、手淫导致虚劳,这或许跟女子较容易抑制性欲有关③。所以女性的强壮药就不会强调补"精液",而是要用这些药"平肝调郁"、"活血通经"、"养血调经",顶多有治疗"生殖器发育不全"一语,却不会有手淫、早泄这些病症出现④,补药在某些地方所展现的性别意义即在此呈现⑤。

当时西药分类中还有"强壮药",这类药物多非补肾、强精药物,也不必然与纵欲病有关,但有时也会出现可以治疗遗精、阳痿的文字。例如被认为可以治疗遗精的"重炭酸曹达"(重曹),其实是促进消化功能的健胃药,"苦味丁几"也是健胃药,而非治疗遗精,但在介绍文字中,这些药对遗精或梦遗都有治疗效果⑥。另外就是各种"鱼肝油"制剂,它们通常都会加入各种维他命、矿物质乃至麦精等营养素,也能治疗神经衰弱和精力虚弱等症,但谈到遗精肾亏的字眼还是比较少的,而较着眼于肺痨⑦,也可治疗血虚,显示其效用之广泛⑧。

最普遍的一种,还是加入各种维他命元素的补药。1911 年英国人 Funk,发现食物中除了有蛋白质、脂肪、矿物质之外,还有其他物质称"副食物素",乃维持健康所必须,但未知其内容,故统称"维生素"(Vitamine)。1932 年,Chichester第一次合成维生素 A,这种替代素不是真的维生素 A,而是碘、铁、麻油酸的混合

① 上海五洲大药房编:《卫生指南》,第 2—3 页。
② 上海申报馆编辑:《申报》,1936 年 5 月 7 日,第 3 张。
③ 陈邦贤:《休息与节欲》,台北:正中书局,1958 年,第 64 页。
④ 上海五洲大药房编:《卫生指南》,第 25—26 页。
⑤ 上海申报馆编辑:《申报》,1936 年 6 月 9 日,第 3 张。
⑥ 王人龙:《西药类编》,《卫生报》,1929 年第 65 期,第 11—12 页。
⑦ 上海五洲大药房编:《卫生指南》,第 6—9 页。
⑧ 上海申报馆编辑:《申报》,1936 年 8 月 18 日,第 3 张。

物。1935 年 Zucker 从鳕鱼肝油中提炼出维生素 D 等,可以想见,维他命和荷尔蒙的补药一起大量出现于中国 30 年代的报刊中,都跟西方的种种发明有关①。这类新化学卫生知识传入中国,说明许多食物具有"滋养生命"能力的元素,可以提取用来制造药品,于是乎新药遂应运而生。例如综合维他命补剂"补天汁"(Nervine Tonic),宣称能治神经衰弱、劳伤过度等症②。维他命还可"添精",则也善用"补精"的话语;③又如"实验保肾固精丸",专治肾亏遗精,其中就含有"多量的燐质和铁质的化合物",它们是"组织人体各部脏器的要素",点出营养对脏腑的重要性,并言:"通常患脑弱、血衰、肾亏、遗精的人,大半因燐、铁质消耗过甚的缘故,所以要使血球增多,肾气充足,非将铁质和燐质来补充不可。"④这个兼具"保肾固精健脑补血的补剂",令人诧异其疗效之广,其中补脑一词,更是近代药品市场中的大宗⑤,维他命也可补脑⑥,这与前述脑、神经与心、肾之关系,有密切的关系,这些身体观的论点与传统中医的学说颇能汇通与互参。在治疗纵欲的补脑药物中,我们发现这样的文字:北德亚克拿大药厂制作的"脑慧精"(Nervoesin),虽然用了脑做药名,但又强调可以"补肾",主治也包括了阳痿、遗精、早泄、贫血等虚弱症状;至于其成份,则是用"卵黄"提炼化制。还有称"特效健神补脑片"者,也是同样的脉络,即补脑之外,也可以治疗遗精、早泄与生殖器的毛病,该广告称,可治疗生殖器的"神经性障碍",就是遗精、早泻一类的疾病。当时医师的诊所,也会用"脑病与性病"专科诊所的型式出现,其实很多都是治疗纵欲所导致的毛病,例如在上海由留德医师卢施福、顾寅所开设的"脑病性病院",除了治疗脑病、神经病外,就是治疗肾亏、遗精、阳萎、白带等这类疾病,如果了解上述药品的脉络,这类诊所的出现也就不让人感到意外了。或许,很多新观念、新药,都是由这些留学的医师所带回、引介的;新式药品很多都是西

---

① 吴瑞年:《化学发达史》,第 123 页。
② 上海五洲大药房编:《卫生指南》,第 5 页。
③ 上海申报馆编辑:《申报》,1936 年 8 月 7 日,第 3 张。
④ 楼浩:《遗精病与实验保肾固精丸》,《通商报》,1935 年第 36 期,第 17 页。
⑤ 参考张宁:《脑为一身之主:从"艾罗补脑汁"看近代中国身体观的变化》,《中研院近代史研究所集刊》,2011 年 12 月第 74 期,第 1—40 页。以及张仲民:《晚清中国身体的商业建构——以爱罗补脑汁为中心》,前揭文。
⑥ 上海申报馆编辑:《申报》,1936 年 7 月 4 日,第 4 张。

药,但却努力想要融入中国人的健康知识系统内①。

中医也开始尽力去证实旧有中药内具有"强壮药"的本质,例如分析它们的营养元素,有中医开始挖掘中药中含有之铁、磷、钙、钾等等"为太命"(笔者按:维他命),可以滋补、增强消化机能等,当然也梳理各种治疗性神经衰弱与遗精、阳萎的文字,例如人参、黄芪这类补药之药理在新时代需要被重新诠释②。但这样的介绍还是不及新药产品之推陈出新、混合运用中西医话语之灵活快速,例如明明是西药的补益剂,竟用"代参膏"("Chilai"Nutritive Extract)命名,而根据介绍其成份为"钙钾钠之燐质制剂及精纯麦精等制成",名称即 Nutritive 的意义,其实是代表西方营养科学背书下所制成之药品,将取代过去补药之王的"人参"。该药商宣称"人参"经过实验分析后,发现有多种维他命,故以科学方法来制造、融合维他命,其药效更胜传统人参,能治疗滑精、梦泻等疾病③。

五　补养类药物之二:补充"精"的原质

本文将第二类药物分出,乃在于这些新药品都有更明确的"补精"作用,而且牵涉到新的生理知识和药物科技——荷尔蒙和内分泌制剂。冯万里指出:"内分泌腺发生障碍时,即喂以相当的呼儿梦纳。如新鲜的内分泌腺或其制剂,就能使之回复其状态。如男子生殖器渺小,欲心衰退,则服睾丸类制剂,或注射,此种事实,已为近世医界所共认。"④有关这类药品的作用,非常广泛,在30年代后,贺尔蒙新药如雨后春笋般涌现⑤,笔者另有专文梳理,此处仅针对这类药品

---

① 引自广告页:《解答健康疑难:(二十一)特效健神补脑片能痊治遗精》,《生命与健康画报》,1929 年第 4 期,第 7 页。

② 郭若定编著:《汉药新觉:强壮药类》,谭次仲校订,《明日医药》,第 2 卷第 3 期,1936 年,第 243—251 页。

③ 上海五洲大药房编:《卫生指南》,第 4—5 页。

④ 冯万里:《由内分泌腺制剂联想及的民间治疗》,收入王慎轩编:《中医新论汇编》,第 33 页。

⑤ 王应南:《"恩男龙"实验三则:A."恩男龙"与"百利多命"交互注射治疗慢性鸦片中毒兼愈剧烈遗精之伟效》,《新医药刊》,1937 年第 56 期,第 96 页。

对纵欲疾病的治疗情况进行梳理与解说。

先是这类药品都牵涉到脏腑、身体分泌的激素，所以最初中国人翻译的时候，都使用"脏器疗法"这一名词，而且多和肾亏、遗精、性神经虚弱等病名连结在一起。1789年，法国的勃郎塞加氏曾加狗的睾丸抽出液注射到自己的体内，结果他恢复了精力，就像壮年一样，被认为是"脏器疗法的起点"①。很多中医也注意到这个发现，纷纷举古人的"脏器疗法"来做为不落西医之后的证据，例如说明"以什么治什么"的方法，不知始自何年代，但早为中国民间所习用。不过历来医界，多认为不切学理，因而忽略。冯万里从新的内分泌腺制剂中，联想到这些古代疗法，例如："一、生食猫眼睛：眼的视力障碍，用猫眼睛蘸沙糖生食，能回复其视力，不至障碍。即使视力不障碍时食之，亦可使视力增强。二、炖牛鞭或狗鞭：用于阳痿欲火消灭之症，能使生殖器兴奋，机能恢复，即常人食之，亦能使欲火增盛。以上二者，据一般人传说，确着成效，其他如炖猪脑补脑，煲猪脚补脚，鸡脚浸酒治脚痹等等。虽未证实其有效，然这'以什么治什么'的方法，普遍于我国民间。可概见矣。"②这类吃什么补什么的例子，其实到民国时期也依然存在，这些方法也被称为"壮阳"，吴宏鼎指出："日常当用壮雄猪阴茎及内肾与胜胱，剪刀破开，陈酒洗净，文火炖酥如网油，常服不断，久自有效。或单用猪羊睾丸，而生吞之，及榨取汁生服，其功亦着，此即近世医学借助于内分泌之藏器治疗也。"③许多学者都指出要多吃动物的内脏、睾丸类食品；此外，牛肉与肉汁、鸟肉、家禽、贝类都有益处；植物类则要多吃葱、薄荷、蕃茄、桃、梨、豆类。西洋人认为蕃茄加葱是一种强精的食物，以上都可以强精补肾④。王慎轩则介绍：内分泌可分为二种，一于脏器或组织造成特种物质，名曰觉醒素（Hormone〔Starling〕），输入血中可调整生物的生长发达与自律神经系统之作用，由此大概可以看出这类药品能够治疗的身体疾病。王说：觉醒素分泌缺乏时，可取觉醒素或含有觉醒

---

① 郭人骥：《性神经衰弱（即肾亏）的本相病状和治疗》，《长寿报》，第4卷第10期，1935年，第188—189页。

② 冯万里：《由内分泌腺制剂联想及的民间治疗》，收入王慎轩编：《中医新论汇编》，第34页。

③ 吴宏鼎：《问答：答马善征君征求遗精与阳痿之治法》，《医界春秋》，1931年第64期，第26页。

④ 郭人骥：《性神经衰弱（即肾亏）的本相病状和治疗》，《长寿报》，第4卷第10期，1935年，第188页。

素之脏器制药治疗之,或使用荷尔蒙药品,他认为:此和民间所传播之猪肝猪肾等疗病方法,只有精粗之不同,原理是一致的①。

当然,新药品自然与上面的土法炼钢大不相同,除了运用新生理知识的科学话语外,还运用混合制药技术与(注射)剂型,提取各种有效成份,予人一种更纯化、更强效的印象。一个治疗阳萎、遗精的新药"谋克老病"(Macrobin),号称可以兴奋全身代谢机能,它是一综合制剂。首先,它加入了"睾丸制剂斯保买丁(Spermatin)",可治神经、生殖机能、新陈代谢等机能之衰弱,并治一般消耗性衰弱症。所谓"斯保买丁",就是雄性动物之睾丸与相关的内分泌腺素之提炼物,去掉蛋白质、脂肪、纤维素等,即纯化的 Hormon。而新药"谋克老病",即以"斯保买丁"为基础成分,更混入适量之有机性砒素制剂阿沙松(Arsozon)及硝酸士的年(Strychinin. Nitric)、盐酸育亨宾(Yohimbin. Hydrochlar)等等。从其介绍文字来看,"阿沙松"为有机性砒素制剂,可用于贫血与神经诸症;"硝酸士的年"可促进血管运动与神经机能,为一种兴奋剂,当时也用来治疗神经衰弱、阳萎等病;"盐酸育亨宾"则被认为对治疗阴茎勃起障碍有特殊效果,作用于腰髓的勃起中枢,也可治神经衰弱。以上充分显示这是一混合各种有效药品的新药②。当时同样成份的药物不少,例如"育维宁"(Juvenin),乃加入改良之育亨宾与士的年及精制有机砒剂合制而成,系滋补虚损、长养精神之圣药,专能健壮阳道,能治阴虚阳痿之症③。另一个药品是德国北德亚克拿药厂制造的"返雄年"(Verjun-in),广告称该药是法国医学博士波兰耶教授根据最新学理发明④,上海的还尔康药厂代理,每盒4元、每料(5盒)18元。广告说明上海永安公司西药部有分售,如果消费者买不到,请直接汇款到总厂购买,买五盒就免运费。有读者写信询问自己染上恶习,导致生殖器短小、变形、精液稀薄。引进该药的西医卢施福

---

① 王慎轩编:《中医新论汇编》,作者按,第34页。
② 不著撰者:《武田牌新药介绍(其二十三):阳萎·遗精注射药:谋克老病》,《新医药观》第3卷第3期,1931年,第18—19页。
③ 乃士:《壮阳新药论 Zur medikjamentoesen Therapie Sexueller Funktionsstörumgen》,第15页。
④ T. M. Cheng Chih Tang(上)、胡家琦(答)、施福:《解答健康的疑难:第一问:施福先生》,《生命与健康》,1926年第44期,第169页。

则回应：可吃返雄年，而患者所有之症状，即性神经衰弱，可一并治疗①。

当时这类新药普遍的采用注射的剂型，且鼓励病患在家也可操作。例如治疗性神经衰弱，被呼吁除了食物和静养外，还要禁止房事、每天运动，"可用'贺尔赐保命'三日注针一次，连注五针之后，觉得精神焕发，饮食大进；再注六针，举动轻快，遗精全无，气血转弱为强"②。从另一个药物"百利多命"的介绍中，还可看到混合制剂与注射的例子。药商宣称他们的旧型药"贺尔赐保命"已非常有效，现在新药可说是更上一层楼，将原来的旧药再加上"提那神"（Dinarsen），跟上述"阿沙松"一样也是有机性砒素，复添加"硝酸番木鳖硷"（即硝酸士的年），乃刺激血管和神经之兴奋剂，加入最后一药就是上面也出现过的"盐酸育亨宾"，可刺激腰部的勃起中枢。当时宣称，经无数专家费若干年之研究始发现"米替砒酸"在砒剂中最为无毒、性质平和、功力持久，能补精血，故砒素也是补养药，常被加入之营养素中③。这几个药，其功能与组成几乎都类似于"谋克老病"，并可治一切纵欲、发育不良、虚弱、贫血等症状，也是皮下注射剂型④。"育维宁"称加入育亨宾、所拉纯（Solarson）与士的年，三种药分别注射，手续繁杂，所以不如混合一次注射，效果更优良⑤，这也是混合制剂流行的原因。

当然，也有人指出这些荷尔蒙新药"效用不明"，但另一方面又拼命介绍自己代理新药的疗效⑥，这类广告更是繁不胜数，不用花太多篇幅赘述，仅举两例，例如用注射的"谋克老病"，甚至有军医背书⑦，其谓有一病人，体质虚弱，服用各种中西补剂无效，而常感衰弱、倦怠、梦遗。接受某西医治疗后，注射盐化钙40余针，也吃了很多药，都不能治愈。结果以"谋克老病"注射5次，效果良好，可

---

① 引自广告页：《解答健康摄影疑难：(37)性神经衰弱之自疗法》，《生命与健康画报》，1929年第7期，第7页。

② 韩锡荣：《新医药刊》，1934年第25期，第87页。

③ 乃士：《壮阳新药论 Zur medikjamentoesen Therapie Sexueller Funktionsstörumgen》，第16页。

④ 不著撰者：《介绍：阳萎遗精生殖机能衰弱注射剂：百利多命 POLYTONIN》，《新医药刊》，1933年第6期，第72—73页。

⑤ 乃士：《壮阳新药论 Zur medikjamentoesen Therapie Sexueller Funktionsstörumgen》，第16页。

⑥ 王应南：《"恩男龙"实验三则：A."恩男龙"与"百利多命"交互注射治疗慢性鸦片中毒兼愈剧烈遗精之伟效》，第97页。

⑦ 鲁一勤：《治疗与药物：谋克老病(Macrobin)治愈戒烟后遗精症一例》，《新医药观》，第1卷第1期，1929年，第7页。

惜当地药房配给不够,只好托人从上海购买,当时这类代理的新药,不见得各处均有销售,有时还要靠邮购①。这则报导是在一杂志的下方方框内,明显是一种广告手法②,因为《新医药观》内尚有大量该药功效介绍之广告,都极言其功效。另外,属名山西万泉中张瓮应南医院的医师王应南,推荐了中国新亚药厂的"百利多命",还有用尿素制成的"恩男龙"。他指出,有一男性患者冯文达,年32岁,业商,身份介绍相当明确。他记载到:

> 七八年前,伊每五六日即遗精一次,初未介意,然自此病势日趋沉重。……尔时即延医诊治,于每晚睡前,施行冷水局部按摩,讲求睡眠姿势,并服镇静药如溴素剂等,内服补剂。起初尚见功效,但不久复退回原状,反复二年余,病势有加无已,乃吸鸦片,用以安神收敛,岂知成瘾之后,病象又作。直至去岁春季,一切症状,益见恶化,每月遗精约八九次,失眠不安,夜多盗汗,每晚朦胧,精己自然脱出。

这位气息奄奄、行将就木的病患,一开使用镇静药、普通补药来治疗,效果不大;随后,王医师诊断是"沉重遗精症兼慢性鸦片中毒",鸦片在民国时期也常被当成是一种壮阳药,但服之有害,广为人知。在治疗的过程中,医师先是帮病患注射了"百利多命",然后再注射"恩南龙",再辅以内服药水,后来诸症全消、精神旺健而恢复健康③。当时这类"验案"几乎都如出一辙,全部服用都有效果,甚至多有夸大疗效,却连成份也不愿意说明的,例如"奥拍泰纯",本为补虚损之圣剂,但报刊仅说明"用之以壮阳、振兴性欲,亦极有伟效。据墨西哥医家劳氏 D. A. Laue 报告,彼用'奥拍泰纯'治机能不调之性欲病甚有功效。可见该药之'补元固本'之效"④。这种没有列出成份之药物,应该就很容易被认为是害人之春药,本文下一节会来梳理这个现象,也带出最糟糕的,所谓夸大疗效而衍生出药物成瘾之问题,时人也曾加以讨论。

---

① 引自广告页:《解答健康疑难:(二十一)特效健神补脑片能痊治遗精》,《生命与健康画报》,1929年第4期,第7页。

② 关蝦香:《谋克老病治神经衰弱及遗精之小经过》,《新医药观》,第2卷第7期,1930年,第3页。

③ 以上见王应南:《"恩男龙"实验三则:A."恩男龙"与"百利多命"交互注射治疗慢性鸦片中毒兼愈剧烈遗精之伟效》,第96—97页。

④ 引自《天德医疗新报》,第1卷第8期,1927年,第21页。

很多人运用药剂治疗的,往往不是疾病,而是一种成瘾症。例如一位医师在介绍"斯保买丁"的疗效时,写下了不少医案。这些患者大多是本身就因性交过度、手淫等恶习,而患有一些神经衰弱、记忆力减退、遗泄的症状;打了针之后,又继续戕害身体、疯狂性交,然后又开始出现同样症状,又去找医师打针。几乎变成每隔一段时间就来注射一次,落入一种恶性循环。但医师的医案介绍,通常只强调药物的功能,却少有强调节欲、防范药物成瘾之呼吁①,这就让这些明明是有科学疗效的药物,蒙上了"劣药害人"的阴影。更有一些人穷极无聊,想出一些壮阳之法,落入不伦不类的境地。中医罗燮元指出,时人想要用人工返老还童或壮阳、让阴茎变大,都是非常愚蠢的想法,乱吃壮阳药更是糟糕。他说:"如近世之返老还童,生殖灵等广告,大吹牛皮,谓其手术药功,能使雌雄异性,春腺变形。试问至今,果能如是否?且药多含刺激,大都辛燥,不损其气,便竭其阴,纵能兴奋一时,终无以善其后……。而但惑于(西医)机械之精,甘心蹈其陷阱,而至死不悟,不亦大可哀者耶?"②罗氏抨击西医新技术所带来之问题,与本文有关的是,当时这类补养新药品,例如上述"生殖灵",为什么会被视为是一种害人之药?这与治疗纵欲药品的特质有关。

六 是强壮药还是春药?

民国时期治疗纵欲疾病的镇静与补养类药物,概如上述。既有消费之需求,当然药商也乐见新产品的出现;只是,当时药市中这类药物之泛滥,特别是补养、强壮类的药物,很容易启人疑窦、引发遐想。西医俞凤宾指出:"今若常阅公布品,谓可包医、包愈、几天消退、几天断根,阳痿者,可使之壮,肾亏者,可固其精,子息少者,可广其嗣,在发行广告者,其中非无济世为怀之人,但多数恐为营业起见,而青年子弟之恐惧心,以及对于冶游之观念,在操守巩固者,本可始终求未

① 胜俣胜:《阳萎·遗精·神经衰弱之治疗经验》,《新医药观》,第1卷第4期,1929年,第13页。
② 罗燮元:《问答:答马君代人征求遗精与阳痿之治法》,《医界春秋》,1931年第62期,第21—22页。

渝,而自治力之稍弛者,遂变其初心,而堕入彀中矣。"①余认为这些广告都有极大的耸动性,会使青年坠入魔道,而且这些药品广告充斥着当时的出版物,有毒化人心之虞。余的担忧不是没有道理,牵涉到生殖、性别的科学知识,在近代传入中国之初即遭受到"淫书"的质疑②,新药更涉及身体、性欲和生理状态之改变,社会对药品的质疑当不可避免。1938年的《东方画刊》曾刊出一幅描述平津地区一个广告牌上满布春药的广告,它们所用的话语都是"助阳"、"涩精耐久"、"补肾"等词汇,非常容易和"正经"的补肾、补养药混在一起③。

补养药物广告所用的壮阳、持久、兴奋等语词,容易使人误解这类药物即"春药"。其实,单就壮阳药而言,不全是负面的,因为这类药物通常能"固肾添精";只是"霸道之壮阳药纯为一种激烈之刺激品,专能兴奋阳道,即所谓春药者是也。"有人认为,国医中最好的壮阳药就是张仲景的"金匮肾气丸",这就不是春药可比④。但"壮阳"这个字眼本身就很模糊,因为"阳"在中国医学内所指涉的事物非常多的,如果壮"阳"是一种壮"性欲"的类比,那就不妙了。当时中医曾警告:"常人既以纵欲而阳痿,反采壮阳之药以助之,犹之汽灯将灭,不益其油,徒打其气,促其早灭耳。"⑤反之,若谈到"春药"这个概念,民国时人们的印象几乎都是负面的。这当然不让人意外,因为古人对春药的看法本来就多是负面的⑥,一位笔名叫春草的读者投书报纸,指出:

> 韩文公晚年,颇近声色,以硫黄饲鸡千日,杀而食之,名火灵库,初服有效,后竟因之丧生。明末江苏一遗老,广蓄姬妾,博收方药,自谓得容成素女之秘,后督脉空虚,天柱骨折不能举,头俯至胸,脊高于顶,时人笑之,谓之人虾。清代上海一翁,善御女,日夜可御十女,女惫而翁自若,自以为彭祖不是

① 俞凤宾:《性欲卫生论丛》,第35页。
② 张仲民:《出版与文化政治:晚清的"卫生"书籍研究》,上海:上海书店出版社,2009年,第152、220页。
③ 《沦陷后的平津现状:(左)满布街头的春药广告》,《东方画刊》,第1卷第8期,1938年,第23页。
④ 公玄:《壮阳药与生育》,《家庭医药》(上海),第2卷第15期,1934年,第10页。
⑤ 朱振声:《壮阳与阳痿》,《长寿》(上海),1932年第11期,第44页。
⑥ 可参考苏玉芬:《明代春药研究》,台北:"国立"政治大学历史所,硕士论文,2011年。

过也。后夸于其友,选妙妓试之,一御而精泻如注,命绝顷刻。余尝阅《双梅景暗丛书》,又尝获睹世医某之家藏钞本房中方药,十九皆以辛热助阳之品,取快一时,否则以酸涩之味,强闭其窍,行之既久,无有不败。①

古代中医的春药多是热药,通常具有大补阳气的功能。例如淫羊藿有时被认为是中医的春药,但在当时中医也希望透过科学实验来证实它的药效,而非只有负面的形象而已②。1931年上海国医学院教授沈仲圭就指出:"有国文助教曹湘人君,年逾不惑,因以嗣育艰难,纳村女为小星。性交时,阴茎举而不坚,服育亨宾,如石投水,商治于余,余劝食淫羊藿,曹重用一两,杂于大队补肾剂中,越日来告,服后同房,迥异平时。据此,可见本品确为壮阳药,而克治阴萎也。"③这原来的功效是良善的,但当这类药物变成商品时,它往往除了科学外还有一些需要点缀装饰的广告语言,而后者往往是问题之所在。当时报刊抨击"媚药之制,各国多有之,且自古即然,于今为甚,然媚药之流弊极大,等于自杀之刀。"这篇文章的作者孟特林列举春药之害:

> 一、某商人,蓄有媚药,每好合之前,必取而服一二丸,以助兴致,亦不告明其妻为何物,妻冰眼观之,以为必是补药之类,会夫出外经商,乃试取三四丸吞之,味甚甘香,异时性发,两颊发赤,春思大动,遂奔向夫弟求欢,幸夫弟正人,夺门而逃,待商人将归,其妻恐夫弟告其夫,竟当夜自缢死。(见清人笔记)二、粤纨袴子,得海狗肾数付全服之,忽性大发,有二妾,更番连御,犹不息,天将晓,下部便血不止,竟卒。(见该省司法公报)三、某甲向番僧赠得春药,服之不效,乃举瓶悉吞之,异日烦燥若焚,目赤气喘,妻妾以为狂,均远避,甲踊跃号叫,历一昼夜,人乃疲惫欲死,而生殖器则扩大若手臂,终身残废,盖其家中妇人,无此大量,可以容纳其器也。④

---

① 春草:《色欲问题》,《卫生报》,1928年第21期,第162页。

② 时人指出:"就本草(神农氏作)所载,其著者不外如琐阳、淫羊藿、仙茅、阳起石、鹿茸、天雄、附子、肉桂、沉香、破故纸、古卢巴、石燕、雀卵之类。然性皆偏温热,质偏慓悍,可暂不可常,多服必生痈疽等症,往往未获其益,先取其殃,得不偿失,甚非智者所取也。"大概可以看出中药的春药种类。引自朱振声:《壮阳与阳痿》,《长寿》(上海),1932年第11期,第44页。

③ 叶橘泉、沈仲圭:《药物:国产药物之研究(淫羊藿)(强壮药)》,《医学杂志》,1936年第66期,第26—27页。

④ 孟特林:《等于自杀!"春药"害人二三事》,《国际新闻画报》,1946年第66期,第9版。

这类故事的结局大多是悲惨的,目的是要指出春药之害,嘱咐世人不要轻易尝试吃春药。俞凤宾甚至指出:"中华医学杂志之报告中,凡导淫之药料,导淫之书籍,一概不登,有秘制药品,最为敛钱计者,亦在摒除之列,而医学界中承认该项杂志,有纯正之宗旨,至今已八载矣。凡属日报与杂志,均具宣传与教育之责任,皆当以良心为中枢,以改进社会为职务,则于公布事业,安得不审之慎之乎?"①即呼吁报刊杂志应该秉持良心,少刊登这类药品广告。

服用春药如是为了助兴,不在此文讨论范围,但服春药来治疗纵欲疾病,则绝对是错误的抉择,但什么是春药,怎么定义? 有人在报刊杂志上大谈伴侣使用春药配鸦片、酒的经验,这位女性读者指出:先生若服用春药,她受不了,反被先生责难;相反地,若不服药,先生又早泄,令这位女读者相当困扰。当时"两性专家"珍玲(化名)还加以解答:春药就是淫药,不可使用,因为会造成一种病态,反而会衰弱神经②。另一位作者指出:"凡能使生殖器兴奋及引起性欲之药剂,统名之曰春药。在阳萎早泄之病人,几无一不存心得一确实有效之春药。"但春药仅为一时性之兴奋剂,决非可以根本治疗疾病者,其作用均为暂时性的。当时除鸦片外,一些毒品如吗啡,也被认为是一种兴奋壮阳药,例如谓:"市上奸商,发售壮阳药物,借广告之力,行敛钱之实,种种色色,无非毒药制成。如吗啡之类,察其内容,实同春药。"③朱振声则指出鸦片之害:"兴奋一时,过后即告委靡,服壮阳药亦然,鸦片强提精神,兴奋所及,仍属固有之精气。正如寅借卯粮,罗雀掘鼠,难以持久,故吸烟之人,精血早枯,终难克享大年。"④若以会刺激性欲来看,当时新药品模糊的治疗定义、夸张的疗效,很容易让别人认定其为春药,例如"特效健神补脑片",声称透过无数动物和人的实验,确定该药有返回青春快感、恢复强壮生殖力的功效,主治生殖器衰弱、缺乏快感等症状⑤,这岂不就是春药? 春药大多具补阳的功能,危害不小,它扩张血管,有时会引发中风,又有时妨害神

① 俞凤宾:《性欲卫生论丛》,第 41 页。
② 艳霞、珍玲:《春药助兴的问题》,《玲珑》,第 5 卷第 34 期,1935 年,第 2231—2232 页。
③ 朱振声:《壮阳与阳痿》,《长寿》,第 44 页。
④ 朱振声:《壮阳与阳痿(续)》,《长寿》(上海),1932 年第 12 期,第 48 页。
⑤ 引自广告页:《解答健康疑难:(二十一)特效健神补脑片能痊治遗精》,《生命与健康画报》,1929 年第 4 期,第 7 页。

经,而使人变成色情狂,俗名"花痴"①,可见其百害而无一利。俞凤宾则指出:壮阳药大多具刺激性,肾脏组织娇嫩,不容刺激性药物摧残。若罹患阳萎、早泄之病,宜寻找正当医师,寻求合理治法,"或用高密电流,或用按摩手术,或用外敷之药,或内服之品,或用注射之剂,或用真空疗法,冷水磨擦等等,各随症情而选用,断不可乱服淫药,徒自扰耳"②。

中医也对当时的药品提出看法,认为这是大家分不清"兴奋剂"和"强壮剂"的差别。用过兴奋剂后,反觉困倦,用强壮剂则为积极作用,有益身体。人们饮酒、咖啡、茶及人参等,一时精神舒快,呼吸增进,"刺戟脑脊髓及末稍神经,而使盛其机能者",就是兴奋作用,可以兴淫欲;相反的,若吃姜类,百普圣(Pepsin)铁剂等,有健胃及补血之效,"增进食欲及消化,或增加血液之赤白血球而亢进其运行等作用",是谓强壮作用,乃对身体有益之药品③。其实,这很能映证史料所指陈,因为各种补脑、补血、维他命等广告,能治疗纵欲疾病,但却少有人认为、定义它们是"春药",可能这些药物都与单纯的补身体有关。或许有几则负面的评价可供检视,例如前面介绍含有铁、燐质的"实验保肾固精丸",也曾被俞凤宾质疑"吃了半打都没效",整个上海药市充斥一堆无效的保肾丸,他说:"如某某氏保肾丸,某某氏广嗣丹,某某氏狗肾丸,以及某某保命水,育兴平,并医肾专家某先生之药剂,均未尝试,深恐其偏于霸烈,求治反加害也。观其各种广告,均称药性温和,有百利而无一害,未识内中果有一灵效者否?"④这些都还只是"无效"的保肾药,但完全显示另一种指陈的是:有些"有效的春药",常是指荷尔蒙或激素药品,甚至有医师也认为荷尔蒙是一类效力极强之变相"春药"⑤。而事实上,没有一个药商会宣称自己在卖春药,而是这类药品总是宣称能壮阳、兴奋、治性

---

① 云:《春药与阳萎早泄》,《大常识》,1929 年第 119 期,2 版。
② 俞凤宾:《性欲卫生论丛》,第 36 页。
③ 禅航:《兴奋作用与强壮作用之区别》,收入王慎轩编:《中医新论汇编》,第 22—23 页。
④ 俞凤宾:《性欲卫生论丛》,第 39 页。
⑤ 阿拉记者:《禁淫声中之又一奇迹:立申药房公然出卖春药!》,《吉普》(周报),1946 年 4 月 22 日第 23 期,第 1 版。

冷感而得"春药"之名,或是能治疗"缺乏性欲"的问题①。如宣称某名教授渴龙飞 Dr. A. Kronfeld 曾用"育维宁"治天阉之男女数人,多能被治愈而重享房室之乐,故各国医家均推之为第一固本壮阳药。其宣称:凡因脑受刺激、神经衰弱或身体虚耗而致阳痿不举、房事不振者,尤宜长期注射②,这就容易被认为是春药。还有些罹患纵欲疾病的人,可能担心没有子嗣,结果服用来路不明的壮阳药,一开始有小用,但最后却导致肾脏发炎③。

终究春药害人的定义,除了病患与医者外,还要注意官方反应这一层面。1921 年,江苏省长王瑚曾通令省辖检察厅厅长、各道尹、县知事等人,据苏州警察厅长李明远称:"窃据职厅卫生科检呈岭南华商大药房售卖'肾中肾'之仿单一纸,核其词句,类似春药,当即令区觅购送厅以凭化验,并通令在未经化验确定以前,不论何种商店一概不准代销。经化验结果,'肾中肾'丸药中确有催淫药育汗宾之反应,实与卫生风化两有妨害。"这类药丸经岭南华商大药房制造,贩运内地,他通令江苏各县一体查禁。当时称禁止这类药的举动为"绝毒气",乃根绝春药流毒之风;④而"育汗宾"应即 Yohimbe,我们一点都不陌生,当时也翻成"育亨宾",在本文中已是"常客",民国时期早已被大量加入各种新式药品中。另一例是在 1929 年至 1930 年间,南京国民政府数次化验三德洋行及爱立司洋行发售的春药"生殖灵"⑤。其间,卫生部曾下令各地从严取缔,上海临时法院暨民政厅遵照发布命令,指出:"请饬属严禁市上售卖之三德洋行'生殖灵',以杜害源!"该案由上海市第三区党部,举发至上海特别市执行委员会,再转由上海特别市卫生局查明,该局复称:

> 窃查下局,对于本市劣商发售淫猥药物一事,早已注意;除将随时发见

① 上海申报馆编辑:《五洲新药陆续出品:俾得命药片优生特灵等》,《申报》,1939 年 4 月 15 日,第 12 版。

② 乃士:《壮阳新药论 Zur medikjamentoesen Therapie Sexueller Funktionsstörumgen》,《天德医疗新报》,第 1 卷第 3 期,1927 年,第 15—16 页。

③ 俞凤宾:《性欲卫生论丛》,第 36 页。

④ 王瑚:《江苏省长公署训令第一万一千五百八号(通令查禁肾中肾春药)》,《江苏省公报》,1921 年第 2869 期,第 2 页。

⑤ 刘瑞恒:《公牍:卫生部咨:第七一号》,《卫生公报》,第 2 卷第 1 期,1930 年,第 175 页。

之该项药品,经中央卫生试验所证明含有毒质者,函请公安局饬属查禁外,并于本年四月,拟就取缔淫猥药物宣传品暂行规则一种,呈准上海特别市政府公布施行在案,下局自前项暂行规则公布后,即派员逐日检查本市大小各报,将所有海淫药物广告,逐一开单,汇送公安局分别取缔罚办各在案。查三德洋行,及爱立司洋行,实为本市发售淫猥药物之最著名者,故下局于该行尤加注意,每次函送公安局名单中,均皆列入;且三德洋行之"生殖灵"一药,业经中央卫生试验所化验,证明含有春药毒质①。

当时记载,早有制订《取缔淫猥药物宣传品暂行规则》,随即逐日检查上海市大、小各报,将所有淫猥广告都进行逐一开单裁罚。公报中指出:这两个洋行是整个上海发售淫猥药物最恶名昭彰的商行,贩卖的春药"生殖灵",早应被取缔,但这两个洋行都位在租界,仗租界之名,藐视法令,难以取缔。所以可否通令各海关、各地主管机关,一体查禁,以绝害源,可见当时对春药的查缉非常积极。1925年生殖灵进入中国药市时,甚至还利用征婚广告,挂羊头卖狗肉,竟宣称某位85岁老人吃了"生殖灵",尔后"返老还童",所以又可以征婚了;②"返老还童"一直是后来荷尔蒙疗法非常喜欢用的形容词③,生殖灵传入中国较早,一开始显然有些耸动,引起卫生机关之重视。上海工部局和美国总领事馆还曾向中国提出抗议,认为药料纯正实在,不应取缔该药④。但取缔的行动没有停止,并且非常成功,因为有关该药的销售广告,在30年代后的《申报》上几乎绝迹了。但类似的例子恐怕不是一个个案可以说明的,因为之后又有名"生殖素"的激素药品,同样可治疗早泄、阳痿、肾病、男女神经衰弱等病,虽说该药是奥国医师发明的,但难保不是生殖灵"借尸还魂",当时南京国民政府卫生单位也没有时间与人力一一化验⑤。还有些报纸会揭发药房卖春药的消息,例如上海立申药房就被检举卖春药,当时上海有些地方是卖春药的知名商店街,这家药房就位在

① 《部咨取缔三德洋行等发售春药》,《江苏省政府公报》,1929年第317期,第16—17页。
② 参考陈湘涵:《寻觅良伴:近代中国的征婚广告(1912—1949)》,台北:国史馆,2011年,第286页。
③ 溪译:《返老还童有良药》,上海申报馆编辑:《申报》,1947年1月16日,第11版。
④ 上海申报馆编辑:《申报》,1929年11月18日,第13版。
⑤ 上海申报馆编辑:《申报》,1936年9月28日,第5版。

"西藏路会乐里群玉坊诸淫业市场之对面",店中陈列"措辞荒谬作风大胆之怪广告",广告招牌上写到:"本店出售贺尔蒙制剂某秘药①,分男女用二种,男用强身生精、返老还童;女用滋阴发情,健美调精",这"滋阴发情"根本就是春药用语②,可谓防不胜防。俞凤宾曾举英国为例,言西方取缔不正当之医家与药品相当严格,但人之性欲防不胜防,徒恃智识立法,每不足以处理这类情况③,可谓相当切中当时药品市场之乱象。还有更重要的是,这类不伦不类的广告,其实已反映出部分人的担忧与想禁又无法禁止的市场态势④。

又,1935 年 11 月 26 日,我们注意到了春药和毒品被一起放在卫生署的呈文中,明令禁止,函文记载:"案据报称本市中路九洲大药所经售之德国'爱的灵'药品,系属壮阳春药,讵该药房不顾影响社会,竟在江西《新闻日报》登载谎谬文语之广告一则,藉资引诱青年购服。"后江西特务处将该广告剪下,附呈广告一纸,函请江西省卫生处化验,结果"确属春药",而且广告"文字亦极猥亵"。中央卫生署随即函覆:请即刻取缔、通令严禁⑤。除了以上这些法令上的例子外,很多治疗纵欲药物的广告,也极有可能因为害怕被认为是春药,而努力澄清。象是"返雄年"一药,曾宣称可治疗生殖器短小,也被某些人认为即是春药,读者还写信问引进该药的卢施福医师,卢氏在报刊上回覆:"不是春药! 但确实是根本强壮身体和神经及恢复精力的药,不论已婚未婚都宜,服用于性交无碍。"卢氏后

---

① 笔者按:荷尔蒙、贺尔蒙、好尔蒙等,指的都是 Hormone 制剂,民国时期翻译新药名词尚未统一。有关该药的争议,笔者另有:《"返老怀童"的神话与实际——民初性荷尔蒙疗法在中国的转译、汇通与应用》,"赛先生在中国:中国科学社成立百年纪念暨国际学术研讨会",上海:上海社会科学院历史研究所、上海科学技术出版社,2015 年 10 月 25 日一文。

② 阿拉记者:《禁淫声中之又一奇迹:立申药房公然出卖春药!》,《吉普》(周报),1946 年 4 月22 日第 23 期,第 1 版。

③ 俞凤宾:《性欲卫生论丛》,第 30 页。

④ 南京国民政府在抗战前对春药的查缉是持续不断的,当然,许多正经补肾药也因为有"兴奋"、"持久"等药效而被认为是春药,化验后又还其清白的案例。这类例子显示当时社会与法律对春药害人的疑虑是相当深刻的。引自上海申报馆编辑:"补房取缔虚伪春药两案",《申报》,1937 年4 月 28 日,第 11 版。

⑤ 刘瑞恒:《卫生署咨医字第一四二号,请查禁爱的灵春药由》,《新药月报》,第 1 卷第 3 期,1936 年,第 10 页。

来还在药品广告下打出"绝对担保不是春药"的字样①。只是,同样的广告与读者问题,卢氏还兼卖电疗器、真空自疗器,宣称可使生殖器自动充血变大,卢回应说:最好在医师指示下操作②。贩卖这些器具,又似乎与闺房之乐有关,当时象是"生殖自疗器"等怪东西也被认为常和春药一同贩卖,而非为"补养身体"而设,将会被取缔③。卢氏虽不希望别人认为"返雄年"是春药,但用的宣传话语、一起贩卖的用品等,都让人想入非非,当时这类广告就是有如此特别之处,显示了另一种观看新药品与身体关系的视角。

七　结论

中国人喜欢补养,倒不用这一篇文章来加以证明。但是以纵欲疾病来看,新式补养方式、药品科技与商品之呈现,以及背后所映照的身体观和民国时社会文化思想之开放与中西汇通等等,都可以透过这篇文章来知其梗概。一则"自来血"的广告就指出:传统中医虽然有各种补剂,但缺乏迅速确实之效,这正是因为科学不精,对于身体某种物质,如血、神经等生理机能与化学成份不明所致,所以"补法多不确实";也就是新的药品有强大的科学、生理学、化学等科学知识在背后撑腰,与旧式中医补剂大不相同④。不过,在中西医交会的民国时期,以纵欲疾病与身体观来看,不能说是一种断裂或冲突,而应该用汇通与转化来看。从传统的精液、肾精、心肾交会、君火、相火等概念,其实都可以在西方的脑、肾、神经的身体观找到知识对应的路径;而不论是使用镇静还是补养药物,中西医也有许多类似之处,这两种治法,颇能看出中西医在这类疾病观上对照之可能;镇静神经与补养神经,恰可代表两种不同的治疗思维,中西医都有所论述。当然,尚

①　引自广告页:《解答健康疑难:(十七)返雄针是否春药》,《生命与健康画报》,1929 年第 3 期,第 7 页。

②　引自广告页:《解答健康摄影疑难:(37)性神经衰弱之自疗法》,《生命与健康画报》,1929 年第 7 期,第 7 页。

③　上海申报馆编辑:《两药房抄获淫具春药》,《申报》,1937 年 3 月 4 日,第 13 版。

④　上海五洲大药房编:《卫生指南》,第 1 页。

有许多层面的问题可供本文读者思考。

欲望难以节制、性欲容易冲动,都给了镇静药物之治疗一个合理存在的理由。正如文中所述,大部分的人还是有失去的身体精华要"补"回来的想法,再加上近代各种补养药品的兴盛,遂造就一个丰富的新式补养文化滋生的社会环境。在这里面,中西医可以各自表述,学理汇通是大于冲突的,但还是有值得注意的差异。首先,中国传统的方剂书,也都是好几种中药之混合,但是每一种药物讲究君臣佐使、禁忌、服用须知等等细节①,其实这套知识深植中国人的心中。但是当新药在民初被大量引进时,它们往往是藉着广告刊登或药房制造的商品目录来营销,这些知识载体必需要让读者愿意掏钱消费,药商极力希望药品能发挥一加一大于二的功效,所以添加了各种同类药料或不同元素的补剂,它类似于传统中医方剂的混合制剂,但问题也随之产生:传统中医方剂有使用禁忌、炮制等等规范,但西方药物的各种禁忌(副作用)、服用时机为何? 却通常不会被详细介绍;部分药物虽然有疗效之"证词",但真假为何? 一般消费群众(病患)大多不会、也没有能力印证。有些新药,例如民国时的妇科催生药,会声明它用新的科技将有害的副作用成份进行分离,变得更安全②,但在大部分的纵欲药物说明中,科学除了让药物效果更强更好以外,似乎较少考量药物对人体之害的层面。俞凤宾即指:所谓市井密医之流,岂能窥知科学原理? 这些广告都是西方人的伎俩,因为在西方药方是公开的,不正当之医药业,不交代成分,只能依赖广告术,利用中国病人多的特色,推行一种或数种药,谎称人人可服、救急亦可,常服亦可,人的体质、年龄都有差距,怎么可能一体适用? 结果是放任让西人怂恿性欲,被剥削脂膏,死而方休③。而且,通常报刊不会揭露这些负面讯息,因为报纸的经营还是需要广告,当时这类药品的销量应该不错,广告费可能也不算少,故

---

① 例如服用治阳萎的方子,即使是"秘方",都还会有"燥热阴亏者,万不可试"之警语。参考朱振声:《百病秘方》,收入陆拯主编:《近代中医珍本集——验方分册》,杭州:浙江科学技术出版社,1994 年,第 249 页。

② 《卧褥定:最新最有力最无害之催生剂》,《天德医疗新报》,第 7 卷第 2 期,1933 年,第 41—44 页。

③ 俞凤宾:《性欲卫生论丛》,第 35—36 页。

没有经营者会希望和荷包过不去①。

此外,就本文所揭示,所谓"纵欲"疾病,虽有一定的范围,但所包括的症状和衰弱的身体,指陈还是非常广泛的,不问因果,服药后一律"包治",当然也就非常让人联想到是否为春药或秘药,可说坏了原本"科学实验"的美意。张仲民认为,借用"强种""卫生",是近代药品的一种政治话语的转化;②那么,是否"遗精"、各种性神经"衰弱"、"肾虚"也是一种另类政治话语?的确非常可能,因为衰弱的病夫本为当时中国人最怕的代名词③。并且,笔者认为,实际上因纵欲而致病的统计,很难做到精准,因为一个人生病是纵欲致病,还是本来就有病、纵欲只是在病情进展过程中的一个因素而已,实难以定义。纵欲致病之所以可怕,可能在于传统中国人对"失精"的担忧。在生理学上,"泄精"(emission)不过是一种生理现象,而不是病理现象;④又,实在很难说中国遗精、手淫的病患有多少,虽然有统计证明90%以上的男子都会手淫,但手淫与疾病的关系,都还很难说。换句话说,其实"手淫遗精"或"早泄遗精"、乃至"房事(过度)出精",可能是一种民众对失去身体精液的担忧,至于其他各种劳累、思虑的遗精,或许也参杂了

---

① 有关中国近代的药品文化史,研究者多运用报刊资料,有许多研究推陈出新,较具代表性的除了前面提到的张仲民外,还有如黄克武:《从申报医药广告看民初上海的医疗文化与社会生活,1912—1926》,《中研院近代史研究所集刊》,第17期下册,1988年12月,第141—194页。后来他又有,《广告与跨国文化翻译:20世纪初期〈申报〉医药广告的再思考》,《翻译史研究》2辑,2012年12月,第130—154页。而张哲嘉针对女性与医者在杂志专栏内的讨论,来探讨中西医学概念的融合,也牵涉不少媒体传播、疾病解释和性别史的综合讨论,参考氏著:《〈妇女杂志〉中的"医事卫生 顾问"》,《近代中国妇女史研究》,2004年12月第12期,第145—166页,还有《〈妇女杂志〉中的药品广告图像》,收入王淑民、罗维前(Vivienne Lo)主编:《形象中医——中医历史图像研究》,北京:人民卫生出版社,2007年,第111—116页。药品与商业、身体观之研究,则有张宁:《阿司匹灵在中国——民国时期中国新药业与德国拜耳药厂间的商标争讼》,《中研院近代史研究所集刊》,2008年3月第59期,第111—119页。以及张宁:《脑为一身之主:从"艾罗补脑汁"看近代中国身体观的变化》,《中研院近代史研究所集刊》,2011年12月第74期,第1—40页。台湾的部分也有祝平一:《塑身美容、广告与台湾九〇年代的身体文化》,收入《文化与权力——台湾新文化史》,台湾:麦田出版社,2001年,第259—296页。皮国立:《中西医学话语与近代商业论述——以〈申报〉上的"痧药水"为例》,《上海学术月刊》,第45卷第1期,2013年,第149—164页,则注意到药品与疾病知识之间关系之形塑。

② 张仲民:《出版与文化政治:晚清的"卫生"书籍研究》,第273—290页。

③ 杨瑞松:《想象民族耻辱:近代中国思想文化史上的"东亚病夫"》,《政治大学历史学报》,2005年第23期,第1—44页。

④ 盖顿(Arthur C. Guyton)、候尔(John E. Hall)原著:《新编盖统医用生理学》下册,林佑穗、袁宗凡编译,台北:合记图书,2000年,第1009页。

一些想象、自我定义的虚弱感,它结合了传统中医的疾病观和参照西方脑与神经身体连结而形成的一种合理化的致病逻辑,而它们大多都指向"纵欲"的因子罢了①。还加上近代生活忙碌、城市生活灯红酒绿、性观念开放等等,当然也是造成这类疾病被合理化的因素。所以这类药品,不单只是论"纵欲"疾病,其实已扩展到"不行患有和纵欲后一样的衰弱"这一心理层次上,加上这类疾病往往还有隐密性,患者常常已合理化自己纵欲行为与疾病之间的关系,所以各类药品当然极力夸大其辞,塑造一种用药的合理性,迎合消费者担忧衰弱的预期心理,促使其买单,民国时期的各式中西补药,也大多具有这种特色,无需重复论述。即使有各种可能和春药划上等号的负面论述,但此类药品依旧是民国时期药品市场上的宠儿,讨论民国的药品广告,其弊端与意义还有这些,不可不知。

一个时代有一个时代追求健康的方式与特定之"卫生观"存在,它会随着科技进步与社会文化的改变,而不断呈现新的风貌。笔者相信,医疗史价值之升华,某部分在于笔墨研究如果真的可以带给人类于现实日常生活上的一些反思,使得"聚焦健康"兼有日常生活史上的"历史"与"现实"意义;②那么,或许我们都应该更审慎地来检视我们周遭已被框架的药品文化及其知识话语,进而去追求更合理的医疗质量与健康观念。

① 让·史坦杰尔(Jean Stengera),安娜·凡·奈克(Anne Van Neck):《自慰:恐惧的历史》,第220 页。

② 笔者希望医疗史能不断展现一些新的意义,或许这样历史与现实之结合,不失为医疗史成为"实学"、"活的学问"的起点。一些想法与灵感之来源,参考余新忠:《回到人间,聚焦健康——新世纪中国医疗史研究刍议》,《历史教学》,2012 年第 11 期下,第 3—11 页。以及《当今中国医疗史研究的问题与前景》,《历史研究》,2015 年第 2 期,第 22—27 页。

近代中国的疾病、身体与成药消费文化：以五洲大药房"人造自来血"为中心的考察

沈宇斌[*]　范　瑞[**]

1929 年,外国记者 C. A. Bacon 在一份对中国药业的调查报告中宣称,一家名叫五洲大药房的企业集团在全国有二十家分店,年收益达到四百万元,是"上海乃至中国最大的药品生产商"[①]。到 1936 年,这家企业在上海市区中心的福州路建立起一座气势恢宏的十层大厦"五洲大楼"作为新的总店,营业额接近一千二百万元[②],被誉为中国"药店之王"[③]。可是五洲大药房在 1907 年开办之初,资本还不到一万元,规模非常小。人们不禁要问,短短三十年的时间,这家"药店之王"究竟是通过怎样的方式发展起来的呢? 著名企业史家高家龙(Sherman Cochran)在其专著《中国药商》(*Chinese Medicine Men：Consumer Culture in China and Southeast Asia*)中有专门一章讨论这个问题。他认为五洲大药房的成功关键在于其在各大城市和中小市镇建立的全国性的市场网络[④]。从企业制度

＊ 德国马普科学史研究所博士后研究员。

＊＊ 新加坡国立大学中文系博士候选人。

① C. A. Bacon, "Pharmacy in Shanghai", *Chinese Economic Journal*, Aug. 1929, p. 658. 转引自 Sherman Cochran, *Chinese Medicine Men：Consumer Culture in China and Southeast Asia*, Cambridge：Harvard University Press, 2006, p. 68。

② 上海社会科学院经济史研究所:《上海近代西药行业史》,上海:上海社会科学院出版社,1987 年,第 265—266 页。

③ 《中国国货工厂全貌》(初编),五洲大药房股份有限公司,1947 年 10 月,上海市档案馆,Y9-1-99-12。

④ Sherman Cochran, *Chinese Medicine Men：Consumer Culture in China and Southeast Asia*, Cambridge：Harvard University Press, 2006, pp. 64-88. 蒙复旦大学张仲民教授惠寄本书,特此感谢。

史的角度来看，高氏的观点很有说服力。但是，作为一家药房，五洲大药房在拓展全国性市场网络之前，还必须有能够打入市场的产品。1907 年五洲大药房始创之时，生产有 7 种本牌药品，最主要的是一款名为"人造自来血"的补血药，其年产量只有 3 千多公斤。到 1936 年，人造自来血已经成为当时中国最畅销的补血药品，其年产量接近 13 万公斤。当时五洲大药房的本牌药品共有 700 多种，其全部营业额的三分之一都是人造自来血所创造的①。所以业界一直有五洲大药房"靠人造自来血发家"的说法。而在药品之外，五洲大药房在 20 世纪 30 年代发展起来的另一项主要业务"固本"肥皂，非但没有盈利，反而要靠人造自来血的利润来维持，以致于又有"以血养皂"一说②。我们认为，人造自来血的畅销，不仅仅是五洲大药房的发展壮大的缩影，甚至也可以说，是五洲大药房成功的另一个关键所在。

但是这个名称有点古怪的"人造自来血"到底是一种什么样的药？目前学界似乎并无细致的考察。让我们先看两则人造自来血的广告。第一则广告《五洲大药房自来血普及环球》刊登于 1911 年 2 月 26 日《申报》第六版：

> 一国之盛衰在于民气，一身之强弱在于血气，故血气者，夫固强国强种之原料也，现今为铁血相争之时代，固吾人所急当研究而不可缓者，固莫此血气，若而自来血乃适出现于今日，此自来血之方为英国皇家医生所定，风行西土已数十年，西国人民莫不珍之如宝，如英国伦敦之皮皮台根，俱为百余年之大药厂，均皆精功制造，今本药房用借助他山之法，不惮辛劳，特运原料来华，发行至今，业已销尽数百万打，使凡心亏血少因而体弱无力者，一经尝服，均得益血状体之效果，西人最精养血之法，故能人人体质强弱，无文武之别，吾华幸弗轻视次自来血，盖其中实有绝大之能力也。试验法：世界开明，万事非有确实之证佐，则万不能道其实，此自来血专增心经之血液，其功补益全体……又有最明智确证，如疲劳过度之人，肾水既亏，元精必薄且冷，

---

① 《人造自来血》，上海市卫生局成药调查表，第 137 页，上海档案馆 Q400-1-2863《人造自来血生产记录》，上海市档案馆藏，档号 Q38-37-126。

② 上海社会科学院经济史研究所：《上海近代西药行业史》，上海：上海社会科学院出版社，1987 年，第 266 页。

服自来血七日之后，则其精水必浓而温，因精乃学所聚集而成，血亏斯精亏，故补血即所以补肾，以上均可以证明其功效者也。更有可试验者，乳母之乳水，或不足或切浓，服此自来血七日之后，乳水必能增浓三倍，又如妇女经水或淡或冷或迟或早，或痛，滴漏不息，连服一月，则淡者变红，且无冷痛、迟早、滴漏不息之患，如能常服，则每月调均，必无衍期，均证服自来血能增多血液之最易试验法也。

根据这则广告，人造自来血是一种补充血气的药物，对传统中医所谓的"心亏血少"和肾亏等病症均有"疗效"，乃至可以增乳调经。特别值得注意的是这样一段："人造自来血之方为英国皇家医生所定，风行西土已数十年，西国人民莫不珍之如宝，如英国伦敦之皮皮台根①，俱为百余年之大药厂，均皆精功制造，今本药房用借助他山之法，不惮辛劳，特运原料来华。"也就是说，虽然补的是血气和肾亏，人造自来血却是一款西药。

然而，1911 年 10 月 11 日《申报》第五版的另一则广告"救二十世纪贫血症之良药"却有着不同的说法：

看呀！请看呀！请看人造自来血有一绝，二特，三奇，四妙，五美，大能之效呀。那哼叫做一绝呢，这个人造自来血为本药房特制的药品，又是二十世纪补血的圣品；你道可算是一绝吗？那哼叫做二特呢？这个人造自来血非但救得贫血症，就是那个先天不足，后天失调的人服了自来血，无不立奏功效，岂非是二特；血淡者服本药房自来血，血就转红，血虚者服本药房自来血，血就充满，举凡咳嗽，痨瘵，病瘕之人，服本药房自来血就可渐渐还原，真要算是三奇；治血之药，环球上要算是本药房的自来血为最，而且取价之廉，服用之便，奏效之神，药力之大，种种仿佛仙丹的虽算是四妙；自来血的原料纯用重贵的药材，并无毒质，参以化学制成，所以和平而神，凡服过本药房的自来血保证，赞扬络绎于道，可要算是五美；这个人造自来血能治小儿乳水不足，先天亏乏，四五岁尚未能行走，或患疳积，或患童痨，服这个自来血后，

① "皮皮台根"具体所指不详。似乎是对 British Pharmaceutical（BP）Tycoon（英国药业巨头）的音译。

即能百病不侵,幼小血足,到老无恙;常服本药房的自来血能使孕妇临产必安,而且所生的儿子日后疾病必少,因先天既已受补,则血气必能充盈,况乳母之乳汁既足且佳,故小儿体质自能健壮;能治中年先天不足,后天失调,或是房痨过度以致面黄肌瘦,头晕目眩,腰酸腿软,四肢无力,肾亏肝旺,脑空而鸣,若连服一月则面色必渐渐红润,盖前所消耗之血液等,等到服了自来血之后,血气已能补足,诸患早已悉除,自然身壮力健;能治文人刻苦用功,思虑过度,以致心血耗尽,面白似纸,骨瘦如柴,服本药房的自来血则心力渐壮,血气渐充,心宽体胖,获益匪浅,能治年老的人血气衰弱,精神困顿,若常常连服,能使发乌发黑,骨健肌精神日见强旺,返老还童,操券可待,以上六种你道还是不是六能吗?凡此种种,功效卓著,非但本药房可以自信各埠睹君的来函保证,老汉赞扬犹复络绎于道,故凡服过本药房的人造自来血者,能晓得自来血为二十世纪救贫血症之良药。

根据这则广告,人造自来血主要的定位是治疗"贫血症"。按照《大不列颠百科全书》的解释,贫血(anemia)是指循环血液单位容积内血红蛋白量、红细胞数和红细胞压积低于正常值的病理现象。但是,上述人造自来血的广告对"贫血"的理解显然并不是单纯的西医 anemia 定义,还杂糅了中医的"血虚证",也就是人体内阴血不足的亏虚状态。更为吊诡的是,广告宣称"自来血的原料纯用重贵的药材,并无毒质,参以化学制成",似乎又在暗示说它是用化学方法制作的"中药"。

那么在当时的语境下,"贫血症"到底是什么病状?为什么要治疗"贫血症"?人造自来血到底是什么药品?它对"贫血症"真的有疗效吗?它又是如何成为当时中国最为畅销的补血药品呢?从五洲大药房"人造自来血"的个案出发,我们又能对近代中国的疾病、身体观念的变化和医药消费乃至整个近代中国史有什么新的认识?本文试图在前人研究和档案资料的基础上对这些问题加以考察,并提出一些思考的线索。

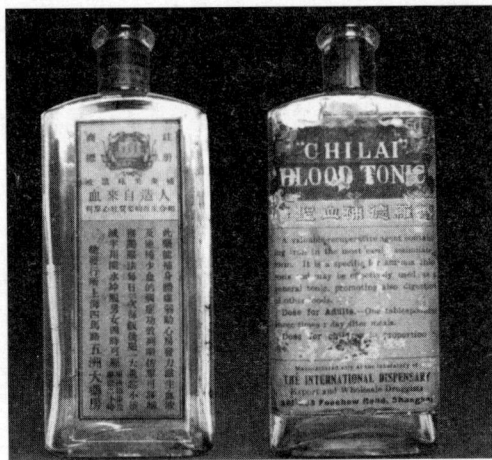

图 1　人造自来血①

一　贫血症与血虚

疾病史的研究以往主要关注传染病对人类社会的影响,特别是人口死亡率这类问题。这种研究取向在西方学界起源于 20 世纪 60—70 年代,开创者主要有 Alfred Crosby、Philip Curtin 和 William H. McNeill②。这类研究主要将疾病当作是一个纯粹的生物学现象,缺少社会文化的视野。不过,从 20 世纪 80 年代开始,在社会文化史的影响下,疾病的社会建构论在疾病史研究中逐渐占据主流地位。这种观点认为,疾病的"概念"决定了人们对疾病的认识,而概念本身就是社会建构的产物,因此"疾病"并不是自然产物,而是社会文化现象③。按照此种取向,"贫血"其实也是社会建构物。目前最主要的研究当属 Karl Figlio 有关"绿色贫血"(chlorosis)的专题论文。这是一种严重的贫血症状,患者的肤色会呈现

---

① 左旭初:《早期世界博览会中国获奖产品商标图鉴》,上海:上海科学技术出版社,2010 年,第 132 页。

② John McNeill, *Mosquito Empire*, *Ecology and War in the Greater Caribbean*, 1620-1914, Cambridge: Cambridge University Press, 2010, p. 10.

③ Mark Harrison, *Disease and the Modern World*: 1500 *to the Present Day*, Cambridge: Polity, 2004, pp. 6-10.

绿色,在19世纪的英国有过大量患者。他认为这是一种针对当时女性劳工的社会疾病建构,体现了维多利亚时代的阶级关系①。

虽然美国著名的医史学家 Charles Rosenberg 对这种趋势提出修正,呼吁进行"疾病的形塑过程(framing disease)"的研究,以平衡自然论和社会建构论这两种极端取向②。但是近年来的研究趋势,还是证明了社会建构论的强势地位,特别表现在近年来"为疾病书写传记(writing biographies of specific diseases)"的浪潮上。Charles Rosenberg 自己就正在主编一套这样的传记丛书。他认为不同疾病的概念具有特质和历史,因此可以书写不同疾病的传记③。他的学生,中国医疗史家韩嵩(Marta Hanson)也赞同这种取向,并将近来中国疾病史的相关成果(包括她自己有关"温病"的研究)也归于这种风潮④。但是因为中国传统医学和现代生物医学(bio-medicine)在疾病的术语概念有着诸多不同,书写中国疾病的传记存在着一个转译混杂(translational hybridity)的问题,现有的研究也大多关注到了这一点。吴章(Bridie Andrews)在一篇经典论文中揭示了在细菌学说传入中国的过程中,中国人是如何用"肺痨"来理解西医的肺结核(tuberculosis)的。在其博士论文中,她也讨论了一个类似的例子:用"疟"和"疾"的连称来指代 malaria,展示了中文"疟疾"的模糊性;⑤班凯乐(Carol Benedict)在其关于清代鼠疫的专著和系列论文里也指出,在现代实验室医学(laboratory medicine)诞生

① Karl Figlio, "Chlorosis and Chronic Disease in Nineteenth-Century Britain: The Social Construction of Somatic Illness in a Capitalist Society", *Social History*, Vol. 3, 1978, pp. 167–97.

② Charles Rosenberg, "Introduction: Framing Disease: Illness, Society, and History", in Charles Rosenberg and J. Golden eds., *Framing Disease: Studies in Cultural History*, New Brunswick: Rutgers University Press, 1992, pp. xiii–xxvi.

③ Charles Rosenberg 主编的丛书是 Johns Hopkins Biographies of Diseases。关于"疾病的传记"这个概念的详细介绍,见 Charles Rosenberg 为 Randall Packard 的疟疾传记所写的序言:Randall Packard, *The Making of a Tropical Disease: A Short History of Malaria*, Baltimore: The Johns Hopkins University Press, 2007, pp. vii–ix。

④ Marta Hanson, *Speaking of Epidemics in Chinese Medicine: Disease and the Geographic Imagination in Late Imperial China*, London and New York: Routledge, 2011, pp. 9–11.

⑤ Bridie Andrews, "Tuberculosis and the Assimilation of Germ Theory in China, 1895–1937", *Journal of the History of Medicine and Allied Sciences*, Vol. 52, 1997, pp. 114–157; "The Making of Modern Chinese Medicine, 1895-1937", Ph. D. dissertation, University of Cambridge, 1996. 感谢班凯乐教授提供该论文。

之前,特别是 1894 年鼠疫杆菌被发现之前,历史上的类似鼠疫的记载以及传统中医的"瘟疫"或"疠"都不能轻易等同于现代意义上的腺鼠疫;①梁其姿在其关于中国麻风史的专著中也着重讨论了"癞"、"大风"与"麻风"(leprosy)的关系以及这些疾病概念的变迁;②转译混杂这一问题,在司马蕾(Hilary Smith)对脚气病的研究中体现得最为明确。她指出,脚气在中古中国是一系列病症的统称,但是到从 19 世纪末开始,受到日本医学翻译名词的影响,脚气在临床诊断中与维生素 B1 缺乏病(beriberi)等同起来,在日常生活中则是用来指代运动员的汗脚③。

对民国时期"贫血"的理解也应该在这一脉络下展开。"贫血"这个词并不见于之前的中国文献记载。很有可能是源于日文新名词"贫血症"对西文 anemia 的翻译。美国传教医生洪士提反(Stephen Alexander Hunter)在 1886 年编译的《万国药方》一书中则将 anemia 翻译成"血薄症,又名血亏虚,又名血虚"④。这反映了当时传教医师试图用中医能理解的术语来翻译西医病名,是一个典型的转译混杂,直到今日,仍有一些医师将"贫血"归入"血虚"的一种⑤。

但是,"贫血"和"血虚"两者其实并不是一回事。除了在各自领域中的定义不同之外,两者在身体观念上也有所差异。首先,中医的"血"与西医对"血液"的认识并不一样。传统中医认为生命的根本是"气",又根据万物皆有阴、阳两种形式的哲学观,"气"为"阳",其"阴"的表现形式则为"血"。也就是说,与"气"一样,"血"也并非实体。按照西方古典医学"体液论"(Humour theory)的整体论说,血液(blood)一开始也是抽象的。但是随着西方医学的发展,特别是受

---

① Carol Benedict, *Bubonic Plague in Nineteenth-Century China*, Stanford University Press, 1996;关于"转译混杂"问题,参见她的论文 "Framing Plague in China's Past", in Gail Hershatter, et al., eds., *Remapping China: Fissures in Historical Terrain*, Stanford: Stanford University Press, 1996, pp. 27-41。

② Angela Ki Che Leung, *Leprosy in China: A History*, New York: Columbia University Press, 2009.

③ Hilary Smith, "Foot Qi: History of a Chinese Disorder", Ph. D. dissertation, University of Pennsylvania, 2008.

④ 洪士提反编译:《万国药方》,上海:上海美华书馆,1890 年,第二卷,第 72 页。

⑤ 段钦权:《贫血》,北京:人民卫生出版社,1983 年,第 18 页。

到十七世纪哈维(William Harvey)血液循环理论的影响,血液逐渐实体化①,并被看做是身体中最重要的物质②。其次,正如栗山茂久(Shigehisa Kuriyama)在对中国与希腊古典医学的比较研究中指出的那样:传统中医强调生命或作为其根本的血气处在不断的消耗之中,绝大多数人因做不到"克欲"而无法阻止或延缓生命的消耗与亏空,于是有"五劳七伤、诸虚百损",或一切病症说到底就是"虚",也即血气的不足。补血文化在中国根深蒂固也就不足为奇了。相反,古典西医却认为过多的血液对身体并无益处,放血疗法(bloodletting)在西方有两千多年的历史③。最后,由于妇女经期或分娩时会流血,中医传统认为"血"对妇女的健康尤为重要。虽然吴章提出明清时代江南地区也有柔弱男性补血的说法④,但是一般来说"补血"往往是与妇女相关的,例如以当归为首的补血药"四物汤"被奉为"妇女至宝"⑤。而西医概念的贫血则没有严格的身体性别差异。1873年,时任厦门海关医官,日后被誉为"热带医学之父"的万巴德(Patrick Manson,1844-1922)医生在《中国海关医报》(*Medical Reports of Imperial Maritime Customs*)上报告说:在中国人口死因中,贫血(anemia)仅次于天花,居第二位。导致贫血的原因有两类:一类是由疟疾(malaria)引发,另一类是由于饮食的贫乏。他甚至认为,中国人的民族性格,如"强烈的保守倾向、对先例迷信般的崇敬、在压迫下的忍耐力、艺术与科学的发展停滞",这些被西人看作是"无法改变、适应和创新"的表现,在很大程度上是中国人普遍贫血(导致大脑和精力衰竭)的恶果⑥。

---

① Shigehisa Kuriyama, "Interpreting the History of Bloodletting", *Journal of the History of Medicine and the Allied Science*, Vol. 50, 1995, pp. 45-46.

② Noga Arkiha, *Passions and Tempers: A History of the Humours*, New York: HarperCollins, 2007, pp. 233-234.

③ Shigehisa Kuriyama, "Interpreting the History of Bloodletting", *Journal of the History of Medicine and the Allied Science*, Vol. 50, 1995, pp. 36-40.

④ 吴章:《"血症"与中国医学史》,余新忠主编:《清以来的疾病、医疗和卫生:以社会文化史为视角的探索》,北京:北京三联书店,2009年,第159—188页。

⑤ 参见 Furth, Charlotte. *A Flourishing Yin: Gender in China's Medical History*, 960-1665, Berkeley: University of California Press, 1997。

⑥ "The Drs. Manson's Report on the Health of Amoy for the half year ended 30th September 1973", *Medical Reports of Imperial Chinese Maritime Customs*, 1873, No. 6, pp. 22-30.

二 贫血和血虚的疾病身体观

如何来理解人造自来血的这种杂糅的"贫血"/"血虚"和补血的身体观念？黄克武在其讨论民初申报广告的重要论文中指出，当时广告的诉求点往往围绕"性"、"脑"和"血"这三种病因论展开(即脑力衰竭、房事过度和男妇血虚)①。19世纪中叶西方医学传入中国之后，特别是受到强国强种的社会达尔文主义影响后，中国医学身体观发生了转变。传统中医身体概念中的"血、气、肾"与西医的"贫血"、"神经"、"脑"开始出现混杂的现象。贫血/补血也应当放在这一身体观的转变中去考察。

在西医理论中，"脑"这种器官司记忆和思考，地位非常重要。而在传统中医理论中主掌思考的是"心"。五脏六腑并没有"脑"，脑(称为髓海)相对于脏腑来说，为从属地位。中医向来无补脑之说。随着西方医学、生理学和解剖学传入中国，"脑"的功能也开始为国人所知。高家龙(Sherman Cochran)以黄楚九和中法大药房的"艾罗补脑汁"为例，讨论了"脑"与"补脑"概念的兴起。他认为，通过黄楚九的大力鼓吹，特别是利用现代印刷文化和广告技术，在中国的"医学身体"中，"脑"摆脱了之前的从属地位，一跃成为最重要的"脏"，从而掀起补脑热潮②。在高家龙之后，张宁和张仲民就艾罗补脑汁与中国身体观念、消费文化的相关议题，也已有非常深入的研究③。这里不再多言。

传统中医有"人始生，先成精"，然后脑、髓、骨、筋、脉、皮肉、毛发等形体组

① 黄克武：《从申报医药广告看民初上海的医疗文化与社会生活，1912—1926》，《中研院近代史所集刊》第17期下册，1988年12月，第141—194页。

② Sherman Cochran, "Marketing Medicine and Advertising Dreams in China, 1900-1950", in Wen-hsin Yeh ed., *Becoming Chinese: Passages to Modernity and Beyond*, Berkeley: University of California Press, 2000, pp.63-64.

③ 张宁：《脑为一身之主：从"艾罗补脑汁"看近代中国身体观的变化》，《中研院近代史研究所集刊》，第74期，2011年12月，第1—39页；张仲民：《补脑的政治学："艾罗补脑汁"与晚清消费文化的建构》，《学术月刊》，2011年9月号，第145—154页；《晚清中国身体的商业建构：以艾罗补脑汁为中心》，杨念群主编：《新史学》(第5辑)，北京：中华书局，2011年11月版，第233—263页。

织逐渐生成的说法。因此，肾被称为"先天"，肾不足即先天不足，补肾因之是补身之首。到了近代，在进化论的影响下，肾对于种族繁衍的重要性得到加强。夏互辉（Hugh Shapiro）在对"遗精"和"肾亏"/"补肾"的研究中，不仅追溯了这个问题在医学思想中的内在发展，还对至今仍存在于东亚各国的独特文化——"肾亏"和"补肾"文化做了较为合理的解释。另外，他对"神经衰弱"（neurasthenia）这一现代西方文明病和神经学说在中国发展的历史也已有细致的讨论①。

　　但是对血的转变，目前在学界受到的关注似乎不多。最重要的是吴章的专文《"血症"与中国医学史》。她首先梳理了中医传统中对"血"的认识，特别是清代江南温病学派强调江南柔弱男性也需要补血。接着详细地讨论了近代以来西方医学的引入对中医"血"的观念的影响。英国传教士合信（Benjamin Hobson，1816-1873）在其所著的《全体新论》中，介绍了哈维的血液循环理论。在这一翻译过程中，合信有意识地用中医术语的经、脉、络来解释"血管"，用血液循环理论来比附中医关于血气运行的说法："人生百体赖血以生生不已，血必有减无增，故须以补之食物精液由吸管递运至劲，入总管与回血达心右房，混然滚和乃由右房过肺化为赤血，返心左房，运样全身。"②受到合信和王清任《医林改错》的影响，清末中医唐宗海创造出一类新的中医疾病"血症"及其治疗方法。19世纪80年代由江南制造总局出版的西医手册《内科理法》（Hooper's Physician's Vade Mecum：A Manual of the Principles and Practice of Physic：with an Outline of General Pathology，Therapeutics，and Hygiene）也对人体血液的状况尤为关注，认为血液过多或过少都会导致疾病。吴章强调这种中西医学对血作为病因的重视和社会达尔文主义的影响，使得补血药在近代中国形成了一个巨大的市场③。

---

① Hugh Shapiro, "The Puzzle of Spermatorrhea in Republican China", *Positions：East Asia Cultures Critique*, Vol. 6, 1998, pp. 551-596; Hugh Shapiro, "Neurasthenia and the Assimilation of Nerves into China", http://www.ihp.sinica.edu.tw/~medicine/conference/disease/shapiro.PDF.

② 合信：《全体新论》，北京：中华书局，1991年，卷22《血脉管回血管论》。

③ 吴章：《"血症"与中国医学史》，余新忠主编：《清以来的疾病、医疗和卫生：以社会文化史为视角的探索》，北京：北京三联书店，2009年，第159—188页。本文在写作之时，吴章教授的这篇论文尚未发表。承蒙吴教授惠寄文稿 *Blood in the Late Qing Medicine*，特此感谢。

166

但吴章并未考察人造自来血的畅销如何反过来促成关于血与贫血的新知的普及以及相应新身体观的塑造。本文将就这一问题进行初步的探讨。我们翻阅了1907年到1941年《申报》上刊登的人造自来血广告,有如下两个基本的发现:

其一,大致自二十世纪二十年代以来,"血"的概念由传统中医所讲的与"气"同质的抽象的"血"逐渐转变为流淌在身体内的真实存在的"血液"。如1920年12月《申报》上连载的9则人造自来血广告由浅入深地介绍了验血的常识。第一则写道:"验血并非奇事,凡医科或生理专家,苟备药识,皆能为之验血,男妇老幼,苟爱重生命,皆当受之,法以专门无毒之采血针,向耳垂或指尖一小滴,供作种种试验,有无疾病,了如指掌,受验者,并无苦楚。"①又如1922年出版的五洲大药房产品说明书《卫生指南》更是教给消费者一个简便易行的验血办法,用以判定身体是否以缺血及人造自来血的疗效:"可用一小针刺破皮肤,挤血一滴,渗入白纸,待服本品七日后,再施前法,将二次血斑相较,后者指血必红于前","血色愈红,血质愈浓",人造自来血的疗效也便得到了证明②。

西医精英陈志潜在1928年发表的题为"血"的文章中称,"普通人对于'血'实在有许多误解",最主要的一点是不明白诊断精确的重要性,不乐意验血,医生往往出于节省时间的考虑而"迎合病人的心理,放弃验血"③。可见,人造自来血的广告在普及验血常识上是有意义与价值的。更重要的是,对照陈志潜长达20多页的文章,人造自来血的广告通俗易懂,形象生动,更易于为一般民众所接受与认可,更有利于关于血的新知的普及。

其二,虽然早在二十世纪初"贫血"一词便流传开来,但直到二十世纪四十年代,对贫血病因论的解释仍依托于传统中医所讲的"血虚"。人造自来血问世之初,五洲大药房曾以治疗贫血作为其广告定位。如1911年的一则广告称,"人身以血液为主要,其全量大人约占身体十二分之一,初生儿即为十九分之一,女多于男,壮多于老,若血液减其常量时,是为贫血,其表征先于眼目口唇爪尖等处之皮肤粘膜变成苍白色,尤以唇脸失其红色为其甚者,全身状如腊人,次为筋骨

---

① 广告:《人造自来血 验血(一)》,《申报》,1920年12月6日,第一张第3版。
② 五洲大药房编:《卫生指南》,1922年,第2—3页。
③ 陈志潜:《血》,《医学周刊集》第一卷(1928年),第86—119页。

衰弱,步履维艰,浑身倦怠,思想力,记忆力同时减退,再次而发头昏目眩,耳鸣呕吐,吭逆欠伸及酷暑畏寒,严冬怕冷等症,皆因血液衰弱唯一之主因"①。这则广告给出的完全是现代生物医学对贫血的界定。不过这一单纯治疗贫血的广告定位很快被放弃了。之后的广告中,贫血与血虚往往同时列为人造自来血可以治疗的病症,或治疗贫血与治疗血虚被当作是一回事。如1930年的一则广告中称"人身赖多血而活,故凡贫血致人,际此时序无论如何讲究,终无术足以挽救,……凡诸虚百损,五劳七伤,一切虚弱症候,其总因皆由贫血而起"②。这则广告套用了传统中医的"虚劳说",只是血虚换成了贫血。

在中西医之争下,中医寻求自身学说的"科学化",但却被西医批判为牵强附会。与中医一样,五洲大药房在营销人造自来血时也试图在中西医之间建立联系。如果说中医是牵强附会,那么五洲大药房的营销策略则可说成是字词拼接,如依据字面意思差不多,将贫血与血虚拼接在一起。又如一则广告中称:"五行之中,心属火,其形圆,上阔下尖,内分上下左右四房,皆有管窍,为生血回血之用,盖血受炭气则色紫,回行至心右上房,有一总管,接回血入心中。落右下房,又一总管,运血出而过肺,被肺气吹去紫色,遂变纯赤,还人心之左上房,落左下房,又有一总管,运血出行,遍于周身,回转于心,此即内经心主血脉之说也是故心血足则气体充实,精神活泼,其人未有不康健胜宜常者,反是,而或患惊悸怔忡,夜不能寐,甚且面黄肌瘦,腰酸骨痛,疲倦乏力,索然无生气者也。人造自来血能补心血之不足,能助心房之发力,服之自然壮心经,多血液……"。在这里,哈维的血液循环理论与《黄帝内经》中的心主血脉说,或更确切讲,是"心主血脉"这几个字被拼接在一起,其依据仅在于二者的关键词均为"心"与"血"。尽管合信将传统中医所说的经、脉、络翻译成"血管"已然为中医界所认可,但心主血脉说要复杂得多。换言之,对于这则广告将心主血脉说"简单"化为血液循环理论的作法,中医极有可能是不赞同的。但一个不争的事实是,人造自来血的广告依据字面意思或关键词相同,将中西医联系在一起的方式更易于让消费者相信中医是科学的。

综上所述,人造自来血的畅销促成了一种或可概括为"补给血液"身体观的

---

① 广告:《人造自来血为生血之母》,《申报》1911年1月11日,第二张第8版。
② 广告:《人造自来血》,《申报》1930年10月22日,第三张第6版。

形成。一方面,贫血与血虚的混同使得传统的补血文化得以延续,另一方面,"血"的概念转向现代"血液"。从人造自来血的例子可以看出,单从内容上来看,药品广告在塑造身体观上所起的作用就要比中西医期刊大。更何况,药品广告的发行量远在医学期刊之上。事实上,人造自来血的名称及其红色液体的外观便足以让一般消费者想象为"补给血液"。

三 贫血症的民族身体观

"贫血/血虚"被建构成身体病因后,在救亡图存的社会背景下,另一种与此有关的民族身体观被建立起来。在万巴德看来,正是贫血导致了中国人落后的身体特质和国民性格。正如罗芙芸(Ruth Rogaski)、杨瑞松和韩依薇(Larissa Heinrich)的研究所指出的那样,近代中国的精英知识分子在宣扬其民族救亡的政治主张的时候,刻意强调中国人病弱身躯的"民族不足"(Chinese national deficiency)[1]。人造自来血的广告也致力于宣扬这种民族不足:正是由于普遍贫血,中国人身体病弱,才导致被外人讥讽为"东亚病夫"[2]。上述对脑、肾的药品消费研究中也揭示了这种商家建构病弱的民族身体的广告策略。在五洲大药房"人造自来血"的广告中,"贫血/补血"问题与"东亚病夫"民族身体建构和"适者生存"式社会达尔文主义、民族主义密切相关。

---

[1] 详见 Ruth Rogaski, *Hygienic Modernity: Meanings of Health and Disease in Treaty-Port China*, Berkeley: University of California Press, 2004。

[2] 杨瑞松的论文从思想史的角度入手,提供了一些关于这个词汇的形成线索,特别强调近代中国知识分子在"东亚病夫"这一称谓"生根、生长、转化"过程中所扮演的重要角色:原是西方舆论界用来形容晚清中国国家处境的"病夫"(Sick Man)一语,被梁启超等精英知识分子操弄转化成对当时中国人病弱身躯的写实形容,他们为了救国图存,刻意强调"民族不足"(national deficiency)以唤醒民众,见杨瑞松:《想象民族耻辱:近代中国思想文化史上的"东亚病夫"》,《"国立"政治大学历史学报》,第23期,2005年5月,第1—44页。韩依薇的研究则从另一个角度讨论了"东亚病夫"这个病态民族身体(pathological national body)的形成。她认为是这种病态身体最早来自于19世纪中期西方传教士医生在中国口岸地区所绘制和拍摄的中国病人图像、照片。这些图片刊登在当时欧美主要报纸上,使得西方人认定中国人是东亚病夫,而这一话语形象又被传回,被中国人所接受。Larissa N Heinrich, *The Afterlife of Images: Translating the Pathological Body between China and the West*, Durham: Duke University Press, 2008, pp. 39-112, 113-148。

例如："国势之强赖乎人民之有为,人身之健赖乎血气之运行。苟有国也而无自强之人民以捍卫之,虽兵精将猛饷械充足,一旦遇敌安保其不伤师失地而见败于敌国乎。譬之人身血气不足则周身皆受其影响,凡心悸心跳吐红咯血,面黄肌削,头昏眼花耳聋肾亏阳萎精枯,四肢乏力,腰酸腿软胃弱脾薄以及妇女经水不调亦白带下五劳七伤干血痨等症,即随之而百出。故欲强国必先强种,强种必先补身,补身之品非自来血不为,功且能兼治百病奏效神速,较之凡百补品有过之而无不及也。当此铁血时代一般爱国健儿尤以补身为要点,何则身强则脑筋敏智慧开,内足以治百病之根株外可以谋共和之幸福,思想发达作事有成,然则自来血之功用,其功用关系于二十世纪新中国之种族,上诚非浅鲜,岂仅以区区补身却病已哉。"①又如:"欲保中土,先固边疆,欲固边疆,先平库伦,未有边疆不固,而腹地可以久存者。此近日中华民国之现状也。譬如人身之孱弱,苟无相当之补品以匡救之,则四肢百体必先失其运动之能力,病亦乘间而发生焉。今自来血,实足称全球上去病补身,强国强种之要素。现当此竞争时代万不可少焉。"②

又如《敬告全国同胞》:"国家治乱兴亡之道,自古有然,其间虽言天命,而亦未尝不赖人力以挽回之也。我国政体自改建共和以来三年,于兹国基甫定,元气未复,而一切应兴应革之政,尤赖人才以相助为理。易老大病,夫国之征号成。少年中国现象者,其在斯乎。溯人造自来血发行之日,值我国渐自振兴之时,助同胞之自强,其何止数千百万者。谓民国之肇兴,人在自来血亦与有功焉。此药为我国同胞四季宜服之滋养料,虚弱体制,薄瘦身躯,常服不辍,则血液添生,胃纳增进,且能助消化导积滞,去血热,结血毒,永免疾病之相侵,况时交冬令,气候凝藏,服之,尤易发生效力,瞻仰新朝需才孔亟,凡我同胞自应共负励精求治之责任,为中华民国奠巩固之邦基,是则人造自来血实为我国同胞之匡助也夫。"③

由于传统中医认为"血"对女性的健康尤为重要,而"经血"又关系着生殖,近代的优生学更是强调女性作为民族母亲角色的重要性,因此人造自来血的广告中也充斥着这类性别化的民族身体观,如"妇人服之。生子必聪明而多寿。且妇人为国民之母,母体健何患其种族不强?"④

---

① 广告:《全球牌人造自来血》,《申报》1912年1月21日,第一张第3版。
② 广告:《人造自来血》,《申报》1913年2月6日,第二张第7版。
③ 广告:《敬告全国同胞》,《申报》1914年12月29日,第二张第5版。
④ 广告:《强国强种 全球老牌 人造自来血》,《申报》1913年1月3日,第二张第5版。

通过对这种新的疾病/民族/性别身体观的鼓吹，无疑是为人造自来血的热销创造了一定的消费需求。但光看广告，我们还是不清楚人造自来血到底是什么样的药物。

四 补血"成药"(patent medicine)的国际化背景

吴章的研究虽然从中西医汇通的角度来解释补血热潮，但是她的关注点其实还是个体中医对"血"的认识变迁。她提到人造自来血是最为畅销的补血剂，但并没有深入探究贫血和人造自来血的关系。罗芙芸在《卫生的现代性》一书中，曾以民国时期另一种热销的补血药，来自加拿大的威廉士大医生红色补丸(Dr. Williams' Pink Pills for Pale People)为例，对中国传统补血和西方血液概念的杂糅做了简要的分析。她提示我们要注意这背后有着国际大药商的影响②。

虽然这款药在中国的广告策略主要是针对妇女的月经不调和"壮阳滋阴"，它也宣称还能治疗其它类似于人造自来血的病症(如图2所示)。威廉士大医生红色补丸在欧美市场

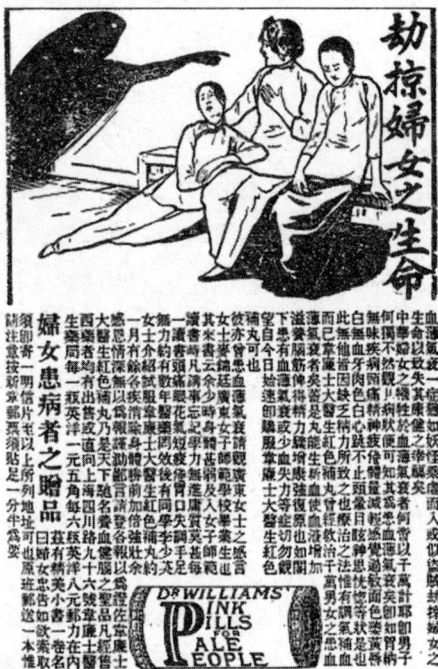

图2 "掠夺妇女之生命"，威廉士大医生红色补丸在中国的广告①

---

① 《妇女杂志》，1917年，第10期。转引自 Sylvia Li-chun Lin, "Pink Pills and Black Hands: Women and Hygiene in Republican China", *The China Review*, Vo. 4, 2004, p. 210。

② Ruth Rogaski, *Hygienic Modernity: Meanings of Health and Disease in Treaty-Port China*, Berkeley: University of California Press, 2004, pp. 228-229.

的广告(图3)更是宣称:此药“对男女老少的各种贫血、身体虚弱、神经紊乱都有疗效,是一种持久可靠的造血和神经强壮剂(for men and women, young and old, an unfailing blood builder and nerve tonic)。”生产这种药的威廉士大药房(Dr. Williams' Medicine Company)原先名叫 G. T. Fulford & Company,1887年在加拿大成立。1890年获得红色补丸的销售权。之后这家公司在五年之内扩展成为遍布欧美主要国家的国际大药商,并在82个国家有广告销售红色补丸①。

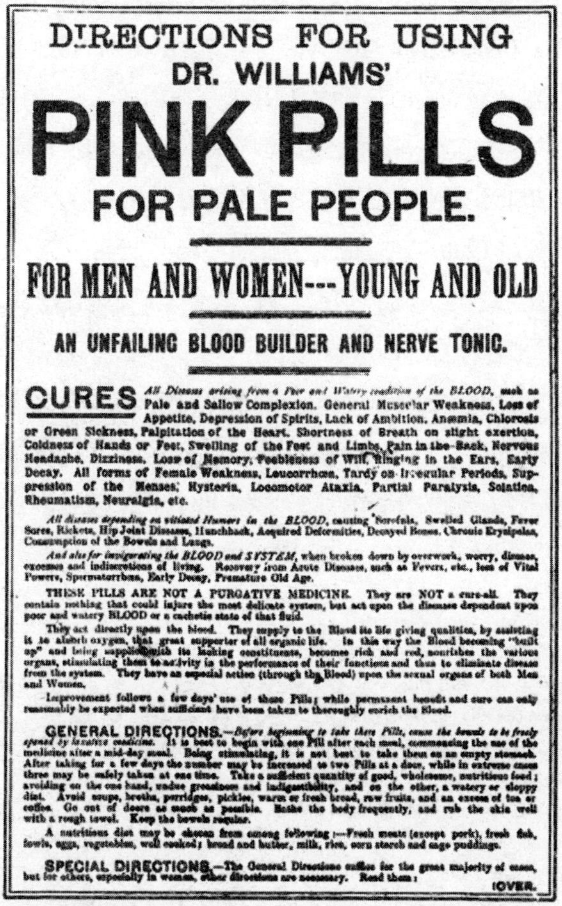
DIRECTIONS FOR USING
DR. WILLIAMS'
PINK PILLS
FOR PALE PEOPLE.

FOR MEN AND WOMEN---YOUNG AND OLD

AN UNFAILING BLOOD BUILDER AND NERVE TONIC.

CURES *All Diseases arising from a Poor and Watery condition of the BLOOD*, such as Pale and Sallow Complexion, General Muscular Weakness, Loss of Appetite, Depression of Spirits, Lack of Ambition, Anæmia, Chlorosis or Green Sickness, Palpitation of the Heart, Shortness of Breath on slight exertion, Coldness of Hands or Feet, Swelling of the Feet and Limbs, Pain in the Back, Nervous Headache, Dizziness, Loss of Memory, Feebleness of Will, Ringing in the Ears, Early Decay. All forms of Female Weakness, Leucorrhœa, Tardy or Irregular Periods, Suppression of the Menses, Hysteria, Locomotor Ataxia, Partial Paralysis, Sciatica, Rheumatism, Neuralgia, etc.

All diseases depending on vitiated Humors in the BLOOD, causing Scrofula, Swelled Glands, Fever Sores, Rickets, Hip Joint Diseases, Hunchback, Acquired Deformities, Decayed Bones, Chronic Erysipelas, Consumption of the Bowels and Lungs.

And also for invigorating the BLOOD and SYSTEM, when broken down by overwork, worry, disease, excesses and indiscretions of living. Recovery from Acute Diseases, such as Fevers, etc., loss of Vital Powers, Spermatorrhœa, Early Decay, Premature Old Age.

THESE PILLS ARE NOT A PURGATIVE MEDICINE. They are NOT a cure-all. They contain nothing that could injure the most delicate system, but act upon the diseases dependent upon poor and watery BLOOD or a cachetic state of that fluid.

They act directly upon the blood. They supply to the Blood its life giving qualities, by assisting it to absorb oxygen, that great supporter of all organic life. In this way the Blood becoming "built up" and being supplied with its lacking constituents, becomes rich and red, nourishes the various organs, stimulating them to activity in the performance of their functions and thus to eliminate disease from the system. They have an especial action (through the Blood) upon the sexual organs of both Men and Women.

Improvement follows a few days' use of these Pills; while permanent benefit and cure can only reasonably be expected when sufficient have been taken to thoroughly enrich the Blood.

GENERAL DIRECTIONS.—*Before beginning to take these Pills, cause the bowels to be freely opened by laxative medicine.* It is best to begin with one Pill after each meal, commencing the use of the medicine after a mid-day meal. Being stimulating, it is not best to take them on an empty stomach. After taking for a few days the number may be increased to two Pills at a dose, while in extreme cases three may be safely taken at one time. Take a sufficient quantity of good, wholesome, nutritious food; avoiding on the one hand, undue greediness and indigestibility, and on the other, a watery or sloppy diet. Avoid soups, broths, porridges, pickles, warm or fresh bread, raw fruits, and an excess of tea or coffee. Go out of doors as much as possible. Bathe the body frequently, and rub the skin well with a rough towel. Keep the bowels regular.

A nutritious diet may be chosen from among following:—Fresh meats (except pork), fresh fish, fowls, eggs, vegetables, well cooked; bread and butter, milk, rice, corn starch and sago puddings.

SPECIAL DIRECTIONS.—The General Directions suffice for the great majority of cases, but for others, especially in women, other directions are necessary. Read them:

(OVER.

图3 “威廉士大医生红色补丸”的使用说明(1900年)②

① http://www.kshs.org/p/cool-things-pink-pills-for-pale-people/10240.
② https://archive.org/details/cihm_01590.

在当时的欧美世界,威廉士大医生红色补丸这类药被称为 patent medicine (或 proprietary medicine;over-the-counter medicine)①。因为早期的药商偏好在广告里使用所谓英皇特许专卖(Letters Patent)的噱头,所以有"专利药"这一称谓(patent medicine 一词的字面意思)。这类药的最大特征是药的处方秘而不宣,并通过大规模的报刊广告来宣传其无所不能的疗效,是一种万能药(medical elixirs)②。从 17 世纪开始,在欧美市场上流行着各色各样的专利药。从 19 世纪中叶到 20 世纪初这段时期内,这类药的发展和销售达到顶峰,被称为"专利药的黄金年代"(The Great Patent Medicine Era)③。但是因为其宣传无所不治,这个词也逐渐有着假药和欺骗的负面含义,跟贩售假药的江湖郎中和庸医(Quackery)相关联起来,所以也有人称之为"假药的黄金时代"(the Golden Age of Quackery)。19-20 世纪欧美的医药学界在逐渐专业化之后,开始对这种专利药进行口诛笔伐④。在 1906 年美国通过《食品和药品法案》(*The Food and Drugs Act of* 1906),开始对这类"药品"加以管理、禁止之后,西方药商逐渐不愿意用"patent medicine"来称呼自己的产品⑤。

人造自来血明显具有 patent medicine 的几大特征,如大规模的广告和宣扬万能药疗效,应该可以和当时西方的"专利药"归为一类⑥。事实也是如此。虽然威廉士红色补丸和人造自来血在生产厂家、预设消费对象和广告宣传上不尽

---

① Lesley Richmond, Julies Stevenson and Alison Turton eds., *The Pharmaceutical Industry: A Guide to Historical Records*, Aldershot: Ashgate Publishing Limited, 2002, p. 70.

② John K Crellin, *A Social History of Medicine in the Twentieth Century: To Be Taken Three Times a Day*, New York: Pharmaceutical Products Press, 2004, p. 42.

③ Adelaide Hechtlinger, *The Great Patent Medicine Era, or Without Benefit of Doctor*, New York: Galahad Books, 1974.

④ Takahiro Ueyama, *Health in the Marketplace: Professionalism, Therapeutic Desires, and Medical Commodification in Late-Victorian London*, Palo Alto: The Society for the Promotion of Science and Scholarship. Inc, 2010, pp. 24–58.

⑤ James Harvey Young, *Pure Food: Securing the Federal Food and Drugs Act of* 1906, Princeton University Press, 1989.

⑥ 值得注意的是,中文的"成药"一词本身并不包含 patent medicine 的几大特征;这个词现在中国大陆已很少用到,主要在港澳台地区使用。在中国大陆基本上只有"中成药"这种说法。吊诡的是,中成药的英文翻译竟然也就是"Chinese Patent Medicine"这一带有明显负面意义的称谓,其中原委,有待进一步研究。

相同，但是这两款药品都宣称能够滋补血液，特别是可以治疗贫血症，在当时的中国它们都归为同一类药：补血"成药"①。"成药"一词，在中文里最早出现在晋代葛洪（公元261~312年）的《肘后备急方》中，顾名思义是"现成药品"的意思，相对于人参等中药材"生药"而言。在民国时期，"成药"正是对英文"patent medicine"的翻译②。

当时风行欧美的与红色补丸类似的补血药品都在中国积极开拓市场，如拜耳药品公司的"肝补浓"③，英国葛兰素制炼所的"铁硫药片"④，法商龙东公司的"希马洛洛"⑤，法商百步洋行独家经理的"爱斯法"⑥，法商立行洋行的"虚麻多宜"⑦和英国宝威大药房（Burroughs Wellcome & Co.）的"别福牛汁铁精酒"（Bivo Beef and Iron Wine）。除了人造自来血之外，在民国时期的药品消费市场上同样充斥着大量国产的补血药品，如中法大药房的"九造真正血"、罗威药房的"红血轮"和中西大药房的"血中血"。另外，在同时代的日本（包括当时的殖

---

① 上海档案馆 Q400-1-2863："上海市卫生局成药调查表。"
② 感谢张宁教授在"成药"问题上对笔者的答复和建议。关于单个成药和药商研究，主要是 Robert Shaw 在 1972 年出版的关于美国 Dr. Morse's Indian Root Pills 的小册子，不过其叙述比较简单。（Robert B. Shaw, *History of the Comstock Patent Medicine Business and Dr. Morse's Indian Root Pills*, Washington：Smithsonian Institution Press，1972）；而关于成药药商群体和成药管理，最重要的是美国史学家 James Harvey Young 的系列研究。他非常详细地叙述了 1906 年美国"食品和药品法案"出台前后，美国各种各样的专利药生产商如何大肆利用广告鼓吹药效，谋取暴利的故事。（James Harvey Young, *The Toadstool Millionaires: A Social History of Patent Medicines in America before Federal Regulation*, Princeton：Princeton University Press，1961；James Harvey Young, *The Medical Messiahs: A Social History of Health Quackery in Twentieth-Century America*, Princeton：Princeton University Press，1967.）关于近代日本的成药消费，主要有铃木昶的专著《日本の伝承薬：江户壳薬から家庭薬まで》，东京：薬事日报社，2005 年）。该书对日本江户时代以来 70 种壳薬（卖药，patent medicine）做了细致的介绍。张哲嘉对江户时代（1603-1868）卖药广告的研究指出荷兰的卖药（ウルユス，ULUUS）在江户时代晚期就已经在东京市场风行了。（张哲嘉，"从卖药广告所见的江户文化，"未刊稿，2004 年。）Susan Burns 也有关于明治大正时期日本报刊的卖药广告如何塑造现代妇女形象的专题论文。（Susan L. Burns, "Marketing Health and Beauty：Advertising, Medicine, and the Modern Body in Meiji-Taisho Japan", in Hans Thomsen and Jennifer Purtle eds., *East Asian Visual Culture from the Treaty Ports to World War II*, Chicago：Paragon Books，2009，pp. 179-202.）
③ 广告：《肝补浓》，《药报》第 46 号，1936 年 12 月。
④ 广告：《铁硫药片》，《中华医学杂志》第 22 卷 5 期，1936 年 5 月。
⑤ 广告：《希马洛洛》，《中华医学杂志》第 8 卷 3 期，1920 年 9 月。
⑥ 广告：《爱斯法》，《中华医学杂志》第 23 卷 1 期，1937 年 1 月。
⑦ 广告：《虚麻多宜》，《中华医学杂志》第 22 卷 11 期，1936 年 11 月。

民地台湾），也有一款类似的热销药品：補血強壯劑ブルトーゼ（Blutose），制造商是1894年创立的藤泽有吉商店。所有这些补血成药都有一个共同点：它们都宣称富含铁质，因此可以滋补血液和神经，能够治疗贫血及其导致的抑郁、食欲不振、乏力和神经衰弱等症。比如在广告中，ブルトーゼ就被称为"有机铁蛋白酸化合物，与人体脏器中储存的铁份完全相同，是人体的强壮剂"①。

图4　别福牛汁铁精酒（Bivo Beef and Iron Wine）②

虽然西方补血成药把治疗"贫血"和"神经"、"神经衰弱"联系起来，而人造自来血则将"贫血"和传统中医里的"血虚"、"乳水"、"经水"和"肾虚"及"精亏"等身体概念混杂了起来，两种在所宣扬的疗效上面似乎并无根本性的差异。而且比较图4的"别福牛汁铁精酒"和图1的"人造自来血"，两者在外形上也非常相似。那么，人造自来血的配方跟它们是否也类似呢？换句话说，它到底是西药还是中药？

五　作为"西药"的"人造自来血"？

1920年5月23日的《申报》刊登了这样一则广告：《工部局卫生处化验证》：

① 梁瓈尹：《台湾日日新：老药品的故事》，台北：台湾书房，2007年，第15—16页。
② http://www.sciencemuseum.org.uk/broughttolife/objects/display.aspx?id=11019.

"上海工部局卫生化验处,报告给与美利坚合众国驻沪海军队军医。上海五洲大药房所发卖之人造自来血一种,即用硬纸固封装在六两重之玻璃瓶内者,本医生化验此种瓶内装六两重之金酱色糖汁,具有甘甜清香滋味。细验其中原料现化得该药乃系百分之54.2糖汁与百分之0.32灰质及百分之0.28铁镁汁。此铁镁汁乃由纯净铁与阿镁尼亚及柠檬而来,故此汁在糖汁内占有百分之0.9……除此原料外尚有酒制植物质在内。此外并无剧烈杂质及他种金类。今验得自来血含各种原质药料,按照上海五洲大药房呈验之原方均均合符。"[1]

五洲大药房在1936年呈给上海市卫生局的成药申请书上,也提供了人造自来血的主要原料:柠檬酸铁[2]。《上海近代西药行业史》一书也指出,人造自来血的原料是蔗糖和枸橼酸铁铵。上述所谓铁镁汁、柠檬酸铁和枸橼酸铁铵,其实都是同一种化学物质 ammonium ferric citrate。五洲大药房在1930年代还出品了人造自来血的药片,其成份为干燥硫酸低铁(Ferrous Sulfate)、碳酸钾、蔗糖粉、维生素B1、硫酸奎宁、肝膏、硫酸铜、乳糖,以干燥硫酸低铁为主要成分。申请书对药片功用还有以下详细介绍:本品之主药,乃不老氏剂、肝膏、维生素乙,及微量之铜化合物,兹分述之:不老氏剂(bloodsmass)系含有补血生肌之铁,今佐以止痒治热之奎宁,效果更宏。肝膏(extract of liver)乃现代的补血佳品,在1926年学者米诺氏(MINOT)及满晖氏(MURPHY)倡言肝膏能使血液中的赤血球增生,有数十例之贫血,皆以肝膏治愈之,维生素乙1(vitaminB1)为生体上之要素,增进营养,治疗脚气,固举世皆知,本品每粒中含有维生素乙1三十个国际单位。少量之铜(copper),亦为人体生理上不可缺少者,1928年赫德氏(HART)及其同僚,就鼠(rat)之研究,因失去铜质,贫血而致死亡,故一定量之铜化合物,亦为治疗贫血之药品[3]。五洲大药房出版的《五洲》杂志也说明:"血为人体中最重要成分,故凡因贫血而起之各种病态,必需应用药物以补救之……以服用有机性铁质剂,如人造自来血者较为适宜。"[4]

---

① 《申报》,1920年5月23日,第16973期,第3版。

② 上海档案馆 Q 38-37-126 五洲商标及广告和药品名称,第12页,人造自来血。

③ 上海档案馆 Q400-1-2861 成药登记申请书,"人造自来血成药登记申请书"人造自来血片 Tables Pantone "G. B",1936年6月3日,第134页。

④ 《五洲》第一期,上海:五洲大药房,1936年3月,第58页,上海图书馆藏微缩胶卷J-1292。

由此我们得到一个初步的结论:人造自来血是一款西式补血成药,它的主要药物成份就是铁化合物。考虑到在同一时期,有如此多的同类型的含铁质补血成药在中国和国际市场中热销,我们认为,光从中西医汇通的医学、身体角度,可能还不足以理解人造自来血及其补血热潮。按照罗芙芸提示的线索,似乎还有必要将其纳入到当时国际性的含铁质补血成药热潮中去研讨。

我们现在都知道铁质与含铁化合物对治疗贫血有着显著疗效,但是这些含铁的西方补血成药在 19 世纪中后期生物医药学出现之前就已经盛行了。也就是说,这些药的理论基础并非完全是我们所熟悉的现代西方医学。

在西方,铁作为一种补剂,有着一个不断发展的历史过程。《荷马史诗》里就有用矛的铁屑治疗伤口的记载。同时期的古代希腊也有药方记载:在酒里加入铁屑,经十天之后饮用,可以治疗身体乏力。这种治疗方法有两点基础:第一点,因为铁是古代世界已知的最坚硬的金属,所以服用铁质有强身之用;第二点则来自体液论。从古希腊罗马时代到文艺复兴时期,体液论都一直是西方医学的主流理论。美国医史学家 Erwin H. Ackerknecht 对体液论有过如下的介绍:世界由空气、火、水和土四大元素组成,具有"热、干、湿和冷"这四种性质。相应的,人的身体也有四种体液:血液、黏液、黄胆汁和黑胆汁,分别来自的心脏、大脑、肝脏和脾脏。这种理论对各种人体体液分泌现象提出解释和相应的治疗。比如,黑胆汁的病,是"干"、"冷"的,所以照此逻辑,要用"湿"和"热"的药物①。因为铁来自"土",所以被看是一种"干"、"冷"的物质。而血是"湿"和"热"的,因此铁可以用来治疗血的疾病,以及充当止血的收敛剂(astringent)。② 1676 年出版的一本非常流行的《新伦敦药典》(*New London Dispensatory*)就列举了 20 多种含铁的药方,其中还提到铁可以用来治疗忧郁(melancholy)和 绿色病(green sickness)。按照现代医学的推测,17 世纪的忧郁病有很多就是由于贫血引起的,而绿色病就是我们之前提到的绿色贫血(chlorosis)。虽然当时的医师并不知晓

---

① Erwin H. Ackerknecht, *A Short History of Medicine*, New York: Raonald Press, 1986, p. 56.

② Michael R. Harris, "Iron Therapy and Tonics," in Kathryn Grover ed. , *Fitness in American Culture: Image of Health, Sport, and the Body*, 1830–1940, Amherst: The University of Massachusetts Press, 1989, pp. 67–85.

这种病的真实原因,但是他们却知道如何治疗:服用小剂量的铁(一般混在酒里)30 到 40 天。这种治疗方式在欧洲要一直流行到 19 世纪中叶。

18 世纪西方医学界出现了一种建立在刺激和压抑(stimulation and depression)基础上的新的治疗理论,认为体内能量(vital force)的多寡,会导致身体对各种疾病产生或强或弱的反应。按照当时著名的英国医师 John Brown(1735-1788)的解释:所有的疾病分为两种,一种是由于刺激太强而导致的兴奋类(sthenic)疾病,另一种是由于刺激太弱而导致的虚弱类(asthenic)疾病。他认为大多数疾病都是虚弱类的,所以要积极使用有刺激性的药物。这种关注刺激性的药物理论导致了补剂(tonics,这个词来自于 tonus,即身体组织)这一类可以增强身体的药物类型的出现。补剂分为两类:一类是添加植物或矿物质的苦味药酒(Bitters),可以增强消化肌肉纤维;另一类是可以增加纤维密度的收敛剂。铁质既是常见的苦味药酒原料,也是主要的收敛剂,因此成为最常用的补剂。根据1880 年的《美国药典》(*The Dispensatory of the United States of America*):当疾病导致血液处于贫乏的时候,含铁药物是最重要的补药,能够显著提高血的质量,对慢性贫血、绿色贫血、神经错乱等疾病的治疗特别有效①。1882 年出版的另一部流行药典《药材和疗法》(*Materia Medica and Therapeutics*)一书更是认为铁质补药可以治疗几乎当时的所有疾病。到这个时候,含铁补药,就如奎宁一样,成为欧美世界的一种万能药,出现了各国药厂生产的各种各样的含铁补血药剂②。

经过药剂师们对各种含铁化合物的安全性做的长期试验,铁的氧化物(oxides)和硫化物(sulfates)成为了最为重要的补血药剂。上面提到的威廉士红色补丸的成份就是氧化铁和镁硫酸盐的化合物(iron oxide and magnesium sulfate)③。直至今日,最流行的补血药主要就是干燥硫酸低铁(Ferrous Sulfate)(亦即人造自来血片剂的主要原料)。

① *The Dispensatory of the United States of America*, Philadelphia: J. B. Lippincott, 1883, p. 689.

② Michael R. Harris, "Iron Therapy and Tonics," in Kathryn Grover ed., *Fitness in American Culture: Image of Health, Sport, and the Body*, 1830-1940, Amherst: The University of Massachusetts Press, 1989, pp. 74-75.

③ http://en.wikipedia.org/wiki/Dr._Williams'_Pink_Pills_for_Pale_People.

图 5　1890—1940 年间美国各主要含铁药剂①

特别值得注意的是英国宝威大药房（Burroughs Wellcome & Co.）的"别福牛汁铁精酒"（Bivo Beef and Iron Wine）。它的成份是牛肉制剂、酒和柠檬酸铁（ferric citrate）②。不难发现，如果不考虑牛肉制剂，人造自来血的成份几乎就跟它一样。这之间有没有某种关联？

根据五洲大药房的档案记载，五洲大药房创办人之一的谢瑞卿（生卒不详）曾在杭州仁济医院担任药剂师，后来在中国近代最早的西药房——中英大药房的配药部工作。1905 年，在离开中英大药房之后，他开设光华堂药房，制销"自创"的一种叫"人血"的药。因资本不足，他与夏瑞芳、黄楚九在 1907 年合资成立五洲大药房。这款"人血"根据 blood 英译改名为"博罗德补血圣药"，不久就因为太过拗口，改为好读易懂的"人造自来血"③。

会不会是他在中英大药房接触过英国制造的别福牛汁铁精酒或其它类似的补血药剂，进而受到启发"自创"人造自来血的？从这个层面上看，或者真的就

① Michael R. Harris, "Iron Therapy and Tonics," in Kathryn Grover ed., *Fitness in American Culture：Image of Health，Sport，and the Body*，1830—1940，Amherst：The University of Massachusetts Press，1989，p. 76.

② *Wellcome's Excerpta Therapeutica*，Burroughs Wellcome & Company，1908，pp. 29—30.

③ 《五洲大药房与人造自来血》，剪报，1936 年 10 月 28 日。

如前述广告所言："此自来血之方为英国皇家医生所定，风行西土已数十年"？我们认为是很有可能的。还有一条更加重要的线索，就是1890年出版的《万国药方》。这本书是美国传教医生洪士提反（Stephen Alexander Hunter）根据《英国药典手册》（*The Companion to the British Pharmacopceia*），并参考美国、印度和中国的药典，编译而成，是当时中国西药房最为实用也最流行的西药指南。谢瑞卿在西药房多年，没有理由不熟悉这本书。

我们之前已经引用了它对贫血的介绍：anemia，"血薄症，又名血亏虚，又名血虚。"这本书还对补剂的概念、各类补药剂做了比较详细的介绍。例如"Anti-anemic：补虚剂，即补血剂。凡药能补体虚身弱而使复其初者，即谓之补虚剂，如铁类等药是也。"（卷一，第8页）；"Tonic 补剂，又名补益剂，又名调补剂。凡药能令胃消化，及能令脑与肌肉生力，使血内红轮生多者，均谓之补剂，剖分为五，如补脑补心补血补胃补阳是也。""补血剂 blood tonics 又名生血剂，凡药能令血内红轮生多者，即谓之补血剂，如铁类药，鱼肝油，下磷养盐制糖等是也。"（卷一，第22页）；"Ferrum 铁又名铁质，此原质为金类中最多最要，凡动物有脊骨者，血内必少含之，厥色蓝灰，尝之微涩，嗅之微臭，结力亦甚大，面固见热至二千七百八十六度自化，恒与天空养气化合成铁养杂质之自然纯者，各处罕见，常用之质纯者亦少，人所炼最良者尚含炭质等……功能：药剂，能使血内红轮生多，有内火忌服。"（卷四，第118页）

本书还有对柠檬酸铁桉的成份、制造和疗效的介绍："Ferri et Ammonii Citeras 柠酸阿摩尼亚铁，又名铁轻淡柠盐，此药自磺强铁水与柠酸及阿摩尼亚水制成，制法虽似柠酸铁，惟多加阿摩尼亚水一分，乃可存。结薄片之冰，色深红，味甜而涩，化法，水五分化十分，浓酒微化。功能生血，微收敛，服铁剂不受者，宜服此，用法，每服五至十林士。"（卷四，第126页）①

另外，五洲大药房生产人造自来血的原料也都来自英国：蔗糖由英国太古公司提供。最重要的柠檬酸铁桉，则由英国的史塔福爱仑药厂（Stafford Allen &

---

① 《英国药典手册》的相关内容原文见 Peter Waytt Squire, *Companion to the Latest Edition of the British Pharmacopoeia*, London：J. & A. Churchill, 1877, p. 140。

Sons LTD）供应①。

综上所述，我们认为人造自来血极有可能是谢瑞卿从中英药房那里接触到欧美流行的含铁补血成药，或者是受到了《万国药方》的影响，从而仿制出来的。它的理论基础除了杂糅的中医"补虚"之外，还有古典体液论和 18 世纪西方医学才出现的刺激和压抑（stimulation and depression）的治疗理论，并不完全是我们所理解的现代生化医学。从这个角度来说，它也是西方药学和跨国成药药商在中国扩张的产物。

六　"人造自来血"的消费文化

根据张宁的研究，19 世纪末期欧美出现了两大药业中心：一是以拜耳公司（Friedrich Bayer & Company）为代表的日耳曼地区的药厂，一是以加拿大威廉士医生药局和英国宝威大药行（Burroughs Wellcome & Co.）为代表的大西洋两岸的药业公司。后者大多都以成药起家，它们的创办人也多是所谓的成药药商（patent medicine men）②。之前我们已经提到，成药销售的主要特点就是通过广告大肆宣传。张宁也指出，当时英美正在经历一场消费革命，大西洋两岸的药业公司，藉助百货公司、连锁店、图像广告等新兴的消费文化手段，极大地推动了成药的销售，进而获得巨大的利润，建立国际性的大企业③。这些成药企业也扩展到了中国：威廉士医生药局于 1908 年，宝威大药行于 1909 年，分别在上海开办了分公司。④在他们的示范和刺激下，中国本土的西药商，如五洲大药房，也对现代

① 上海社会科学院经济史研究所：《上海近代西药行业史》，上海：上海社会科学院出版社，1987 年，第 49 页和第 262 页。

② Andrew J. Strenio Jr. , "Book Review: The Aspirin Wars by Charles C. Mann; Mark M. Plummer", *Journal of Public Policy & Marketing*, Vol. 15, 1996, pp. 319–321.

③ 亦可参见 T. A. B. Corley, *Beecham's*, 1848–2000: *From Pills to Pharmaceuticals*, Lancaster: Crucible Books, 2011. 该书介绍分析了当今全球最大的药剂企业 GlaxoSmithKline（葛兰素史克）的前身之一 Beecham's 公司如何从一家生产成药的小作坊发展成跨国性的医药巨头。

④ 上海社会科学院经济史研究所：《上海近代西药行业史》，上海：上海社会科学院出版社，1987 年，第 27 页。

消费文化的各种手段非常重视。当时跟谢瑞卿合办五洲大药房的夏粹芳和黄楚九正是消费（特别是现代印刷）文化的积极推动者①。在他们之后接手五洲大药房的项松茂（1880-1932）也熟谙这些技术。可以说"人造自来血"能够击败同类产品，成为民国时期最畅销的补血成药，是跟五洲大药房所塑造的消费文化②密不可分的。在本文的最后一部分，我们将简单讨论"人造自来血"的消费文化。具体而言，我们认为"人造自来血"在营销过程中有以下三种消费文化技术。第一种是张宁提到的连锁店，也即高家龙所谓的五洲大药房的"全国性市场网络"。高教授对于这个问题已经有非常深入的研究，我们这里也无需多言。

第二种是产品的推陈出新。人造自来血的制剂分液剂、注射剂和片剂三种③。从制造工艺上来讲，液剂最为简单。人造自来血最初为液剂，用玻璃瓶装。按照冯客的研究，十九世纪晚期至二十世纪初期，随着细菌学说的传播以及疫苗在治疗梅毒等疾病上的成功，注射器被神化，"因为它在对抗过去看来无法治疗的疾病方面，有着无与伦比的功效"④。当时大多数药品公司纷纷推出针剂。⑤ 五洲大药房也不例外。片剂的制造需要有大型的机器设备，如压片机。

---

① Sherman Cochran, "Marketing Medicine and Advertising Dreams in China, 1900-1950", in Wen-hsin Yeh ed., *Becoming Chinese: Passages to Modernity and Beyond*, Berkeley: University of California Press, 2000；张仲民：《补脑的政治学："艾罗补脑汁"与晚清消费文化的建构》，《学术月刊》，2011 年 9 月号，第 145-154 页。

② 关于近代中国的消费文化史研究，坊间已有大量著作。如 Karl Gerth, *China Made: Consumer Culture and the Creation of the Nation*, Cambridge: Harvard University Asia Center, 2003；Susan Glosser, "Milk for Health, Milk for Profit: Shanghai's Chinese Dairy Industry under Japanese Occupation", in Sherman Cochran ed., *Making Nanjing Road: Commercial Culture in Shanghai, 1900-1945*, Ithaca: East Asia Program, Cornell University, 1999, pp. 207-233；张仲民：《出版与文化政治：晚清的"卫生"书籍研究》，上海：上海书店出版社，2009 年；具体到药品消费，主要有 Frank Dikötter, *Narcotic Culture: A History of Drugs in China*, Chicago: University of Chicago Press, 2004；Zheng Yangwen, *The Social Life of Opium in China*, Cambridge: Cambridge University Press, 2005；蒋竹山：《人参帝国：清代人参的生产消费与医疗》，浙江大学出版社，2015 年；以及 Carol Benedict, *Golden-Silk Smoke: A History of Tobacco in China, 1550-2010*, Berkeley: University of California Press, 2010. 该书从全球化和本土化两个层面对烟草在华的传播与消费文化的历史做了非常精彩的分析，对本文启发极大。

③ 《五洲商标及广告和药品名称》，上海档案馆藏，档号 Q38-37-126。

④ 冯客：《民国时期的摩登玩意、文化拼凑与日常生活》，李孝悌主编：《中国的城市生活》，北京：新星出版社，2006 年，第 426 页。

⑤ 《拜耳良药》，上海：拜耳大药厂，1924 年，第 79 页；《广告》，《中华医学杂志》第 22 卷 11 期，1936 年 11 月，封面页。

而在引进机器设备方面,五洲大药房是走在业界前列的。对于人造自来血剂型的更新换代,五洲大药房给出了这样的说明:"内服液之风行已有数十年历史,自注射液创制,而功力益宏,收效更速,卫生时代的唯一补针,为治疗界开创记录,今更悉心研究,而有片剂之创行,服用简易,携带轻便,所用原料均为最新研求之精品,有特殊效果。"①

最后一种,也是最为重要的消费文化技术,就是广告。从内容上看,人造自来血的广告基本上以民族主义、强国强种、塑造新知、万能疗效为主。前文已有论述,这里不敷多言。从形式上来看,人造自来血的广告也呈现多元的方式:杂糅中西文化的月份牌和建筑物。这两类,高家龙也已有介绍②。我们认为还有一类重要的广告值得介绍:剧场式的文明戏。五洲大药房的档案提到,人造自来血1914年在荷属爪哇三宝垄展览会上获嘉奖,并在1915年赴美国参加旧金山巴拿马博览会,一举获得了银质奖③。为了宣传这些国际殊荣,五洲大药房充分利用了当时流行的"文明戏"。上海最著名的新式舞台新新舞台、楼外楼和新世界,在不同剧种不同剧目的演出前,都会插入一段关于人造自来血国际获奖的内容;唱苏弹、评弹、大鼓等曲艺的演员,也要在开唱前说一遍"人造自来血"获奖的事情。新新舞台,更是编了一个文明独幕剧戏来进行宣传。这出剧一次上场三个不同年龄阶段的人:一个年轻人,一个中年人,一个老年人,这三个人上来表演的台词不外乎自己身体如何不适,而医生都将他们的病情诊断为亏血,这时就有一个高举银色奖牌,嘴里念念有词地说着这个银牌的来历,告诉大家这是"人造自来血"在国际上获的大奖。这时刚才的那三个人便围拢过来,好奇地询问人造自来血的药效,在拿奖牌的人的热情解说下,他们便踊跃购买人造自来血。剧终时,这三个服用了"人造自来血"的人,一改原来萎靡无力的样子,在舞台上精神抖擞地动作起来,还振振有词地感谢人造自来血的神效。最后这几个人一起带着鼓动性地说唱:"国际大奖震神州,请看人造自来血,要想身体更强健,请

① 《五洲商标及广告和药品名称》,上海档案馆藏,档号 Q 38-37-126。
② 参见 Sherman Cochran, *Chinese Medicine Men: Consumer Culture in China and Southeast Asia*, Cambridge: Harvard University Press, 2006。
③ 《人造自来血获奖证书》,上海档案馆藏,档号 Y9-1-0000170。

服人造自来血。此外，五洲方面还印制了许多人造自来血获奖的宣传广告，张贴在新新舞台、楼外楼和新世界这些公共娱乐场所①。这种新型的广告形式有效的宣传了人造自来血的声誉，无疑也推动了民众对于人造自来血的消费热情。

结　论

本文以民国时期上海的五洲大药房生产的"人造自来血"为个案研究，考察了近代中国补血成药（patent medicine）的消费文化。我们认为"人造自来血"之所以能够成为民国时期最为畅销的补血成药，主要基于以下因素的混杂作用：十九世纪中叶之后，中国传统的血虚/补血相关的身体观受到西方医学（尤其是"贫血"）知识的影响，发生了重大改变，造成新的补血需求；与此同时，欧美成药企业在全球市场进行扩张，它们的药品和营销策略对中国药商产生了示范效应；五洲大药房更是充分利用了现代消费文化，在"科学"、"卫生"、"强国强种"等现代性话语的包装下，制造出全民补血的消费热潮。

虽然没有详细阐述，最后我们还试图通过此个案研究，来讨论中国史和世界史的一个大问题：中西会通/分流（convergence/divergence）。自从彭慕兰（Kenneth Pomeranz）的《大分流》（*The Great Divergence*）一书问世后，关于中西之间的比较研究重新得到学界的重视。按照彭慕兰等人的看法，在 19 世纪欧洲（特别是英格兰）掌控大量可利用的化石能源和殖民地之前，中国与欧洲的社会经济差异很小②。这种"大分流"的看法在最近的医疗史研究中也有呼应。罗芙芸就坚持认为几乎整个十九世纪期间，中国与欧洲在医学的理论和实践上也是存在很大相似性的，医学"大分流"要到 19 世纪末实验室医学诞生之后才形成；③韩嵩也以"温病"和地理/环境决定论在 19 世纪中西医学的相似性为例，证明此时

---

① 曾宏燕：《上海巨商黄楚九》，北京：人民文学出版社，2004 年，第 203—204 页。

② Kenneth Pomeranz, *The Great Divergence*: *Europe*, *China*, *and the Making of the Modern World Economy*, Princeton: Princeton University Press, 2000.

③ Ruth Rogaski, *Hygienic Modernity*: *Meanings of Health and Disease in Treaty-Port China*, Berkeley: University of California Press, 2004, pp. 76-103.

中西医学中存在着会通/分流①。吴章的博士论文强调了在这种分流形成之后，西方医学和传统中医在 20 世纪初也开始出现"会通"的趋势。她特别指出，借助"细菌学说"在中国的传播，西方医学也发生了所谓的"中国化"（sinification）的现象;②而雷祥麟则从中医和西医群体在现代民族国家（1910-1949）场域的斗争和合作，特别是关于"常山"这一治疗疟疾的"科学中药"的诞生入手，讨论了中西医学的会通问题③。

在这一学术脉络下，我们再来看之前所讨论的三个主题:疾病/身体、补血成药和消费文化，会发现这三者也处于中西会通/分流之中。以"贫血"为例，前面已经提到这个疾病概念来自西方医学，在中国则与传统的"血虚"、"气虚"和"肾虚"等混杂起来，和传统中医各类"虚"症，在本质上并无差别;相对应的，中西身体之间的分流在很大程度上要到近代才成型，而几乎与此同时也出现了会通的现象。"贫血症"的疾病和民族身体都是这一过程的产物。在成药问题上，这一点尤为突出。我们已经指出了人造自来血这类西方成药的理论基础其实是西方古典医学的体液论（humors）和十八世纪的治疗方式，而不是纯粹的现代生化医学。一直要到 20 世纪初期，阿司匹林这类化学合成药形成后，中医药业才真正实现分流。正如吴章指出的那样，在 20 世纪 20 年代，中西成药在竞争中也逐渐实现了会通。例如英国最著名的宝威大药房在别福牛汁铁精酒的中文广告里已逐渐以中药（如人参）比拟，来迎合中国消费者;④而"消费文化"这一主题，也能得出类似的结论:人造自来血在利用西方消费文化技术的过程中，也将传统的因素带入进来⑤。

---

① Marta Hanson, *Speaking of Epidemics in Chinese Medicine: Disease and the Geographic Imagination in Late Imperial China*, London and New York: Routledge, 2011, pp. 146-150.

② Bridie Andrews, "The Making of Modern Chinese Medicine, 1895-1937", Ph. D. dissertation, University of Cambridge, 1996, p. 10.

③ Sean Hsiang-lin Lei, *Neither Donkey nor Horse: Medicine in the Struggle over China's Modernity*, Chicago: The University of Chicago Press, 2014, pp. 193-221.

④ Bridie Andrews, "The Making of Modern Chinese Medicine, 1895-1937", Ph. D. dissertation, University of Cambridge, 1996, pp. 15-16.

⑤ 参见高家龙对月份牌的研究。Sherman Cochran, *Chinese Medicine Men: Consumer Culture in China and Southeast Asia*, Cambridge: Harvard University Press, 2006.

关于补血成药所体现出的中西汇通与分流的问题，鉴于两位笔者的学力，还有很多重要的方面没有讨论到①。本文的个案也只能提供一些简单的思考线索，权作抛砖引玉。我们期待学界有更为精深的研究。

---

① 比如说中医的反应。笔者注意到当时中医界似乎对西式补药有所质疑。如 1913 年，徐相宸在《神州医药学报》上发表的白话演讲："现在果然开通了，请西医吃西药的不少，什么铁精咧，什么磷质咧，吃好的不少，吃坏的也很多，这是我们中国人的脏腑受不住金石酷烈的缘故。"徐氏特别提到"什么补脑补血，买来的都是毒药。"见徐相宸：《白话演讲》，《神州医药学报》，第 1 卷第 1 期，1913 年 5 月，第 8 页。具体如何，有待深入检讨。

东亚与欧美医疗史探索的异同

文本展演与日常实践之间的性别与身体

——中古中国与中世纪欧洲的女性身体与医疗照顾的性别角色

陈　昊[*]

李贞德:《女人的中国医疗史——汉唐之间的健康照顾与性别》,台北:三民书局,2008 年,2+7+438 页。

莫妮卡·格林:《制造"男人的女性医学"——前现代妇科学中男性权威的上升》。(Monica Green, *Making Women's Medicine Masculine*: *The Rise of Male Authority in Pre-Modern Gynaecology*, Oxford: Oxford University Press, 2008.)

一　从书籍开始的旅程

在 10 世纪末期到 11 世纪日本的秘府之中,若有人想获得关于女性身体的知识,首先查询的书籍很可能是《医心方》,特别是其中妇人方的部分。这部由平安朝针博士丹波康赖从两百种中国医药方书中摘录而撰成的医书,在 984 年上呈给当时的天皇,藏于秘府之中。若转换时空,在两、三个世纪之后欧洲国王们的宫廷图书馆里,同样尝试寻找关于女性身体的知识,在亚里士多德(Aristotle)、阿维森纳(Avicenna)、大阿尔伯特(Albertus Magnus)的著作旁边,应该会摆放着题名为萨勒诺(Salerno)的特洛图拉(Trotula)的著作。

且先不问,几百年前的编写者为何要如此收集关于女性身体的医学知识。对现代的读者来说,引起他们阅读兴趣的,也许是两本书的"作者"。特洛图拉,

* 中国人民大学历史学院讲师。

似乎是女性的名字,而丹波康赖则毫无疑问的是一位男性。医学书籍"作者"的性别差异,与医学知识的性别权威相关,本已是医学史和性别史的重要议题。这两本医学著作还牵涉到女性身体的问题,女性对自身身体本有直接的经验体认,但长期以来男性一直掌握着关于身体的知识,无论哪个性别群体掌握着女性的身体知识,都值得细探其背后的诸种原因。看似异常明显的作者性别差异,是否说明着"东西大不同":在 10 至 11 世纪的东亚,女性身体的知识,被男性所掌握和书写的时候,在 13 至 14 世纪的欧洲,女性仍然有权书写自己的声音和身体经验?

在跳入这个所谓"比较身体史"的大结论之前,也许需要仔细阅读这两本著作的内容,而不仅停留在"作者"的名字。在阅读时,也不能忘记这两本书所处的时代和地域的社会复杂性。在近来关注性别与医学关系的社会或历史研究中,一直在追问更为复杂的问题:是怎样的社会或文化力量使得一种性别群体的身体知识落入另一性别群体的手中? 或者,这个问题应该从相反的方向提出:是怎样的社会或文化力量可以使一个性别群体掌握自身身体经验的话语权力? 另外,掌握知识是一个层面,在生活之中,是否也是这些掌握着知识的"手"承担着女性病患的治疗与照顾? 如果答案是否定的,研究者如何突破知识文本去了解历史中医疗知识运作的实态? 历史中实际生活着的男男女女已经逝去,这两部医学著作却得以保持下来,这些问题的答案也许就散落在书页之间。

在近千年之后,两位女性学者分别对这两本书进行了精细的阅读,试图通过这些书籍抄本上的"文本和历史残迹"来揭示出那个时代女性身体知识性别化的过程。而我们也尝试通过对这两本研究著作的阅读经验,以一种比较阅读的方式,为自己找到理解这些问题的某些线索。

二　书籍可呈现的历史世界与作者的选择

在阅读的旅程开始之前,还需要说明一个问题,即这两本研究著作将会把我们带到怎样的历史时空中。《医心方》在十世纪的日本写成,特洛图拉的书则可能在十一至十二世纪意大利的萨勒诺写成。不过在文本上所承载的,总是能超越一本书写成时的时间和空间,这也会为试图理解它们的人们指出不同的歧路。就《医心方》而言,其上承载着日本的宫廷和丹波家族通过各种途径收集到的中国中古医籍的内容,甚至旁及佛典与符箓,在完成之后,除了进献给皇室的抄本之外,亦进呈给当时的权臣藤原道通。在 16 世纪之前,这个文本与其上的知识可能都仅为皇室、权臣和丹波家族所独享。萨勒诺在那个时候正在逐渐成为地中海地区医学思想和医药产品的中心,这得益于他们接受了阿拉伯语写本,进而"重新捡起"了其中传承的古典希腊和罗马医学知识的本土化。因此在特洛图拉的书中,继承了相当多伊本·贾扎尔(Ibn al-Jazzār)的医方对希波克拉底(Hippocratic)和盖伦(Galen)的知识传承,也提到了穆斯林女性使用的治疗方式。特洛图拉的著作,现存 126 个的抄本,不仅有拉丁语抄本,也有欧洲各地语言的抄本,似乎能说明此书在 16 世纪初之前已在欧洲有广泛的传播。于是第一个"分岔路口"呈现在两位研究者面前,选择以书籍的完成作为历史叙述的起点还是终点? 同时这一选择并非仅与叙述时段相关,也意味着选择研究的地域语境。

两位学者当然都不止关注一条道路,李贞德在其书的最后一章"从域外看中国——《医心方》及其妇科医学论述",先对《医心方》的撰著与传写进行了概要的介绍,然后集中讨论《医心方》卷二一至二四中专论妇人身体、疾病与医疗的内容。其中以《医心方》的记载与中国中古医籍相关部分进行对比,注意到《医心方》治妇科疾病并不以月水为重,虽然其中排除脉论文字和经脉走向的论述,更注视实际治疗的方论,但是却明确指出禁针的位置。由此,李贞德推断丹波康赖撰著并不限于摘抄中国医书,他通过编撰过程"阐释"其医学观点,开启"中国医学日本化"的过程,在女性治疗方面亦是如此。但在书的主体部分,她还是选择以日本为历史叙事的终点,探索包含在《医心方》里的中古妇人方所揭示的中国女性医疗的历史,尝试从这个 10 世纪的日本医学文本走回中古中国的医学世界。莫妮卡·格林曾翻译特洛图拉写本,在书的导论中,她详细分析了写本的知识来源,指出需要在萨勒诺地方的语境中理解特洛图拉写本中的医学成就,同时指出,特洛图拉书中的医学理论不仅是对希腊罗马古典医学的"复兴",

而是对一种阿拉伯式的新希腊罗马医学的接受①。在本书中,她则将特洛图拉写本的完成作为起点,通过其在欧洲各国翻译、传抄和使用的过程,讨论欧洲妇科医学知识"性别化"的道路,尝试从12世纪的萨勒诺走到西欧各国的世界中。不过在这本新作的最后,她还是指出,在性别权力关系的改变中,这些知识渊源扮演了重要的角色。

两位研究者选择了不同的方向,李贞德试图通过《医心方》中的记录回到其知识来源的世界,而莫妮卡·格林尝试勾画出特洛图拉写本流传和阅读的世界。这种解读方式的不同,对阅读者来说,意味着从古代书籍中呈现出的历史世界会有极大的视角差异。

三 医疗者性别的权力经纬

即使是进入文献的视角会有很大的差异,请不要忘记文章一开篇的问题,东西之间掌握女性身体知识的群体是否存在如此之大的性别差异?因为在两本著作中,这依然是关注的中心问题之一。医疗者性别,涉及到社会中性别角色与权力的问题。如果只有一种性别(往往是男性)担任医疗者的角色,那么这样不平等的关系是怎样建构起来,并造成性别的社会区隔?对这问题的探讨,呈现出两个殊途同归的方向,批判男性医者权力的历史和重新追寻历史上女性医者的痕迹。当然这样的追问方式,也是一个"现代"的产物。它在二十世纪初的时候被提出,是由于女性医生"职业"的"重新出现",她们需要探索自身性别和职业化的历史。凯特·赫德—米德(Kate Hurd-Mead)作为一个开创性女性医生,在历史写作中同样也具有开创性。她撰写了研究女性医者历史的重要奠基著作②,她也是最早发掘特洛图拉的性别意义的作者③。但若要将这种带有"职业性"色

① Monica H. Green, "Introduction", in *The Trotula*: *a Medieval Compendium of Women's Medicine*, edited and translated by Monica Green, Philadelphia: University of Pennsylvania, 2001, pp. 1-67.

② Kate Hurd-Mead, *A History of Women in Medicine*, Haddam, Conn. : Haddam Press, 1938.

③ Kate Hurd-Mead, "Trotula", *Isis*, vol. 14, 1930, pp. 349-367.

彩的关怀向前推进,追问现代社会之前女性在医疗中扮演着怎样的角色,则需要重视当时具体的社会历史语境①。玛丽·费赛尔(Mary Fissell)在最近总结了这一追问方式的成果,将对欧洲近代早期的女性医疗者研究归纳为三条相互关联的路径:产婆的"重新发现"、女性工作的历史,以及重新重视与女性相关的医学文献并分析它们②。

对产婆之类女性医疗角色的发现,将对女性医疗者的研究,从关注"职业"起源和男性"垄断"医疗知识的历史叙述中"拯救"出来。这些研究将关注点移到历史中女性长期承担的医疗角色,以及其如何被历史叙述所遗忘的过程。就后两条研究的路径而言,莫妮卡·格林都是重要的奠基人之一。她在1989年发表的文章,就强调在中世纪的欧洲,女性的身体与疾病是不同群体的男女都关心的问题,因此需要将女性医疗者的图景拓宽到产婆之外③。虽然女性对自身身体有经验上的亲缘性,但在历史中,女性身体的医疗照顾从来都不只是女性的事情。为了避免一种简单化的性别划分,需要了解不同女性医疗者治疗的对象(这些对象并不仅限于女性),以及照顾女性的不同性别群体④。循着这一思路,莫妮卡·格林在本书中尝试将妇科和产科区别开来。她认为妇科的性别化(gendering)走向了一条与产科不同的道路。在中世纪晚期的时候,虽然男性已经介入妇科和产科的医疗实践,但是女性医者仍然在进行不复杂的接生实践。也就是说,西方社会里男性对产科的"接管",实际是接替产婆的角色。产婆们直到18世纪还在大量参与接生,直到男性助产士将她们挤出历史的舞台。如果把产育当作女性医学最重要的内容,就会忽视在18世纪之前很长一段时间,男性医者已经替代女性治疗者,成为解决女性妇科疾病主要的医疗者,从而忽略了妇科中性别权力关系

① 对这种路径的反思与推进请参 Ellen More, Elizabeth Fee and Manon Parry eds. , *Women Physicians and the Culture of Medicine*, Baltimore: Johns Hopkins University Press, 2009。

② Mary Fissell, "Introduction: Women, Health, and Healing in Early Modern Europe", *Bulletin of the History of Medicine*, Vol. 82, 2008, pp. 1-17.

③ Monica H. Green, "Women's Medical Practice and Health Care in Medieval Europe", *Signs*, Vol. 14, 1989, pp. 434-473.

④ Monica Green, *Women's Healthcare in the Medieval West: Texts and Contexts*, Aldershot: Ashgate, 2000, pp. 39-78.

变化的历史。所以她将研究重点放在妇科知识性别化的历史上。①

同时,她还指出,在这段女性逐渐被排除出妇科知识的历史中,性别权力并非唯一的历史因素,在 11 至 16 世纪的西欧,诞生了一种新的医学权威形式。11 世纪晚期阿拉伯医学被引入欧洲,欧洲的医生们开始宣称,他们医学信条和实践有了真正的哲学基础。12 世纪大学在欧洲出现,医学成为其中的一个学科,在大学中,医学不再仅仅是一门实践的知识,而成为文本的知识。大学中教授和传承的医学开始取得了知识的权威性,被尊为最好的医学,书籍是这种知识的承担者、传递者和象征。医学职业许可的考试,在西欧各国逐渐以法律的形式确认下来,使得国家和法律都参与到这个建立文本医学权威性的过程中。这种新医学兴起的过程,若以性别关系观之,显然是以男性为主导的,因为在那个时代,男性显然比女性有更多机会学习阅读和书写拉丁文,但在这个过程中,女性并不是唯一被这种新兴的"书写医学文化"边缘化的群体,大部分犹太、穆斯林的男性,以及信仰基督教的外科医生、剃头匠和药剂师都成为被新知识形式"边缘化"的对象②。

相对而言,中国史研究领域对此问题关注并不多,正如李贞德在其书第六章中回顾的那样,在她之前,仅有的几篇专论大都集中在明清两代,唐以前女性从事医疗活动的历史则乏人问津③。因此,李贞德在书的第四、五、六、八章中,都

---

① 对莫妮卡·格林研究成果的肯定可参考 Wendy Tuner, "Bookreview: *Making Women's Medicine Masculine: The Rise of Male Authority in Pre-Modern Gynaecology*", *Journal of the History of Medicine & Allied Sciences*, Vol. 64, No. 3, 2009, pp. 383-385。

② 莫妮卡·格林的这个论断更多体现的是一种可能的历史趋势,而非历史现实。正如其指出的,在当时学术性医学兴起的同时,仍然有女性在进行行医。显然在当时也还有大量的犹太、穆斯林的男性,信仰基督教的外科医生、剃头匠和药剂师在行医,在这场书写医学文化与日常行医者之间的"斗争"中(如果这场斗争存在的话),权力的天平在 12 世纪时显然并未倾向书写医学文化。显然并非单一的因素造成了这种权力关系的颠倒,Ian Maclean 对印刷技术影响学术性医学传递的研究就说明了这一点,"The Diffusion of Learned Medicine in the Sixteenth Century through the Printed Book", in Ian Maclean, *Learning and the Market Place: Essays in the History of the Early Modern Book*, Leiden and Boston: Brill, 2009, pp. 59-84。

③ 也正因为如此,李贞德的研究有筚路蓝缕之功。对其研究成果的肯定请参见郑志敏:《论战后台湾地区的唐代妇女研究成果(下)》,《大陆杂志》,第 102 卷第 6 期,2001 年,第 38—39 页;陈弱水:《台湾学界唐宋妇女史研究的课题与取向》,载陈弱水:《唐代的妇女文化与家庭生活》,台北:允晨文化,2007 年,第 325—326 页。

讨论女性在中古医疗理论和实践中的角色。第四章"重要的边缘人物——乳母"讨论汉魏六朝时期的乳母,李贞德广泛收集史料,证明中古早期贵族家庭和士大夫家庭中选用乳母协助照料新生儿是一种常见的现象,并进一步分析选择乳母的来源,身体健康状况,及其乳哺教养等日常职责。乳母在主人断乳之后,仍然承担照顾保护幼子的责任。她们虽然身份卑下,却可通过与主人及其家庭的相处中逐渐积累待遇和影响力,往往在一些政治事件中凸现其影响力,并引起当朝之议论。这也成为其突破身份和性别的樊篱进入史籍记载的入口。第六章"女性医疗者"则进一步扩大讨论的范围,分析中古时期女性医疗者的问题。李贞德强调在唐代以前,提供医疗照顾的女性,不一定具有医者之名,因此在研究中,她广泛收集各种材料尽量能够涵盖所有提供医疗照顾的女性。中古女性提供医疗照顾的场合,首先是在生育文化之中。而女巫、女医和司药,其知识和技术领域则并不限制于生育照料,亦包括一般的妇科疾病和其他疾病,其治疗对象多样。同时指出,女性医疗照顾者的知识和技术来源复杂,除了自身身体体验和治疗经验积累,家庭医疗知识的熏陶、官方女医教育以及民间口耳相传都是重要的知识来源。在第九章"男女有别——家庭中的医护活动"中,李贞德则进一步对比史料对男性和女性在家庭医疗照顾中的角色差异进行分析,认为女性是家庭日常照顾的重要力量,其照料包括日常之饮食起居与医疗照顾,参与全部的治疗过程,并以亲身实践和身体接触为特色,女性在全面照顾中分身乏术,往往容易陷入多重伦理身份的角色冲突。男性的医疗照顾,则较多集中于侍奉家内的尊长,多数始自父母的疾患。虽然可能出现侍亲与公务的冲突,但大多能够以"孝"的名义得到官方的谅解,甚至"孝悌"的医疗照顾形象还会为其政治生涯提供新的契机①。因此作者强调,男性的健康照顾对象和方式,在社会期望和规范上,都集中于孝悌异行,而女性的全面医疗照顾,则因为社会性别分工的原因,其

---

① 不过若出现妻子与家庭其他成员同时罹患疾病的情况,男性也可能遭遇医疗照顾中多重伦理角色的冲突,比如乾符四年(877)撰写的《高彬墓志》中记载:"(高彬妻)陈氏素抱宿疾,顷常痫疾。殆至委顿,至是病作。枕席数月,府君侍药求医,未尝解带。又弟梗患痈疮,□倾囊致上国名医。"(《全唐文补遗》第6辑,西安:三秦出版社,1999年,第197页)高彬的妻子长期罹患疾病,他一直照料,而其弟又罹患疾病,其所面临的照料压力可想而知。

贡献往往难以在史籍记载中凸显①。此章不仅将突破单纯关注女性的医疗活动,而以男、女的医疗活动的场域、期待以及社会中的关注来讨论社会中性别角色的差异,更是延续前章的讨论,将女性与医疗的关注点,从少数"职业"的女性医者,推进到大部分女性在日常中所担负的与医疗相关的社会角色,而这一角色则是女性一直在默默承担的,不论在什么时代,什么地方,似乎都是如此。吴一立(Yi-Li Wu)最近的研究则尝试利用这些研究成果和思考方向来勾勒医籍中女性医学(产科和妇科)发展的社会语境,即传世的医学文献的作者们是如何在与当时的各种性别、职业的医者(包括产婆、草泽医)的竞争中,创造和传承了关于女性身体知识的各种叙述的②。

李贞德的这部分研究不仅是对女性的多种医疗者角色的"重新发现",同时也为医疗史的研究发掘出日常照料的意义③。正如李贞德所强调的那样,女性医疗者的问题"结合了女性生活史与医疗史的研究旨趣",其研究也确实成功的将性别和医疗的历史研究都被推向了"日常"的场域之中。这个研究为同时作为医疗照顾者和女性的群体,提供了展示其特殊的社会经历以及其主体性视角的可能④。因此她提到的所讨论的女巫、司药乃至宫廷中的女医,都值得对其在中国历史中的医疗实践、身份乃至社会角色做进一步的分析,以展示女性医者与

①　正因为如此,在记载中凸现女性医疗照顾的角色,需要特别分析其语境和尝试展示的女性形象,比如李宗衡所撰的《郑氏夫人墓志铭》中称赞其:"一顾之疾者,调药石以治之。"(《全唐文补遗》第7辑,西安:三秦出版社,2000年,第79页)就颇值得仔细分析。

②　Yi-Li Wu, *Reproducing Women: Medicine, Metaphor, and Childbirth in Late Imperial China*, Berkeley and London: University of California Press, 2010, pp. 15-83.

③　佩里格林·霍登(Peregrine Horden)曾广泛收集了历史中和当代民族志中的材料,强调家庭照料在医疗中的意义,而承担这个照料角色的大部分是女性。参见 "Household Care and Informal Networks: Comparisons and Continuities from Antiquity to the Present", Peregrine Horden and Richard Smith ed., *The Locus of Care: Families, Communities, Institutions, and the Provision of Welfare Since Antiquity*, New York: Routledge, 1998, pp. 21-67。

④　参见多萝特·维尔林(Dorothee Wierling)对历史书写中"日常"和"性别"两个范畴关系的讨论,"The History of Everyday Life and Gender Relations: On Historical and Historiographical Relationships", Alf Lüdtke ed., *The History of Everyday Life: Reconstructing Historical Experiences and Ways of Life*, translated by William Templer, Princeton, New Jersey: Princeton University Press, 1995, pp. 149-168。

参与医疗照顾的多种面相,同时也揭示出社会中医疗活动的不同层次与角度①。

关于医疗者的性别问题上,女性医者和医疗照顾者确实都在面临种种"排斥"和"边缘化"。两位研究者都并未止步于此结论,试图进一步揭示出问题的复杂性,莫妮卡·格林尝试指出男性知识权威的兴起并非单纯是一个性别化的过程,同时也是文本权威兴起的过程,女性并未是被"针对"的群体,而是在一个复杂历史过程中被排斥的多种群体身份之一。李贞德则试图通过区别社会舆论和日常实践中的医疗照顾者角色,揭示出男女担当医疗照顾者的复杂处境。两位研究者在医疗者性别问题上的"相遇",给阅读者呈现出一个立体的思考方向。当医疗者的性别问题,涉及到女性的疾病与身体的时候,需要进一步追问的,就是女性对自身的身体经验,为何不能保证其成为医疗者? 或者说,女性的身体经验是否被医学权威所接受,还是说其身体经验被排斥到医学话语之外? 女性的身体经验如何被医学知识所遗忘? 两位作者尝试用不同的方式加以回答。

四　遗忘的方式之一:身体和社会角色同时"异质化"

女性身体的经验是否能够被医学权威所承认并纳入知识叙述之中,牵涉到医学知识中是否有性别化身体观念的问题。或者说,在医学话语的历史中,女性的身体特质是完全被遗忘,还是说这种特质已经被意识到,却被遮蔽。这种论述的模式可以追述到托马斯·拉科尔(Thomas Laqueur)的论述,他曾指出一性身体模式(one-sex model)是西方社会历史中看待身体的基本模式,直到18世纪末才发展出性别化的两性模式②。费侠莉(Charlotte Furth)先生借由"黄帝的身

---

① 蒙特塞拉特·卡布雷(Montserrat Cabré)曾作过女性医者的分类研究,通过分类比较提供了相当有趣的观察点, "Como una madre, como una hija: Las mujeres ylos cuidados de salud en la Baja Edad Media", Isabel Morant ed., *Historia de las mujeres en España y América latina*, 4 vols., vol. 1: *De la Prehistoria a la Edad Media*, Madrid: Cátedra, 2005, pp. 637-657。

② Thomas Laquer, *Making Sex: Body and Gender from the Greeks to Freud*, Cambridge, 1990.

体"这一概念将此思考模式带入中国医学史的研究领域,笔者曾在之前的一篇书评中详细分析相关讨论①。

李贞德认为中古时期的医学论述中已有性别化的身体,但她却怀疑这样的身体能否被模式化。她以民族志式的笔调,详细讨论了中古时期女性从求子、安胎到入月、分娩、产后,再到堕胎和生子不举的过程。第二章"求子医方与妇科滥觞"认为汉唐之间医方中的求子之法发生了重要的变化,汉魏六朝的求子之法较集中于房中书内,其预设读者为男性,求子之责也归于男性。而在 5 至 7 世纪的求子药方中,女性逐渐成为医方求孕、求男与求好男的焦点。一方面医方对妊娠、分娩的关注,进一步提前到行房和受孕的过程;另一方面,关于男性求子的医理与药方并没有大的突破②。生育成为医者理解女性身体的重要目标,同时也成为理解女性身体的主要切入点。此点不仅为中国古代的妇科医学奠定了性别理论的基础,实际上也重构了女性的社会角色。正因为如此女性的产育不仅是女性生活中的重要经验,也成为构建其社会性别的基础,循此思路,作者在第三章"生产之道与女性经验"中尝试重构中国中古女性产育的过程与经验,细致描述了从入月滑胎开始,包括设帐安庐、临产坐草、产难治疗,乃至产后照料的产育全过程、治疗方法以及参与其中的诸种社会医疗资源。在此之后,则进一步分析与产育相关的诸种社会议题,包括胎儿、母体之关系,及其与家内母子关系互动,丈夫/父亲在生育过程中的角色,医者与主产者的"性别"之争,产者的社会地位所造成产妇所获得社会医疗资源和医疗知识的差异,以及生产中女体和血

---

① 陈昊:《书评:Angela Ki Che Leung (ed.), *Medicine for Women in Imperial China*》,《唐研究》,第 13 卷,北京:北京大学出版社,2007 年,第 627—633 页。吴一立在其著作中,则尝试修正费侠莉的论述,她认为中国医学中身体的性别模式,与其说是一种"两性同体"模式,不如说是一种"原形模式"(an infinitive body),这个身体模式作为所有人的身体基础,但也可以"变形"为男性与女性。它并非仅随着性别而变化,也可以变为年轻的/衰老的,南方的/北方的,粗犷的/清秀的身体形式。她认为这样的理解,提供给中国历史中的身体另一种叙事,即医学理论的变化并非是对某种经典身体模式的背离和回归,而是一种原形的多种变化形式(她借用了语言学的术语"inflectional morphology"来界定这种历史变化过程)。见 Yi-Li Wu, *Reproducing Women:Medicine, Metaphor, and Childbirth in Late Imperial China*, Berkeley and London:University of California Press, 2010, pp. 230-235。

② 若结合下一节讨论的莫妮卡·格林的分析方式,则可进一步追问:当药方的叙述将女性作为"求男"的主体时,它是否也尝试将女性作为其预期的"阅读者",或者它还是在针对男性读者进行叙述?

造成的"污染"观念及其禁忌等等①。第四章"堕胎、绝育和生子不举"则关注生子之后弃养的问题,作者指出虽然研究宋元以来生子不举的研究者多将经济原因看作历代产子不养的主因,但是中古社会中,造成生子不举则有多种原因,最为重要的除了家计考虑之外,还有各种产育禁忌。国家从关注其作为经济基础的民数,在刑律上对此类行为严厉惩罚,同时实行"养胎令"以减轻其生计压力。家庭伦理、亲族乡里乃至宗教机构也对不举子提供了舆论反对和实际的救济。这些都构成了防范和反对"生子不举"的社会基础。另外,作者还讨论了当时的妇科知识是否具有预防"生子不举"的可能性。她认为虽然当时的医方中有堕胎绝育的药方,但从"生子不举"的诸多事例反推,去胎的药方药效相当有限,难以作为节育的主要方法。产育在女性生理和生活经历中的重要意义,往往构成医学话语和日常生活中性别权力关系的共同基础②,也创造出作为"他者"的女性身体。但若将这种身体的诞生直接与妇科学的成立联系起来,即使在论点上

---

① 在这一章中,李贞德尝试打通不同的医学文献,以描述当时社会中产育之道的实态。不过,亦须注意到这些文献之间的差异,比如中村祯里曾讨论《诸病源候论》与《产经》理论差异的渊源(《中国における妊娠・胎発生論の歴史》,京都:思文閣,2006年,第66—68页),如何在这些文本差异的基础上,建构当时社会中产育实践的不同层次和面相,在下一节将讨论的莫妮卡・格林对文本读者与作者关系的关注,会很有启发。

② 正如M・布洛克(M. Bloch)和J. H・布洛克(J. H. Bloch)所指出的那样,当男性只是在"某些时刻"成为男性时,女性却"终其一生"都是女性,分娩、哺乳、育儿,持续不断在提醒女性她们的"性属"(sex)。("Women and the Dialectics of Nature in Eighteenth-century French Thought", C. MacCormack and M. Strathern eds., *Nature, Culture, and Gender*, Cambridge: Cambridge University Press, 1980, pp. 25-41)。但这种"共享"的身体经验,在与社会角色的互动之间,却产生"母亲"角色的不同面相,关注中国古代的研究者,都特别重视生母与家庭中正室的所造成的母亲角色差异,重要的论述包括 Francesca Bray, *Technology and Gender: Fabrics of Power in Late Imperial China*, Press of the University of California, 1997. 陈弱水:《唐代的妇女文化与家庭生活》,第297—300页。朱隽琪(Jessey Jiun-Chyi Choo)近来也基于李贞德的研究,进一步分析唐代产育与母亲社会角色之间的问题("Historicized Ritual and Ritualized History- Women's Lifecycle in Late Medieval China (600 - 1000 AD)", Ph. D. Dissertation, *The Department of East Asian Studies*, Princeton University, 2009, pp. 94-150)。不过李贞德所加入的日常照顾的纬度,使得母亲角色产生更多层次,产育、日常照料、亲属关系和礼仪中多种角色的分离和重合,不再仅仅是"社会性的母亲"和生母的差别。郑雅如的研究,一方面揭示出母子关系在礼法与制度面前所遭遇的种种"规范"和"认知"困境,另一方面也注意到生育关系、养育的功劳也在不同的话语层面被表彰和强调,从而展示出母子关系的多个层面在中古历史中变化的实态,见郑雅如:《中古时期的母子关系——性别与汉唐之间的家庭史研究》,李贞德主编:《中国史新论——性别史分册》,台北:联经出版公司,2009年,第135—190页。

反驳托马斯·拉科尔,亦在某个程度上受制于其论述逻辑①。实际上,在身体观念与知识的社会塑形之间,尚有多个层次,李贞德显然没有受制于这种模式化的思考模式,其研究中将不同的社会层次展示了出来。

这种女性身体的"异质性",往往体现在与女体相关的种种禁忌之上。李贞德在其书的第七章"危险却有效——制药过程中的女性身体"中,展示了女性身体在中古医药中复杂而诡谲的象征意义,一是制药过程中忌见妇人,一是以女体为药。其中指出汉唐之间的医方书中多见"忌见妇人"的语句,合药的过程则特别突出。作者特别强调,忌见妇人与其说是因为月水不洁,不如说是对女体作为一种不完美存在的禁忌。但是汉唐间的医方也将女性身体的部分入药,包括月水、月布、阴毛、女阴等,同时指出,在房中术的论述中,不仅是女体为药,甚至是女体即药。这些恰好反映出当时社会中复杂的性别关系②。梁其姿曾精当地总结了她研究的意义:"在这些文章中,李贞德系统的论述了从早期中国到隋唐时代的女性、健康与医疗的两个主要方面,女性作为健康照顾者的角色,以及女性怀孕的身体。她的路径既是医学的,又是社会的。……实际上,李贞德以大量具体的整理给我们展示了,虽然性别化的社会等级是稳定并且确定的,性别化的身体却是流动、多变和有疑问的。"③

也就是说,李贞德的研究为女性身体经验在医学知识中的遗忘提供了一个复杂而多样的社会背景,即中古女性在社会中从事各种医疗照顾活动,但却在医疗的知识权力结构逐渐被边缘化,甚至在其自身身体体验所相关的妇科话语中失去发言权。日常照顾角色的繁重又造成女性不得不"顾此失彼",甚至生子不举,男性医者基于此更尝试介入产育活动,乃至阐述妇女独立成方,从而强化了

---

① 海伦·金(Helen King)在之前也通过对16世纪产育知识的讨论,尝试将妇科学兴起的时间提前,见 *Midwifery, Obstetrics and the Rise of Gynaecology: The Use of a Sixteenth-Century Compendium*, Ashgate, 2007。

② 这种女性身体的力量随着医学话语(特别是关于性别的话语)对社会其他层面话语的渗透,而更加强化。蔡九迪(Judith Zeitlin)关于女鬼的研究中创造性地论证了这一点,她发现在对鬼形体化的文学表述和明清医学文本中女性的象征之间有一种强烈的关联(*The Phantom Heroine: Ghosts and Gender in Seventeenth-Century Chinese Literature*, Honolulu: University of Hawai'i Press, 2007, pp. 13-52)。

③ Angela Ki Che Leung, "Recent Trends in the Study of Medicine for Women in Imperial China", Angela Ki Che Leung ed., *Medicine for Women in Imperial China*, Leiden and Boston: Brill, 2006, pp. 118-119.

女性身体的"异质性",中古妇科逐渐造成"女弱"之身体观①。这种叙述使得女性逐渐失去了医疗活动中自主的知识权力,也造成女性日常社会角色的"定型"。性别的社会角色和身体观念的性别分化并不仅是互相对应/反映的简单关系,而是在同一个知识和社会的场域中通过话语和实践互相拉扯的权力关系。这种关系的实践过程使得女性在两者上都逐渐呈现边缘化和异质化的过程,并且让女性身体经验被忽视或遗忘。刘静贞的研究揭示了这个故事的进一步发展,她注意到宋代不举子遭报应的社会舆论存在性别差异,史料记载中父母伤损子女性命,便会有报应之迹,但在人数上,受报应的母亲远多于父亲,母亲所受报应也远大于父亲,在杀子受报上,男女性别有相当差异。她所提出的进一步追问:"要确定这些数据究竟是在暗示妇女已被更纯化为传宗接代的工具,故一旦失职,其处分遂愈形严酷? 还是表示宋代妇女已有相当的身体自主权,甚至可以自主地决定家中嗣续存留的大事? ……与杀子有关的报应之说常以妇女为独享,或许还可以从第三个层面来讨论,那就是产育之事与妇女的关系。"②由此可见,在产育知识上失去了话语权的女性,却似乎需要为其承担更多的"社会"责任。

五 遗忘的方式之二:羞耻感与性别展演

在李贞德关注女性身体和女性医者在社会中的实践状态时,莫妮卡·格林则宣称,在女性身体性别化这个问题上,比起空洞的文字游戏而言,她更希望讨论女性身体"创造"的认识论和技术基础,即什么人知道女性的身体? 他们在什么时候知道的?③ 她回到了另一种实践,即写本的阅读实践与话语的实践,写本阅读者的性别如何与其中身体知识互动,创造出了"女性的身体"。如果把这个问题

---

① 同时对女性医疗照顾者角色的忽视,也同时会导致医疗中情感层面的被遗忘,参见 Emily K. Abel, *Hearts of Wisdom*: *American Women Caring for Kin*, 1850-1940, Harvard University Press, 2000。

② 刘静贞:《不举子——宋人的生育问题》,台北:稻香出版社,1998 年,第 41、45 页。

③ Monica Green, "Gendering the History of Women's Healthcare", *Gender & History*, 20-3, 2008, pp. 487-518.

放到中世纪写本的语境中,就要追问保持至今的女性医疗文献为何能被保存下来,以及谁在使用这些文献。欧洲中世纪的写本往往没有作者的姓名以及其他准确的信息,我们如何知道写本的作者、读者以及使用其进行医疗活动的是男是女?

莫妮卡·格林借用朱迪思·巴特勒(Judith Butler)的术语"展演"①,强调写本作者的性别并不等同于其实际写作者的社会性别,而是作者在文本中试图创造一种怎样的性别形象。问题的关键是,这种形象是为了针对哪种性别的读者群而设计,读者是否承认并接受这种性别形象? 在第一章中,她尝试将特洛图拉的书与当时已知男性作家的书写方式进行比较,这个时期男性医者的特点,在于他们的写作、习作技艺的训练和承诺将医学建立为一门更高的学科,使得写作成为他们的标志。她认为特洛图拉的书的第一卷从语法上呈现出一种男性医者的特点,②其期待的读者群也是与他一样受过文学训练的男性医者;第二卷也显然不是女性的经验知识,而是男性书写下来的知识。只有第三卷《妇人方》(De curis mulierun)有具体化的女性声音,无论其作者是否是女性③。但是这三本书

① 当莫妮卡·格林在文本的意义上使用这个词的时候,她在某个意义上创造性地颠倒了朱迪思·巴特勒的论述。朱迪思·巴特勒的论述参见 *Bodies that Matters: on the Discursive Limits of "Sex"*, New York: Routledge, 1993。

② 以语法等因素来比定作者有长期的传统,参见 A. C. Partridge, *Orthography in Shakespeare and Elizabethan Drama*, London: Edward Arnold, 1964. Donald W. Foster, *Elegy by W. S. : A Study in Attribution*, Newark: University of Delaware Press, 1989。

③ 莫妮卡·格林在这里的分析,受到扬·焦乌科夫斯基(Jan Ziolkowski)对里尔的阿兰(Alan of Lille)的《自然的怨诗》(*De planctu Naturae*)中语法隐喻(grammatical metaphors)和性话语的分析的影响(*Alan of Lille's Grammar of Sex: The Meaning of Grammar to a Twelfth Intellectual*, Cambridge: The Medieval Academy of America, 1985),但是在此章以及以后对女性羞耻感的表述是否体现在医学文本中的分析中,她似乎都忽视了除性别之外的另一个身份划分范畴,即医生/病人的身份划分,女性医者/病人声音在医学文本中的体现是两个相互联系引又相当不同的"展演",如果在这个时代医生的写作正在逐渐形成规范,女性医者是否会有一种单独的将自身性别经验添加其中的写作方式? 若女性病人面对的是女性医者,女性医者是否会把她们面对男性医者的羞愧感记录到自己的著作中? 如果著作中有关于女性隐私体验的记载,究竟是来自女性病人对男性医者的病情叙述,还是来自女性医者自己的体验? 李贞德在对医籍中与月水相关的疾病记载的研究中,也注意到了相关问题,见 "Pain Relief? Sex in Medical Discourse on Menstruation in Early Imperial China", Paper presented at the Association for Asian Studies Annual Meeting, March 27-30, 2003. 可惜的是,李贞德的创见,在中国女性医学史的研究中,仍然缺乏后继者,吴一立受李建民研究的启发,将明清时代女性医学知识的传递,描述为文人式的书籍传递和秘传的对立,实际上,秘传和文人式的书籍传递的冲突,在中国医学史中是常见的现象,但若将性别的展演纳入对此冲突的理解之中,或会提供另一番历史图景。见 Yi-Li Wu, *Reproducing Women: Medicine, Metaphor, and Childbirth in Late Imperial China*, pp. 54-83。

被当作是一个女性作者的著述,在萨勒诺的医学群体,乃至更广泛的区域内享有权威。第二章,她尝试讨论 13 至 14 世纪特洛图拉的著作在欧洲的拉丁语世界被接受的过程。在这个时期越来越多的男性医者参与到女性的医疗当中,从十四世纪开始,上层的女性中普遍都有男性医者为她们服务,特洛图拉的书进入到大学的图书馆中,但并不能说,它已经成为当时医学教育的正式基础,职业医者在日常医疗活动中会查阅它、外科医生或对外科有兴趣的人也许会阅读、或者会被某些读者当作自然哲学的著作。在有一个写本中,这本医学著作与祈祷书被一起抄写。从现存的写本来看,这些写本的主人可能都是男性,他们都接受这些书的作者是一位女性,但却没有反思由女性写作的医学文献对当时的男性知识世界产生了怎样的影响。在写本中提到的如何对女性身体进行治疗的问题,已经是否应该由女性医者来照顾女性身体的问题,却被男性医者有意无意地忽略了。特洛图拉的知识就这样被吸收到了日常的治疗实践中,她(作者)的性别问题却似乎被遗忘了。

在这里,莫妮卡·格林开始提出她对文本的性别分析的另一个纬度,即女性的感受是否会在写本中体现出来。在日常实践中,关于女性身体的禁忌以及男性医者不适合碰触女性身体的问题却反复出现,女性在医疗过程中羞耻的感觉是否体现在了医学的书写中。14 世纪时,当由大学培养出来的有执照的男性医生治疗疾病的时候,仍然需要女性的协助。因此男性在医学文本上权威的出现,并非意味着女性在女料照顾中的"缺席",莫妮卡·格林在第三章中详细讨论了各种可能性,包括当时女性可以进行医疗的各种角色和场合,女性是否可以通过阅读获得关于其身体的知识,女性是否可以通过口耳相传或者展示型的教授获得文本里的医学知识。第四章则讨论特洛图拉在欧洲各个国家语言的翻译本,女性为他们的疾病感到羞愧,在用方言谈论其疾病的时候最舒服,同时一旦女性能阅读医书,她们就会避免与男性医者接触,尝试自己治疗自身的身体疾病,那么特洛图拉文本的方言化,是否会带来女性阅读者的增加,从而造成妇科医学的转化呢? 不过,从所有已知的写本拥有者来看,其主体还是男性。与拉丁语的转化相比,这一转变不仅是一个理性的过程,更多是一个知识扩张的过程。对男性来说,它减弱了"职业"和"大众"之间的鸿沟,希望获得医学知识的贵族、商人和有土地的缙绅(landed-gentleman)都可以获得阅读的机会,但这个知识扩张的过程似乎并不适用于女性,没有证据表明方言化的过程帮助建立起了一个女性医学的专业共同体,但这个过程也带来一些新的特质,比如有女性不但反对男性触碰女性的身体,甚至反对男性阅读关于女性身体的书籍。莫妮卡·格林尝试通过法国、德国和英国的相关情况展示这个过程。法文的译者显然设想有一个女性的阅读群体存在,她们可以通过阅读照顾其他女性的身体疾病,但同时也有法文译本认为,即使是男性医生治疗女性身体时,也不会遇到任何问题。德语译本并不清楚是"职业"还是"世俗"的文本,但是其中并没有暗示其与女性阅读者有关。而荷兰语的写本也没有任何针对女性的倾向①。第五章进一步讨论普通男性对女性身体知识的兴趣,这些知识兴趣源于对生育的关心,最后集中到关于女性的身体本质和所谓女性的"奥秘"。这种知识取向一方面造成了产科文献越来越关注女性身体的生育功能而忽略她们身体各方面的疾病,另一方面它催生了关于女性"奥秘"的博物志,这一传统在伪托圣大阿尔伯特的《女性的奥秘》一书集中体现。在这样一个新的知识传统中,特洛图拉的书显然与这些"女性奥秘"的书籍关注点不同,但因为这是一本"女性"作者揭示其身体奥秘的著作,而往往被不恰当的归入此类,特洛图拉的书甚至被描述为一本述说女性"奥秘"的书(dicta super secreta mulierum)。同时它也增强了阅读这些书籍的另一种倾向,女性的"奥秘"同时也意味着女性的身体是向男性保密的,而这种倾向与神职人员的厌女症关联起来②。在这样的倾向之下,特洛图拉的形象已经超过三卷医书的作者,而成为讲述女性身体的象征。在第六章中,莫妮卡·格林讨论了十六世纪医学的重要变化,包括产科和婴儿照料著作的出现,男性外科医生也在这个

---

① 莫妮卡·格林对于此章中写本拥有者的处理略显简单化,抄本的拥有者是否就是其"阅读者",这些阅读是否有多种的方式,都还需进一步追问,而这种追问需要更仔细注意文本上的各种"痕迹",卡尔·格林德利(Carl Grindley)曾讨论书籍上的各种记号类型,即其背后展示的"人"与"书"之间的多种关系,并非局限于"阅读"。见 "Reading *Piers Plowman* C-Text Annotations:Notes toward the Classification of Printed and Written Marginalia in Texts from the British Isles 1300-1641", Kathryn Kerby-Fulton and Maidie Hilmo eds. , *The Medieval Professional Reader at Work:Evidence from Manuscripts of Chaucer, Langland, Kempe, and Gower*, English Literary Studies, 2001。

② 凯瑟琳·帕克(Katharine Park)也讨论论过这里"女性奥秘"的意义,她指出伪托圣大阿尔伯特的书中将其描述为少数女性掌握的用以损害男性的药方等,见 *Secrets of Women:Gender, Generation, and the Origins of Human Dissection*, New York:Zone Books, 2006, pp. 82-84。

领域扩展其权威,而妇科则出现了一条不同的道路。当时医学界对希波克拉底妇科学著作的"重新发现",使得医生们斩断了这门知识与中世纪知识传统的联系,包括与"女性的奥秘"的联系。同时,他们也通过希波克拉底重建这门学科中的男性权威。在16世纪的时候这种权威被建立起来,而女性的"作者性"不仅是消失了,甚至是被连根拔起。

在莫妮卡·格林的叙述中,男性权威的兴起,不仅是一个在社会层面男性取代女性的过程,同时也是在话语层面排斥和重塑的过程。但在文本这一层面的性别角色,并非一定与社会层面的男/女相对应,它在不断地扮演和转换中。

六 走在文本与日常之间的女性身体史

当我们随着两位研究者的步伐,"亲历"中古中国与中世纪欧洲性别权力与女性身体的种种。其中的复杂性远远超过最初的问题,即东西方世界女性身体的知识是否被男性权威所把持。在两个世界中,知识的性别权威、性别的身体经验与社会、文本上多重的性别角色相交织,都勾勒出复杂的历史图景,倘若将其对比,乍看之下颇为相似,但仔细端详之后却又呈现出种种差异。性别与医疗研究能为读者呈现出如此复杂的历史叙述,也经历了自身探索的旅程。1986年,斯科特(Joan Scott)在《美国历史评论》(*American Historical Review*)上以一篇题为"性别:历史分析的有效范畴"论文宣告了"性别"这个分析范畴向历史领域的出发①。在此文发表后的第三年,卢德米拉·约尔丹尼诺娃(Ludmilla Jordanova)就著书强调性别(gender)或者性(sex)的概念与分析方法对医学史研究的重要性。她指出,性别在直接的意义上或在对其隐喻意义的拓展中,触及到我们生活的诸多方面,因此它需要更为细致的历史研究。科学史和医学史的研究者能够接受

---

① Joan Scott, "Gender: A Useful Category for Historical Analysis", *American Historical Review*, Vol. 91, 1986, pp. 1053-1075.

这个概念的挑战,通过性别的术语反思其研究领域,是特别重要的①。但医学史似乎带给了性别研究更多的启发,身体的"性属"带给社会性别全新的反思,医疗照顾则使得重新反思女性在日常生活中担任的照顾角色的价值②。但我们却不能宣称,莫妮卡·格林和李贞德在研究主题上选择的相似性,是一种"必然"的学术走向。因为在现在的性别史研究中,研究主题的选择并非完全来自性别理论的演进,也与时代和地域研究本身的问题积累密切相关,宣称在不同的历史时代和地域中,出现一种共同的研究取向,似乎是"危险"的说法。

在二十二年之后,《美国历史评论》组织"重访《性别:历史分析的有效范畴》"("Revisiting Gender: A Useful Category for Historical Analysis")的论坛,斯科特在其论文《尚未回答的问题》("Unanswered Questions")中抖出当年的"秘辛",强调当年她文章的题目本是一个疑问句,在编辑的要求之下,改为陈述句。但到今天,她仍然坚持,这依然是一个疑问。"性别"是一种对于历史问题的追问,而非标题式或方法论式的论述。它是尝试激发对性属化(sexed)身体如何被生产、使用和改变的意义的批判性思考,而这也最终会成为其长青的保证。但目前的研究中,过多的将性别当作固定的范畴,研究"性别对政治的建构"("gender constructs politics"),却反而很少疑问"政治怎样建构了性别"("politics constructs gender")。她强调,当我们将"女性"历史化为其范畴中的固定意义时,我们也就将女性放在了女性史之外。如果说二十二年带着"性别"的旅行③,在被不断的追问、诘问乃至责问的过程,斯科特将其看作一种追问的方式。几乎在斯科特的文章发表的同时,珍妮·博伊斯顿(Jeanne Boydston)亦撰文指出,性别是一个历史分析的问题(question),而非范畴。她强调性别不是一系列普世的默认,而应

---

① Ludmilla Jordanova, *Sexual Visions: Images of Gender in Science and Medicine between the Eighteenth and Twentieth Centuries*, Wisconsin: The University of Wisconsin Press, 1989, p. 4.

② 琼·特龙托(Joan Tronto)从女性主义的路径提供了关于照顾的伦理论述,*Moral Boundaries: A Political Argument for an Ethic of Care*, Routledge, 1993。

③ 这二十二年的研究变化,可参考 Laura Lee Downs, *Writing Gender History*, London and New York: Oxford University Press, 2004. 而她也是斯科特最早的批评者之一,见 Laura Lee Downs, "If 'Women' is Just an Empty Category, Then Why Am I Afraid to Walk alone at Night? Identity Politics Meets the Postmodern Subject", *Comparative Studies in Society and History*, 1993, pp. 414-437。

该是一系列相对开放的问题,能够实际运用于不同时段和地域的历史追寻①。

不仅仅是时间、地点,当"性别"的概念跨越学科的边界时,它同样也不会再是一个普遍的预设。在本文中特别将欧洲和中国的地域因素提出,是因为在对性别范畴的反思中,对其是否能从其"诞生"的欧美学术世界向其他地域旅行,成为一个重要的疑问。在这些反思以欧美式的性别范畴关注其他地区的社会与文化的研究,除了展现出在身体差异与社会权力关系之间可以有多种的文化模式,也强调从殖民时代开始在亚洲、非洲和美洲的大部分地方,性别的现代性就是一个"遭遇"欧美式性别范畴的过程②。本文所选择的两本著作就体现出这个遭遇过程中的种种"张力"。

这似乎是一个太过抽象的问题,其中牵涉到分析范式的变化,虽然是知识话语自我衍生的过程,但也是每个具体的研究者自身反省、追问。女性/性别历史与当代女性主义运动的密切关系,使得其学术路径的变化,就是对研究者自身认同的反诘和挑战。特别对历史研究来说,性别的现代性也就深刻地体现在每个

---

① Jeanne Boydston, "Gender as a Question of Historical Analysis", *Gender & History*, 20-3, 2008, pp. 558-583.

② Oy'er'onk'e Oyew'um'1, *The Invention of Women: Making an African Sense of Western Gender Discourses*, Minneapolis: University of Minnesota Press, 1997. Afsaneh Najmabadi, *Women with Mustaches and Men without Beards: Gender and Sexual Anxieties of Iranian Modernity*, Berkeley: University of California Press, 2005. Dorothy Ko and Wang Zheng eds., *Translating Feminisms in China*, Malden, MA: Blackwell Pub. Ltd., 2007. 李尚仁在《女人与虫——两性分工、种族概念与万巴德的丝虫研究》一文中展示出一个异常精彩的个案研究,他讨论在中国厦门发现蚊子是丝虫中间宿主的英国医生万巴德(Patrick Manson),在其 1878 年发表其发现的论文中,将蚊子称为丝虫的"保母"。文章即由这个比喻生发开来,讨论在殖民与性别语境中的生物学生殖研究。作者指出万巴德对这个词的使用,受到丹麦生物学者史廷斯托普(Japetus Steenstrup)世代交替理论(theory of alternation generations)的影响,但也与此时期生物学与社会理论之间关于性别分工的生理基础的互动有关,同时也体现出一种关切和焦虑不安,因为当时欧洲殖民者在中国通商口岸,依赖着当地保姆来养育下一代。作者认为,这种欧洲人与当地人的依赖的社会性别分工模式,在不知不觉中深刻地形塑了万巴德对于寄生虫生命循环的生理分工现象的理论构思,最后体现在其将作为中间宿主的蚊子命名为"保母"的词汇选择上。在这一研究中综合了两种重要的观察路径,一是知识的"实作"(或可译为"实践")与社会性别之间的关系,另一个则是殖民性与性别建构之间的关系(载李贞德主编:《性别·身体与医疗》,台北:联经出版公司,2008 年,第 219—240 页)。这种在殖民地"发现"的身体与性别之间地互动,反过来也会影响殖民的政治、经济和文化知识的多个层面,比如玛丽·贝丝·诺顿(Mary Beth Norton)就曾讨论 17 世纪英国殖民者如何通过家庭的性别观念与等级制度来建构其政府(Mary Beth Norton, *Founding Mothers and Fathers: Gendered Power and the Forming of American Society*, New York, 1996)。

研究者在分析范式和具体的地域和研究时段之间旅行的路程之中①,而他/她们的"旅行"经验却往往在学术史里失去声音,让我们回到两位作者的"经验"世界之中。

1992年,李贞德开始开拓中国中古性别与医疗的研究,她在书中记述其因缘,1992年夏参与生命医疗史的读书小组:"我怀着拓展妇女史的热情,从观望到参与,如今回想起来,最重要的关键,是建民借了我一套江户影写本的《医心方》。从此,我由生育文化出发,踏上了一条结合性别与医疗的研究之路。"她最开始将自己对生育文化的研究对女性研究的贡献,放在女性在家庭中承担的社会角色中理解。这种关注女性作为一个群体的研究,了解女性在日常生活中的努力及其面对的困境,既突破台湾妇女史以名女人为中心的模式②,也可以反思医学史叙事中医学伟人和进步史观的问题③。随着对身体议题的深入,她的关注也进入到身体与社会性别规范的互动之中。身体的意象与种种文化因素相交织,产生出对男女身体的不同判断和想象,而这些判断和想象被权威性的力量所挪用,又反过来规范社会中男女对自身性别和身体的认同④。李贞德始终将中国古代社会中的性别、身体等议题当作一个复杂的历史过程和多层次的文化社

---

① 这种个体探索在与研究机构化的互动中产生出研究群体的认知与认同,同时也会重塑个体的认同。对性别研究机构化以及由此引出对性别研究边界的思考,请参考 Leora Auslander, " Do Women's + Feminist + Men's + Lesbian and Gay + Queer Studies = Gender Studies", *Differences*: *A Journal of Feminist Cultural Studies*, 9-3, 1997, pp. 1-30. Robyn Wiegman, "Object Lessons: Men, Masculinity, and the Sign *Women*", *Signs*: *Journal of Women in Culture and Society*, 26-2, 2001, pp. 380-385.

② 李贞德:《超越父系家族的樊篱——台湾地区"中国妇女史研究"(1945—1995)》,《新史学》,第7卷第2期,1996年,第139—179页。

③ Jen-der Lee, "The Past as a Foreign Country: Recent Research on Chinese Medical History in Taiwan",《古今论衡》,2004年第11期,第37-58页。在1979年,苏珊·雷韦尔比(Susan Reverby)与大卫·罗斯纳(David Rosner)以"超越伟大医生"(或者说是医学伟人)为口号倡导医学社会史的研究时,就注意到当代妇女运动可能造成的影响("Beyond 'the Great Doctors'", Susan Reverby and David Rosner eds., *Health Care in America*: *Essays in Social History*, Philadelphia: Temple University Press, 1979, p. 3.),在十五年后,他们对这些年来路径的反思中,他们进一步强调了性别研究在这种研究转向过程中所扮演的重要角色(Susan Reverby and David Rosner, " 'Beyond the Great Doctors' Revisited: A Generation of the 'New' Social History of Medicine", Frank Huisman and John Harley Warner eds., *Locating Medical History*: *The Stories and Their Meanings*, Baltimore and London: The Johns Hopkins University Press, 2004, pp. 178-181.)。

④ 李贞德:《从医疗史到身体文化的研究——从"健与美的历史"研讨会谈起》,《新史学》,第10卷第4期,1999年,第126—127页。

会现象,而并不因为对"西方性别模式"的反思,将中国的性别叙述成一个"象征化"或"本质化"的"东方"模式,以区别于"西方"。她强调性别化的身体观一方面以不同于男性的方式来理解女性的身体,为妇科医学奠基,另一方面也创造出规训女体的策略①。对女性身体的规训显然并不局限于医学话语之中,因而性别与其他概念的搭界,恰能揭示出其所期待的多样性和社会过程。她当然意识到"现代化、已开发社会的学界所产出的研究成果,可能无法充分反映学者所钻研的传统社会甚至当代的第三世界",但却也怀疑是否能够将传统社会与现代社会中身体的诸种因素截然两分②。正如她从大卫·洛温塔尔(David Lowenthal)那里借来的术语"作为异邦的过去"(The Past as a Foreign Country)③,时下的性别史研究者们都不可避免的背负着"性别的现代性"。不仅是传统社会或欧美之外地域的研究,所有时段和地域的研究者都在带着"性别的现代性"向其所研究的领域去旅行并反思的过程。旅行即使无法了解异邦的全部,但是对于旅行的期待,一方面在于防止将异邦简化或异化为凝固而简单的图像,另一方面,相遇意味着改变,需要期待这种改变是具有反思性的。

莫妮卡·格林从 1985 年在普林斯顿大学完成其博士论文《中世纪时期对古代女性生理和疾病理论的传承》("The Transmission of Ancient Theories of Female Physiology and Disease Through the Early Middle Age")开始,一直延续着对中世纪女性与医学的关注,她怀疑现代学者提出的性别关系问题是否更多反映了现代/男性的知识兴趣,而非揭示中世纪女性本身的意识。④ 因此她强调,在分析中世纪的性属差异(sex difference)时,应该避免自称要提供一种所谓的宏大叙事(grand narratives),将不同的社会话语纳入一个模型⑤。同时她也追随卡萝

---

① 李贞德:《导言》,载李贞德主编:《性别·身体与医疗》,第 4—5 页。

② 比如她对母体与欲望之争的讨论,李贞德:《导言》,载李贞德主编:《性别·身体与医疗》,第 8 页。

③ Jen-der Lee, "The Past as a Foreign Country: Recent Research on Chinese Medical History in Taiwan".

④ Monica Green, "Female Sexuality in Medieval West," *Trends in History*, Vol. 4, 1990, pp. 157-158.

⑤ Monica Green, "Bodies, Gender, Health, Diseases", *Studies in Medieval and Renaissance History*, *New Series*, Vol. 2, 2005, pp. 6-7.

琳·拜纳姆(Caroline Bynum)的脚步,指出在欧洲的中世纪,被历史文献反复凸现的虔诚信仰基督教的女性形象,并不是当时女性的全部面貌。要理解中世纪的性别关系,我们需要考虑到经济背景、物质文化等不同的文化和社会层面①。当她尝试呈现出中世纪医疗照顾者的不同面相时,也是试图展示出当时性别关系的多样性。另外,莫妮卡·格林指出医疗者或者西方社会中的健康照料问题,之所以被忽视,是由于女性医学/女性从事医学的研究根植于上个世纪六十至七十年代的女性健康运动,而她对这些研究的反思,始自于对西方传统以外的历史学和民族志著作的研读②。在这个意义上,性别范式的"旅行"不仅改变了其他地域中性别的认识模式,也反过来,重新建构了所谓"欧美"式的性别认识模式③。

从这个意思上讲,性别从历史分析"范畴"到"问题"的转换,并不再是历史研究趋势指向的转变,而是关注不同地域与时段的性别史研究者们,用他/她们在经验研究中旅行把性别分析变成了开放性的问题。因此当李贞德和莫妮卡·格林带着各自的学术传统和问题意识相遇在医疗照顾者的性别问题上时,并非意味着这是中古性别与医疗未来研究的唯一趋势。但她们却展示出在历史文本中解读所谓"性别化"的多种可能性,性别并不只是文本中记载的权力的关系,甚至可以说,它并非仅是话语而已,它可以在社会层面与文本层面之中都是一种实践和过程。同时无论在文本,还是社会之中,性别都不是单独存在的权力关系,而是与其它因素扭结在一起。性别成为一个问题,就意味着在复杂的文本与社会语境中追寻性别多变的影像。以身体的问题介入性别研究之中,为此复杂的局面打开了一个切口。而两位研究者在追问性别与身体的过程中呈现出的不同研究方式和层次,恰好说明,医疗和性别所搭建出的"歧路花园",能够展示出

---

① Monica Green, "Bodies, Gender, Health, Diseases", *Studies in Medieval and Renaissance History*, *New Series*, Vol. 2, 2005, pp. 22-26.

② Monica Green, "Gendering the History of Women's Healthcare", pp. 487-488.

③ 对此点的分析,见 Susan Mendus and Jane Randall, eds., *Sexuality and Subordination: Interdisciplinary Studies of Gender in the Nineteenth Century*. London: Routledge, 1989。Nupur Chaudhuri and Margaret Strobel eds., *Western Women and Imperialism: Complicity and Resistance*, Bloomington: Indiana University Press, 1992.

研究取向的多样性与多变的历史图景。这样的路径已超越了地域或时代的限制。只有这样的多样性才有可能带我们迫近那个已逝去的历史世界，在其中生活的男女所面对医疗和身体的种种问题：她/他们的手在照顾谁的身体？谁的手又在照顾他/她们的身体？在此之外，也许还需要加上一个阅读的纬度：即谁的手拿着他/她们的书？又在阅读谁的身体？只是两位作者各执一端，不知若将文本展演与日常实践之间张力纳入一本性别身体的历史著作中，又将创造出怎样的火花？

商品、疾病、自然:近代早期的知识生产与交流

杨璐玮 *

在《大分流:欧洲、中国及现代世界经济的发展》中,彭慕兰认为中国发达地区和西欧地区在十九世纪大分流出现之前在发展程度上并没有显著性的差异。大分流的出现一是因为西欧特殊的煤矿位置,可以以更经济的方式提供便捷能源,而中国则面临了更高昂的能源成本;二是因为全球性贸易的出现促进了西欧的工业化以及知识的交流。全球化的浪潮允许西欧"在并不特殊的市场经济的基础上创造出自身的特殊性"。除了经济上的好处,新世界的发现同时给欧洲提供了知识交流的舞台:来自新世界的特有商品以及其背后的文化属性被运到欧洲,同欧洲文化互相影响;新世界的风土病使得欧洲传统医学体系受到挑战,双方碰撞中产生了新的关于疾病和身体的认知关于商品的知识;新世界的自然和人文环境引发了欧洲人的兴趣,促进了现代知识生产体系的出现。

在这一过程中,中国以及东亚处于何种境遇呢?中国是全球性贸易极为重要的一环,来自新世界的贵金属运到中国换取高质量的手工制品,促进了西欧消费社会的形成。但在知识交流层面,中国和东亚似乎处于失语的状态。一方面相比欧洲,中国以及东亚并非是贸易体系的积极参与者,一方面中国史以及东亚研究学者为了反驳欧洲中心论过于强调东亚的主体性。

本文将讨论欧洲史以及东亚研究学者关于从近代早期知识交流研究的著作,通过比较不同视野下的历史,从某一商品,到某一疾病,再到认识论变化的历史,本文认为在寻求撰写全球史的过程中,欧洲史以及东亚历史采取了不同的取

---

* 美国圣路易斯华盛顿大学历史系博士候选人。

向，欧洲历史学者逐渐承认新世界对于欧洲大陆的影响，而东亚研究者则试图撰写东亚独有的历史。

商品交流：烟草的全球史

近代早期的标志是全球性贸易的兴起，在这一过程中，来自美洲的贵金属，农作物，以及来自东亚的工艺品，手工制品，来自中东的香料参与到跨国性的流动当中。商品贸易不单单是某一物品的运输，而更是这一物品背后知识的交流与流通，这一物品的知识则建立起将这一物品转化为商品的需求。跨区域的商品及商品知识的交流在中世纪地中海时期早已存在，比如香膏（balsam）贸易，就显示了商品的价值以及对其的认知如何通过信息网络形成[①]。不过相比较中世纪时期的商品贸易，新世界的发现以及全球性贸易的兴起，赋予了商品流通交流新的内涵，商品贸易被放置在殖民主义的背景之中。商品以及其背后知识的传播，不单单是中世纪香料的流通，即某一奢侈品从遥远的东方国度运到欧洲，而是面临对殖民地地区知识的认知和评价。这种新的商品流通，如彭慕兰所言，推动了欧洲的崛起，但中国以及东亚，作为全球性贸易的重要一环，是否参与其中呢？

烟草的流通是一个很好的范例，作为世俗化的商品，烟草渗透进各个社会阶层，提供了一个绝佳的研究跨文化跨区域比较平行且有差异消费文化的机会。作为来自新世界的商品，它在欧洲和中国都经历了本土化的过程，但学者在书写其历史过程中却有着不同的侧重。在《神圣的礼物与世俗的乐趣》（*Sacred Gifts, Profane Pleasures*）中，梅西·诺顿（Marcy Norton）像我们展示了烟草作为商品和文化符号如何跨越国家和大洋进行流通。以往关于烟草的研究往往陷入两个极端面，即生物决定论或文化建构论：前者忽视了烟草本身蕴含的文化含义，将其仅仅视为一种不带任何价值取向的物品，其在欧洲受到欢迎纯粹是因为其令人

---

① Marcus Milwright, "Balsam in the Mediaeval Mediterranean: A Case Study of Information and Commodity Exchange", *Journal of Mediterranean Archaeology* Vol. 14, No. 1, 2001, pp. 3-23.

上瘾的生物属性。后者则完全沉浸在烟草的文化含义中,认为烟草原本作为美洲一种神圣的礼品,仅仅被当做药材引进欧洲,其在欧洲的成功要归功于欧洲社会对其社会和文化功能的改造,烟草从物质到符号意义都经历了"欧洲化"的过程。相比这两种取向,诺顿试图走一条"中间道路"来解释烟草在欧洲从默默无闻到风靡一时的历史①。她认为欧洲人一开始没有认识到烟草本身生理上的价值所在,也并非因为其中蕴含的美洲文化含义而简单接受烟草。相反,烟草在欧洲被接受,改造的历史是一个涉及到政治经济、宗教和文化的复杂过程:一方面烟草其中带有的文化内涵使得其不仅成为了美洲印第安人文化的符号,还成为了参与西班牙国家形成的一种重要商品,另一方面烟草之所以被接受也是因为其容易上瘾自然属性。

不同于以往关于烟草的历史,诺顿并没有呈现一部以欧洲为中心的烟草史,相反,她强调烟草的商品化过程以及其被欧洲化的过程体现了作为旧世界的欧洲和作为新世界的美洲之间的知识与文化交流。

欧洲殖民者来到美洲,面对新的环境的考验,其生存必须依赖同当地印第安人的合作。在这一过程中,他们接触到了在当地文化中具有特殊地位的烟草。尽管烟草后来在欧洲广受欢迎,但欧洲殖民者在新世界同烟草的初次邂逅并不美妙,他们反感烟草的味道以及燃烧带来的烟雾,将其与印第安文化中的鬼神联系在一起,将烟草视为"安地列斯野蛮文化的象征"。

但是诺顿强调新世界以及欧洲化的改造在烟草流通过程中都扮演着至关重要的角色。烟草的商品化归功于其中蕴含的文化价值。烟草以及关于它的知识一起被带到欧洲,为将来对其欧洲化的改造奠定了基础。同时,商人和传教士也在殖民过程中根据当地对于烟草的认识利用烟草来开展商业贸易和进行传教②。在诺顿看来,欧洲人接受烟草的过程并非是铁板一块,相反具有区域和群体间的差异。殖民地中心区域和偏远腹地之间对于欧洲殖民文化和烟草的认识

---

① Marcy Norton, *Sacred gifts, profane pleasures: a history of tobacco and chocolate in the Atlantic World*, Ithaca: Cornell University Press, 2010, p. 7.

② Marcy Norton, *Sacred gifts, profane pleasures: a history of tobacco and chocolate in the Atlantic World*, Ithaca: Cornell University Press, 2010, pp. 69-77.

必然存在差异。在处于殖民帝国中心的印第安人接受了解欧洲文化的同时,分散在印第安聚居地的欧洲人也存在被当地文化同化的可能。欧洲人接受烟草的过程不仅仅见证了西班牙文化和印第安文化的碰撞,还有西班牙化的印第安人同偏远地区未被西班牙化的印第安人之间的碰撞,以及殖民者和在美洲出生的西班牙人之间的碰撞①。在文化碰撞的过程中,烟草作为礼物的价值逐渐被殖民者所接受,并使得烟草被商品化引入欧洲。烟草一开始被当作药材引进,但随后在葡萄牙商人的运作下成为了风靡一时,跨越阶层和性别的消费品,同时也被广泛应用于基督教仪式中,发挥了其在美洲文化中被运用于各种仪式中作为连接个体和神明工具的作用②。作为商品流通的同时,烟草贸易带来的巨大利润催生了国家垄断,某种程度上推进了西班牙近代民族国家的构建。

和《神圣的礼物与世俗的乐趣》类似,班凯乐的《金丝烟》(*Golden - Silk Smoke: A History of Tobacco in China*, 1550-2010)一书同样旨在书写一部烟草的去欧洲中心化的社会文化史。但是不同于诺顿关注欧洲美洲之间的知识交流,班凯乐主要聚焦于烟草如何在引进中国后融入中国社会。她一方面试图通过烟草的历史展现中国同外部世界所存在的联系,另一方面则要强调烟草在中国的历史是如何植根于中国本土社会的,即烟草的中国化过程。

不同于诺顿强调烟草本身带有的文化属性,班凯乐很少提到烟草最初被引入中国时其中所蕴含的知识和文化内涵。以往研究中国烟草史往往止于欧洲商船将烟草传入,但《金丝烟》则试图将这一互动放置在中国复杂的边疆中,展示亚洲参与者在烟草传入过程中的能动性。班凯乐从"中国边境吸收过程的互动性"谈起,将烟草的种植和运输放置在中国政治经济以及地理的框架内。虽然班凯乐强调跨文化交流的重要性,她仅仅将烟草视为不带文化属性的中性物品。在她看来,烟草进入中国的最大意义在于显示 16 世纪的中国并未与之外的世界相隔绝。诺顿所重视的烟草附带的美洲本土知识,反而在烟草的中国历史中不

---

① Marcy Norton, *Sacred gifts, profane pleasures: a history of tobacco and chocolate in the Atlantic World*, Ithaca: Cornell University Press, 2010, pp. 87-94.

② Marcy Norton, *Sacred gifts, profane pleasures: a history of tobacco and chocolate in the Atlantic World* Ithaca: Cornell University Press, 2010, pp. 153-174.

那么重要,因为中国本身同美洲缺少必要的互动。

班凯乐随后探索了烟草从域外奇物转变为中国本土商品的过程。她向读者展示了烟草是如何融入到明清时期中国的宗教、消费文化、性别关系、城乡分化、地域区别,以及中医里面。从 17 世纪开始,烟草的种植从西南地区扩展到长江三角洲区域,说明对烟草需求的持续增长。当晚明士大夫阶层为社会流动性带来的社会秩序变化而忧虑的时候,烟草在社会各阶层中的流行加剧了他们的担心。一方面烟草为儒家所排斥,因为这是来源于底层社会的恶趣味,不适合士绅阶层消费。另一方面士大夫阶层又试图将烟草消费士绅化。17 世纪末到 18 世纪初江南士人经常聚会抽烟,并为此创作诗词,将烟草消费定义为一种高档有品位的行为。不过在士大夫中流行的烟斗,恰恰是来源于社会底层的发明①。同时烟草消费也影响了社会性别关系。直到清中叶,烟草在女性中颇为流行,吸食烟草的女性成为了休闲,文化以及性的象征。不过烟草消费在女性群体中同样具有阶层性:精英女性只在私密场合抽烟而底层社会的女子则无所顾忌可以在公共场合消费烟草②。在烟草演化为休闲消费品的过程中,士大夫们专注于防范消费方式趋同带来的社会阶层以及性别秩序变化,而并不在意烟草本身的舶来品身份。实际上烟草消费逐渐同中国本土地域以及社会阶层相联系。在烟草的推广过程中不仅出现了大面积种植的廉价烟草,也出现了只在特殊地域小范围种植的,专供士绅阶层的昂贵烟草。在烟草的消费方式上,一方面出现了烟斗从底层社会向士绅阶层的传递,一方面出现了鼻烟从上层社会到下层社会的流行③。

在烟草消费流行的同时,其也影响了当时的知识体系。班凯乐考察了明清医学语境里面的烟草。当时医学体系对于烟草并没有统一的认识。一方面温补学派将抽烟视为一种治疗方法,一方面随着烟草消费的普及化,医书中开始记载

---

① Carol Benedict, *Golden-Silk Smoke: A History of Tobacco in China*, 1550-2010, Berkeley: University of California Press, 2011, pp. 50-67.

② Carol Benedict, *Golden-Silk Smoke: A History of Tobacco in China*, 1550-2010, Berkeley: University of California Press, 2011, pp. 78-83.

③ Carol Benedict, *Golden-Silk Smoke: A History of Tobacco in China*, 1550-2010, Berkeley: University of California Press, 2011, p. 110.

抽烟的副作用，比如吸烟又会带来新的肺部疾病①。在班凯乐看来，中医对于烟草消费的回应并不热烈。虽然烟草消费在中国社会很流行，并在明清本草中屡次被提及，但医者并未将其视为日常治疗手段，很少在方书和医案中提到烟草。一些医生，比如叶天士也会在治疗中用到烟草，但一般仅仅是用作外敷，并未将抽烟视为一种治疗方式。而烟草在地方志中往往放在《货之书》而非《药之书》。因此同欧洲一样，烟草在中国被更多的视为增强快感而非有益健康②。

尽管近代香烟的输入近乎消解了明清以来对烟草的本土化努力，在班凯乐看来，中国人仍然成功的将香烟这一舶来品吸收进自己的文化中。香烟被视为都市和时尚的代表而同样是舶来品的烟斗则成为了乡下和传统的代名词。

作为荣获列文森奖的著作，《金丝烟》进一步确认了中国研究者从 1960 年代就坚持的结论，即明清时期的中国社会并非停滞封闭缺少流动性，而是内在充满了创造的活力。但是另一方面，《金丝烟》专注呈现中国经验的取向并未展示出知识的交流过程，将烟草的传入并非作为单一的，不附带价值观的物品。

《神圣的礼物与世俗的乐趣》与《金丝烟》一书的相同点，即都试图超越欧洲中心论的历史叙述以及不同点，即对待知识交流的重视程度差异，不仅说明了欧洲和中国之间确实存在的历史性的区别，同时显示出历史研究者取向的不同。一方面中国虽然是近代早期全球性贸易中重要一环，但并非积极的参与者，没有和新世界直接接触，另一方面作为东亚区域的核心，中国拥有强势的文化并可以同化掉外来的文化信息。这一历史本身的区别也导致了历史书写上的区别。在撰写烟草历史的过程中，诺顿和班凯乐都试图超越欧洲中心论，提供一种更为平衡的叙事。不过诺顿展示了欧洲同美洲知识的交流，班凯乐则书写了以中国为中心的烟草历史，从某种程度上来讲，正如之前欧洲中心论下的烟草历史。以中国，或者东亚为中心的历史，虽然或许忽视了跨区域交流，但确是相较忽视中国乃至东亚研究的进步。两本书体现了跨大西洋研究和东亚研究的差异。在超越

---

① Carol Benedict, *Golden-Silk Smoke: A History of Tobacco in China*, 1550-2010, Berkeley: University of California Press, 2011, pp. 88-89.

② Carol Benedict, *Golden-Silk Smoke: A History of Tobacco in China*, 1550-2010, Berkeley: University of California Press, 2011, p. 108.

欧洲中心论的过程中,前者强调欧洲同美洲殖民地之间的联系和知识交流,后者则关注于东亚内部的交流。这一区别在接下来提到的对于疾病和自然史的研究中同样明显。

医学史:作为文化产物的疾病与身体

"通过探索医学中知识生产的变动,我们可以看到医学发展背后的驱动力量以及和医学社会功能的转变。"[1]15 世纪以来的现代化和全球化进程成就了现代医学的兴起,以及对健康、疾病、身体等概念的认知。对于身体的认知从前近代时期体液学说下的流动的身体发展到近代的现代医学框架下的固定,遗传的身体;[2]只认为存在一种性别的"一性论"演变为承认两种性别存在的"两性论"[3];医学实践从之前医患之间对病情的讨论协商演变成将疾病视为病患之外客观存在的"诊断的暴政"[4],对于身体的认识从之前通过感官来探求"身体的语言"转变成为沉默的"医学凝视"[5]。

如果将医学视为"文化系统"的话,究竟是什么因素引发了身体认识和医学系统的转变?一些学者将现代医学和身体的产生归功于 18 世纪以来以欧洲为中心的现代化所催生的"生物权力"和"治理术"理念的出现。另一些学者则试图将关注点放在欧洲以外,强调全球性贸易的兴起为各种医学体系的交流提供了平台,并影响了现代医学和现代身体的形成。地理大发现之后,欧洲,亚洲以

---

① Norbert Paul, *Medicine Studies*, Vol. 1, 2009, p. 3.

② Erica Charters, "Making bodies modern: race, medicine and the colonial soldier in the mid-eighteenth century", *Patterns of Prejudice*, Vol. 46, 2012, p. 218.

③ Thomas Laqueur, *Making Sex: Body and Gender from the Greeks to Freud*, Cambridge: Harvard University Press, 1990.

④ Barbara Duden, *The Woman beneath the Skin: A Doctor's Patients in Eighteenth-century Germany*, Cambridge: Harvard University Press, 1991; Charles E. Rosenberg, "The tyranny of diagnosis: specific entities and individual experience", *The Milbank Quarterly*, Vol. 80, No. 2, 2002, pp. 237-260.

⑤ Shigehisa Kuriyama, *The Expressiveness of the Body and the Divergence of Greek and Chinese Medicine*, Cambridge: Zone Books, 1999; Michel Foucault, *The Birth of the Clinic: An Archaeology of Medical Perception*, New York: Vintage Books, 1994, p. 107.

及美洲通过贸易和移民连接在一起,来自欧洲的商人、种植园经营者以及士兵发现自己面临着新的环境的挑战。为了应对食物、气候以及文化碰撞上的挑战,欧洲殖民者一方面试图用固有的医学知识来解释新环境下的疾病以及他们同当地居民身体上的差异,另一方面则逐步接受了解当地医学知识。在每天的医学实践中,一是"用体液学说理解身体的想法仍然根深蒂固"[1],盖伦医学框架下身体是流动和转化的观念带累了欧洲殖民者会被当地环境同化的恐慌,进一步引发了对食物的生理和象征性功能的强调,因为殖民者认为欧洲特有的食物,比如猪肉和面包是保持他们不被美洲环境同化的关键;[2]二是奴隶贸易以及军队动员加剧了医学知识的交流与种族观念的形成[3];三是通过将天花等疾病传入美洲,欧洲殖民者塑造了他们生理上相对美洲居民的优势,强化了种族的观念,并以疫苗和隔离等手段在新世界实行"治理术"[4];四是同当地气候与疾病的频繁接触促使欧洲殖民者转向当地本土医学寻求帮助,试图将当地医学体系整合进盖伦医学之中,比如对于 Mordexi 疾病的处理。

豪斯(Heidi Hausse)探讨了欧洲医生研究 mordexi 类似霍乱的一种疾病的理论框架和类比技巧。她发现欧洲医生仍然试图将这种东印度独有的地方病放置在固有的盖伦医学体系中去理解,但同时医生也面临来自当地医疗的挑战。如豪斯所说,欧洲医生将 mordexi 等同于体液学说中的胆汁热(bilious fever)疾病,其的特殊性仅仅表现在严重程度的不同以及受到殖民地当地环境的影响。当殖民地本土医学也无法解释时,欧洲医生则斥责其原始无用,和欧洲医学撇清

---

① Rebecca Earle, *The Body of the Conquistador: Food, Race and the Colonial Experience in Spanish America*, 1492–1700, Cambridge University Press, 2012, p. 219.

② Rebecca Earle, *The Body of the Conquistador: Food, Race and the Colonial Experience in Spanish America*, 1492–1700, Cambridge University Press, 2012, p. 219.

③ Karol Kovalovich Weaver, "The enslaved healers of eighteenth-century Saint Domingue", *Bulletin of the History of Medicine*, Vol. 76, No. 3, 2002, pp. 426–460; Erica Charters, "Making Bodies Modern: Race, Medicine and the Colonial soldier in the Mid-Eighteenth Century," *Patterns of Prejudice*, Vol. 46, No. 3, 2012, pp. 214–31.

④ Martha Few, "Medical Humanitarianism and Smallpox Inoculation in Eighteenth-Century Guatemala", *Historical Social Research*, Vol. 37, No. 3, 2012, pp. 303–317.

关系①。

Mordexi 的例子说明一方面欧洲医生试图用已有的体液学说来理解来自新世界的疾病,另一方面,新世界本土医学已经开始挑战体液学说和盖伦医学传统,从某种意义上来说,欧洲殖民者同新世界环境以及当地居民的接触是导致了现代身体产生的催化剂。新世界对于医学知识的影响不仅仅包括对于新疾病的认识,也影响了对之前就已经在欧洲出现的疾病,比如麻风病。

卢克·狄麦特(Luke Demaitre)的《近代早期医学中的麻风病》(*Leprosy in premodern medicine*)一书依据藏于德国,法国等地的原始材料,追溯了麻风病在欧洲从十四到十八世纪的历史。在这几百年间,医生越来越多的介入麻风病的诊断和隔离活动中②。狄麦特主要专注医学文献,试图通过呈现长时段麻风病的历史角度来展示欧洲医学传统的延续性。但同时他也指出,新世界的发现确实影响了对麻风病的认知。到了 17 世纪,医生开始逐渐强调麻风病的传染性和遗传性。

麻风病在欧洲近代对于某一疾病的认知是如何被医学传统和来自新世界的挑战所塑造。不过麻风病在中国的历史,正如烟草在中国的历史,则更为强调中国社会的内生性而非医学知识的跨国家交流。

梁其姿《麻风:一种疾病的医疗社会史》一书试图通过撰写麻风病在中国历史与欧洲的研究者进行对话。梁指出麻风病在中国,如同其在欧洲,拥有一部丰富的社会史:中国宗教比如佛教和道教赋予麻风病以宗教含义并放置在救赎体系中,中国的区域差别,性别关系,以及中医都影响了对麻风病本身和其传播的阐释。

梁著回顾了传统医学论述中"疠/癞/大风/麻风"的概念化历程。从上古时期的"大风"、"恶风"、"疠",到中古时代的"癞",再到明清以来的"麻风"、"大麻风",虽然不能确认这些病症就是今天所说的麻风病,但传统医学典籍中对这些

---

① Heidi Hausse, "European theories and local therapies: Mordexi and Galenism in the East Indies, 1500-1700", *Journal of Early Modern History*, Vol. 18, No. 1, 2014, pp. 121-40.

② Luke Demaitre, *Leprosy in Premodern Medicine: a Malady of the Whole Body*, Baltimore: Johns Hopkins University Press, 2007.

病症的讨论是一脉相承的。而从中古到明清时期，由于医学上对于癞病系统认识的变化，引起了传统社会对于病人躯体的不同建构。宋以前癞病并不被视为具有传染性，癞病患者还可以成为宗教救赎的对象，出现在宗教故事中。但宋元以后，癞病被视为南方地区的风土病，以及其可通过性接触传染的传闻引起了社会恐慌。癞病患者因此遭受污名化。

梁著中专门一章试图通过展示麻风病防治与中国民主国家构建，将麻风病在中国的历史"放置在十九世纪殖民主义、种族政治、帝国危机的全球化背景中"。同时她仍然强调"中国经验"在疾病史、公共卫生史，以及现代医学权力扩张中的中心地位。麻风病因为西方的影响被视为落后的象征，对麻风病的防治如何参与到中国的民族国家构建中来。在这一过程中，传统实际上仍然发挥着重要的作用。不过正如班凯乐的《金丝烟》一书，对于近代早期麻风病的历史，梁并没有花费笔墨去探讨当时麻风病知识的跨文化交流。相反，她强调麻风病，抑或癞病在中国的历史同其在欧洲一样悠久且精彩。不同于狄麦特只关注医学文献，梁的史料应用更为丰富，从宗教文献到地方志，从通俗小说到官方文书等等，这些丰富的材料说明，中国麻风病的知识生产不仅仅来源于疾病本身的生物属性，更是由于其所处的社会环境。欧洲近代早期的麻风病面临着其实际危害和对其社会恐慌的矛盾，即虽然麻风病致死率并不高但社会却认定其可以带来大规模的死亡。而在中国，对麻风病的认知经历了另一张变化：从隋唐时期可以被宗教以及医学救赎的疾病，到明清时期演变为不可治愈，传染性，以及污名化的疾病。

客观化的自然：新世界的奇观抑或古代的知识

在现代化范式的历史叙述下，近代早期的欧洲逐渐走出了宗教的束缚，孕育出了资本主义和自然科学。与之相比，中国以及东亚则缺少产生自然科学和资本主义的机制，但这一叙述模式在全球化的框架下受到了挑战，新世界以及其所带来的跨国贸易促进了欧洲的民族国家构建，而同新世界碰撞产生的现代身体观则影响了医学史的发展,即使是欧洲固有的疾病也被放置在新的框架下理解。那么自然科学的产生,这一套新的世界观,是否也受到地理大发现的影响。

在哥伦布发现美洲五百周年之际,安东尼·加富顿(Anthony Grafton)出版了《新世界,旧文本:传统的力量和大发现的震撼》(*New worlds, ancient texts: the power of tradition and the shock of discovery*)一书,试图将欧洲近代科学的兴起放置在地理大发现的背景下,探索新世界对欧洲思想家的影响。不过加富顿同之前持修正主义立场的学者艾略特(J. H. Elliott)和麦克·瑞恩(Michael Ryan)相似,尽管这一涵盖了从15到18世纪思想史的研究承认了哥伦布发现美洲以及其引发的人文科学的发展对固有的知识体系造成了挑战,使得知识体系从依靠经典文本转向侧重观察经验,但新世界本身却可以被纳入之前的知识体系中了解,对其的评价标准仍然依靠古代和中世纪的经典文本,地理大发现并没有造成颠覆性的影响。"传统的力量不逊色于来自新世界的文化交流……经典文本内在的差别同样给予思想家们挑战传统的信心,如同他们从新世界获取的一样。地理大发现为那些寻求新的历史观的思想家和坚持今定胜古的人们提供了依据,但是实际上经典文本自身的矛盾之处却是对固有知识体系最大的挑战。"①

加富顿关注了15、16世纪时出现的新一代学者,即所谓的"人文主义者"。这一批学者挑战了旧有的以大学为中心的知识体系,宣称要对经典文本重新阐释。他们认为现有学术界对于经典文本的解读方式是错误的,比如对于拉丁文版本的过度依赖,使得对于亚里士多德以及盖伦著作的误读②。但在加富顿看来,这些宣扬创新的学者尽管描绘出了如万花筒般精彩的新世界,但他们都还是从旧有的文本中汲取养料。因此所谓的知识革命是否存在是值得怀疑的。比如新世界的发现带来了新的物种,从野牛到微生物,从烟草到土豆,这些物种虽然挑战了传统的生物和医学理念,但是加富顿认为革新者们仍然从经典文本中获取假设、论点和证据。比如约翰·杰拉德(John Gerarde)的《作物史》(*Generall*

---

① Anthony Grafton, *New worlds, ancient texts: the power of tradition and the shock of discovery*, Cambridge: Harvard University Press, 1992, p. 157.

② Anthony Grafton, *New worlds, ancient texts: the power of tradition and the shock of discovery*, Cambridge: Harvard University Press, 1992, pp. 28-30.

Historie of Plants）提供了一个解剖学如何在接触到新世界后改变的例子。但是这一著作并没有多么创新，作者也实际上更多的参考了经典文本①。

加富顿还讨论了被视为挑战旧有世界观的两部跨时代著作，哥白尼的《天体运行论》（*De revolutionibus orbium coelestium*）和维萨里的《人体的构造》（*De humani corporis fabrica*）。前者挑战了亚里士多德的日心说，后者则挑战了盖伦医学传统。加福顿承认两本著作对当时知识权威的批判让人感到耳目一新，但是它们并非如看上去那般激进，两本书都综合了经典文本和现代经验来支持他们的惊人观点。因此古代科学虽然基础已经不再牢靠，但是仍然发挥了巨大的作用②，即使是将地理发现视为知识首要来源的培根，实际上对于经典文本的依赖程度超过他所承认的限度③。在加富顿看来，所谓新世界取代经典文本，成为知识的首要来源的说法是错误的。他坚持认为现代科学以及新的世界观的诞生都是建立在经典文本的基础之上，尽管形式上已经南辕北辙。加富顿反对马克思和列文森将经典文本分别视为"幽灵"和"文化的装饰物"的观点，强调经典文本具有持久的影响力，不仅仅构筑了固有知识体系，还为颠覆这一体系提供了基础④。

作为为纪念哥伦布地理大发现出版的著作，《新世界，旧文本》虽然承认新世界在构建现代知识体系中发挥了很大作用，但一直反复强调新世界必须在旧有知识体系下被阐释与理解，这种对固有知识体系的执念反映出研究者在 1990年代初对于新世界作用的犹豫。相反 1998 年出版的《惊奇与自然的秩序》（*Wonders and the Order of Nature*，1150-1750）一书，虽然是专注于展现欧洲思想史的发展脉络，作者劳瑞·达斯顿（Lorraine Daston）和凯瑟琳·帕克（Katharine Park）却更为肯定地理大发现和新世界在现代科学发展上的作用。发现美洲后

---

① Anthony Grafton, *New worlds, ancient texts: the power of tradition and the shock of discovery*, Cambridge: Harvard University Press, 1992, p. 164.

② Anthony Grafton, *New worlds, ancient texts: the power of tradition and the shock of discovery*, Cambridge: Harvard University Press, 1992, pp. 112-130.

③ Anthony Grafton, *New worlds, ancient texts: the power of tradition and the shock of discovery*, Cambridge: Harvard University Press, 1992, pp. 198-231.

④ Anthony Grafton, *New worlds, ancient texts: the power of tradition and the shock of discovery*, Cambridge: Harvard University Press, 1992, pp. 250-255.

欧洲殖民者所目睹的种种"惊奇"(wonders)不仅仅给欧洲带来了经济和政治上的影响,同时也颠覆了对于自然世界的认知①。这些惊奇从未在经典文本中被记载,使得老牌学者依赖的文本丧失了权威性,而新派学者发展出"超自然哲学"(preternatural philosophy)的思想,强调了实证研究的重要性②。

弗莱迪科·麦考(Fredrico Marcon)的《近代早期日本的自然的知识和知识的属性》(*The knowledge of nature and the nature of knowledge in early modern Japan*)一书关注日本幕府时期自然史如何从医学领域独立出来,并最终演变为一门成熟的系统学科。麦考展示了从 16 世纪末到 19 世纪日本不同的知识分子扩展了人类认知边界,以及将自然世界以及各种物种概念化的过程③。在这一过程中,一方面农业生产的商业化导致了农作物和牲畜的商业化以及市场结构的转型,另一方面本草学学家和业余爱好者们试图研究动植物作为一种知识性商品将其同其所在的环境隔离开来,转译成百科全书中抽象的物种条目。

不同于以往学者将日本现代化归功于其向西方学习的结果,麦考强调了日本同欧洲的差异,认为日本自然科学,或者自然学的产生,一方面是发生在日本特有的历史背景下(农业商业化,社会货币化,以及市场导向的商品交流的影响),日本的本草学由于其对农业发展的作用,受到了大名们在经济和政策上的支持,本草学家拥有了足够的经济和身份保障,从一开始通识型的研究演变为专门的学问;另一方面是来源于中国的本草学(Honzogaku)在日本知识生产体系中扮演了至关重要的角色,从长崎运来的中国本草学著作为日本后来出现的百科全书确立了模板和写作方式。麦考意识到了欧洲因素在这一转型中的作用,尤其是当时兰学的兴起。但是他同时强调,日本知识分子对西方知识缺乏兴趣,比如林奈的植物分类体系很早就被介绍到日本,但并未受到日本学者的重视,因为本草学本身具有

---

① Lorraine Daston and Katharine Park, *Wonders and the Order of Nature*, 1150-1750, Cambridge: Zone Books, 1998, p. 108.

② Lorraine Daston and Katharine Park, *Wonders and the Order of Nature*, 1150-1750, Cambridge: Zone Books, 1998, p. 136, 148.

③ Fredrico Macron, *The knowledge of nature and the nature of knowledge in early modern Japan*, Cambridge: Harvard University Press, 2015, p. 5.

较为完善的分类体系，而分类体系实际是由社会环境所塑造的①。在他看来，日本近代早期对自然认识的深入与其说是兰学的影响，不如说是日本本身历史进程所塑造的：十八世纪大名组织的大规模田野调查，以及商业化带来的为了娱乐提供更为精确的自然图谱，让日本的本草学脱离了医学领域的束缚，成长为一门独立的学科②。至于为何幕府时期的本草学会演变为十九世纪更为紧密的学科则是存在着三个原因：封建社会秩序的倒塌货币市场的兴起；1830 年代经济危机促使政治体制和生产方式的变革；大批学者开始接受西方科学③。

同班凯乐和梁其姿一样，麦考试图撰写一部为亚洲视角出发的历史，其中知识的生产相比受欧洲影响，更大程度上为本土文化或亚洲范围内的知识交流所塑造。在这本书中，日本不再是那个被视为严重依赖西方知识的国家，相反，看上去同中国的联系更为紧密。

从商品的知识到疾病的历史再到知识的生产和交流，上述著作的比较说明近代早期的欧洲和东亚在知识生产和交流上面存在差异，而带来这些差异的原因以及这些差异的后果常常被用来追溯欧洲现代化的开端。当欧洲史学者逐渐重视新世界的重要作用之时，东亚历史学者则仍在摆脱欧洲中心观的束缚。班凯乐，梁其姿以及麦考的研究展示了东亚和欧洲在知识生产交流上的差异和相似点，告诉我们烟草和麻风病在中国的历史与它们在欧洲的历史一样多姿多彩，而日本本草学的发展也同样不逊色于欧洲自然科学哲学的兴起。

在《大分流》中，彭慕兰告诉读者欧洲同中国的经济，科技在近代早期不存在显著的差别。而本文提到的这些著作同样试图证明在欧洲史的脉络之外，存在着富有活力的东亚历史。班凯乐，梁其姿和麦考的研究，在成功的同欧洲研究者对话的同时，也促使我们进一步思考近代早期的跨区域知识交流，这一过程中中国以及东亚的缺席，是否可以联系到所谓大分流时的差别。

---

① Fredrico Macron, *The knowledge of nature and the nature of knowledge in early modern Japan*, Cambridge：Harvard University Press, 2015, pp. 127-139.

② Fredrico Macron, *The knowledge of nature and the nature of knowledge in early modern Japan*, Cambridge：Harvard University Press, 2015, pp. 154-206.

③ Fredrico Macron, *The knowledge of nature and the nature of knowledge in early modern Japan*, Cambridge：Harvard University Press, 2015, p. 254.

征稿启事

1.《新史学》创刊于 2007 年,由中国人民大学清史研究所主办。

2. 本刊优先采用在多学科交叉的语境下,对历史学的方法与叙述进行多元探索的优秀论文和评论文字,同时兼容发表具有创意风格的传统史学论文。

3. 论文字数以不多于 30000 字为宜,评论以不多于 20000 字为宜。

4. 本刊编辑部热诚欢迎海内外学者不吝赐稿。请通过电子邮件寄至:qing-shisuo@163.com,并在邮箱标题栏中注明:《新史学》投稿,或将打印稿寄至:北京市海淀区中关村大街 59 号中国人民大学清史研究所《新史学》丛刊编辑部(邮编:100872)。

5. 文稿第一页请标示以下内容:文章标题、作者姓名、单位、联系电话、通讯地址、电邮方式;作者本人的身份证号码;中文摘要(200 字左右)、3—5 个中文关键词。

6. 投寄本刊文章,凡采用他人成说,请务必加注说明,注释一律采用当页脚注,并注明作者、书名及出版年份、页码,参考书目列于文末。

7. 本刊取舍稿件惟以学术水平为标准,实行匿名评审稿件制度,评审工作由本刊编辑委员会承担。编辑部有权对来稿文字做技术性处理,文章中的学术观点不代表编辑部意见。

8. 因人力有限,本刊恕不退稿,投稿三个月内未收到刊用通知,请自行处理。